KB220261

사도행전

속으로

제14권 어둠에서 빛으로

사도행전 속으로
Into the Acts 14. From Darkness to Light

지은이 이재철
펴낸곳 주식회사 홍성사
펴낸이 정애주
국효숙 김의연 김준표 박혜란 손상범
송민규 오민택 임영주 차길환

2019. 5. 27. 초판 발행   2022. 11. 10. 3쇄 발행

등록번호 제1-499호 1977. 8. 1.
주소 (04084) 서울시 마포구 양화진4길 3   **전화** 02) 333-5161   **팩스** 02) 333-5165
홈페이지 hongsungsa.com   **이메일** hsbooks@hongsungsa.com
페이스북 facebook.com/hongsungsa
양화진책방 02) 333-5161

ISBN 978-89-365-1374-0 (04230)
ISBN 978-89-365-0531-8 (세트)

사도행전 속으로

14 어둠에서 빛으로

사도행전 24, 25, 26장

이재철

홍성사

참된 교회를 그리며

저는 주일예배 시간에 늘 '순서설교'를 합니다. 순서설교는 제가 만든 용어로, 문자 그대로 성경을 순서대로 설교하는 것입니다. 강해설교도 성경의 순서를 따르지만 일반적으로 본문을 넓게 잡기에 각 구절에 대한 비중이 떨어지기 쉽습니다. 그러나 순서설교는 본문을 한두 구절씩 짧게 잡는 것이 특징입니다. 그러다 보니 성경 가운데 책 한 권의 설교를 끝내기 위해서는 상당한 햇수가 필요합니다. 그런데도 제가 목회를 시작한 이래 20여 년 동안 계속 순서설교를 해온 까닭이 있습니다. 1년에 주일은 52일밖에 없습니다. 그러므로 목회자가 한 교회에서 평생 목회해도 주일예배 시간에 성경 66권의 내용을 모두 심도 있게 설교하는 것은 물리적으로 불가능합니다. 주일예배는 물론이고 새벽 기도회, 수요 성경공부, 구역 성경공부 등에 빠짐없이 참석하는 교인은 예외겠지만, 주일예배에만 참석하는 대다수 교인은 결국 일주일에 한 번 설교자가 선호하거나 의도하는 구절에 대한 설교만 듣게 됩니다. 그렇게 해서는 하나님의 말씀인 성경 전체를 바르게 이해하고 세상에서 하나님의 말씀을 좇아 사는 것은 지극히 어려운 일입니다. 그와 같은 단점을 보완하기 위해 매 주일 본문 구절의 깊이와 성경 전체의 넓이를 동시에 추구하자는 것이 순서설교입니다. 다시 말해 주일마다 각 구절을 깊이 있게 다루면서, 그 깊이만큼 해당 구절을 창으로 삼아 성경 전체를 들여다보고, 예배가 끝난 뒤에는 그 구절을 안경으로 쓰고 일주일 동안 세상에서 살자는 것입니다.

성경은 창세기부터 요한계시록까지 거미줄보다 더 정교하고 치밀하게 얽혀 있습니다. 그리고 성경 각 구절은 그 전체를 들여다보는 신비로운 창입니다. 똑같은 풍경도 창의 모양과 색깔에 따라 다르게 보이듯이, 성경을 들여다보는 창이 많고 다양할수록 성경 전체에 대한 이해가 더 깊어지고 넓어지기 마련입니다. 제가 순서설교를 선호하는 까닭이 여기에 있습니다. 구약성경의 초점이 '오실 예수'에, 신약성경의 초점이 '오신 예수'에 맞추어져 있기에, 즉 성경 전체의 초점이 '오직 예수' 한 분이기에 순서설교와 절기설교는 상충하지 않습니다. 성경의 모든 구절이 예수님을 들여다보기 위한 창이기 때문입니다. 특정 절기와는 무관해 보이는 구절로 그 절기를 묵상함으로써 오히려 성경의 오묘함을 더 깊이 확인할 수 있습니다.

100주년기념교회 주일예배 설교 텍스트로 사도행전을 선택한 데엔 두 가지 이유가 있습니다. 저의 첫 목회지였던 '주님의교회'에서 요한복음 순서설교를 끝으로 10년 임기를 마친 것이 첫 번째 이유입니다. 목회의 장소와 형태 그리고 목적은 달라져도 목회의 영속성이 단절되는 것은 아니기에 요한복음에 이어 사도행전을 선택하였습니다. 두 번째 이유는 100주년기념교회로 저를 불러내신 주님께서 제게 부여하신 소명이 한국 교회의 출발점인 양화진외국인선교사묘원 묘지기이기 때문입니다. 이미 출판된 요한복음 설교집 〈요한과 더불어〉의 주제가 '주님과 동행'이라면 〈사도행전 속으로〉의 주제는 복음의 결과인 '교회 되기'이므로, 한국 교회의 출발점인 양화진에서 사도행전을 통해 참된 교회의 의미를 되새기기 위함입니다. 2005년 7월 10일 100주년기념교회 창립과 동시에 사도행전 1장 1절부터 순서설교를 시작한 이래 만 5년을 맞는 현재에도 사도행전을 계속 설교하고 있습니다. 주님께서 제 건강과 여건을 허락하신다면, 100주년기념교회에서 목회하는 동안 사도행전 순서설교를 끝내는 것이 제 소박한 바람입니다.

부족하기 짝이 없는 사람을 늘 변함없이 당신의 도구로 사용해 주시는 주님께 감사드릴 뿐입니다.

2010년 7월 양화진에서

이 재 철

차례

사도행전 26장

부록

일러두기

*〈사도행전 속으로〉 제14권은 2016년 9월 4일부터 2017년 3월 19일까지 100주년기념교회 이재철 목사가 주일예배에서 설교한 내용을 묶어 낸 것입니다.
*본문에 인용한 성경 구절은 개역개정판 성경을 기본으로 하였고, 그 외의 역본을 따랐을 경우 별도 표기했습니다.
*본문에 인용한 찬송가는 새찬송가를 기본으로 하였습니다.

사도행전 24장

참된 믿음은 하나님의 심판,

다시 말해 하나님의 셈하심과 상 주심을

믿는 것으로부터 시작합니다.

1. 더둘로가 고발하여 이르되

사도행전 24장 1–9절

닷새 후에 대제사장 아나니아가 어떤 장로들과 한 변호사 더둘로와 함께 내려와서 총독 앞에서 바울을 고발하니라 바울을 부르매 **더둘로가 고발하여 이르되** 벨릭스 각하여 우리가 당신을 힘입어 태평을 누리고 또 이 민족이 당신의 선견으로 말미암아 여러 가지로 개선된 것을 우리가 어느 모양으로나 어느 곳에서나 크게 감사하나이다 당신을 더 괴롭게 아니하려 하여 우리가 대강 여짜옵나니 관용하여 들으시기를 원하나이다 우리가 보니 이 사람은 전염병 같은 자라 천하에 흩어진 유대인을 다 소요하게 하는 자요 나사렛 이단의 우두머리라 그가 또 성전을 더럽게 하려 하므로 우리가 잡았사오니(6하반–8상반 없음) 당신이 친히 그를 심문하시면 우리가 고발하는 이 모든 일을 아실 수 있나이다 하니 유대인들도 이에 참가하여 이 말이 옳다 주장하니라

바울을 죽이기 전에는 먹지도 마시지도 않겠다고 맹세한 40여 명의 암살 단원들과 대제사장 무리는, 로마군 요새 안에 갇혀 있는 바울을 어떻게 죽일 것인지 구체적인 계획을 확정하였습니다. 대제사장 무리가 바울에 대한

재심문을 구실 삼아 바울을 다시 산헤드린공회로 불러내게끔 천부장의 허락을 구하면, 암살단원들이 로마군 요새와 산헤드린공회 사이에 매복해 있다가 바울을 암살한다는 계략이었습니다. 그러나 그 모의 사실을 전해 들은 천부장은 바로 그날 밤, 모든 사람들이 깊이 잠든 한밤중에 470명의 군인들을 동원하여 로마 시민인 바울을 가이사랴의 총독 벨릭스에게 이송하게 하였습니다. 바울을 암살하려던 대제사장 무리와 암살단원들은 이튿날이 밝아서야 그들의 계략이 수포로 돌아갔음을 알았습니다. 허탕을 친 셈이었습니다.

가이사랴는 예루살렘에서 104킬로미터 떨어져 있었습니다. 자동차나 기차가 없던 시절에 104킬로미터라면 가까운 거리가 아니었습니다. 하지만 바울이 104킬로미터나 떨어진 가이사랴로 이송되었다고 해서, 대제사장 무리가 바울 제거 계획을 그만 포기한 것은 아니었습니다.

> 닷새 후에 대제사장 아나니아가 어떤 장로들과 한 변호사 더둘로와 함께 내려와서 총독 앞에서 바울을 고발하니라(1절).

바울이 가이사랴로 이송된 지 닷새 후에, 대제사장 아나니아가 총독 벨릭스에게 바울을 고발하기 위해 몇몇 장로들과 함께 104킬로미터나 떨어진 가이사랴까지 직접 찾아갔습니다. 그들뿐만이었던 것은 아니었습니다. 그들은 자신들이 고용한 변호사 더둘로를 대동하였습니다. 더욱이 9절에 의하면, 그들은 자신들의 주장에 무조건 동조할 박수부대까지 동원하였습니다. 이미 말씀드린 적이 있습니다만, 주후 48년부터 59년까지 대제사장으로 재임한 아나니아는 역사가 요세푸스에 의하면, 탐욕스럽고 포악하여 하나님께 바쳐진 십일조를 횡령할 뿐 아니라 폭력과 암살도 불사하는 잔인한 인간이었습니다. 한마디로 하나님을 이용하여 자기 배 속만 채우는, 부도덕한 종교 장사꾼이었습니다. 그 불의한 대제사장 아나니아가 바울을 죽이기 위해 대규모의 고발단을 이끌고 총독 벨릭스의 법정에 출두한 것이었습니다.

한글 성경은 대제사장 무리가 고용한 더둘로를 '변호사'로 소개하고 있습니다. 하지만 '말하다'라는 헬라어 동사 '레오ρέω'에서 파생된 '레토르ρήτωρ'는 본래 '웅변가', '연설가'를 의미합니다. 본문의 시기는 대략 주후 58년경으로 추정되고 있습니다. 당시 로마제국에서는, 별도의 자격을 갖추지 않아도 누구든지 보수를 받고 공개적으로 법정 변론을 할 수 있었습니다. 특히 수사학으로 무장한 웅변가 중에서 법률적 지식을 갖춘 사람은 환대를 받았습니다. 이들과는 달리 정식으로 전문 법률교육을 받은 정통 법률가 계층도 있었는데, 이들은 법정 변론에는 나서지 않고 법률자문이나 법정책에 관여하던 상류층이었습니다. 그들은 당시의 웅변가들이 직업적으로 법정 변론을 하는 데 대해 비판적이었던 것으로 알려지고 있습니다.

본문의 더둘로는 웅변가로서 돈을 받고 법정 변론도 겸하는 사람이었습니다. 그는 보수를 받고 의뢰인을 대신하여 법정에서 변론한다는 점에서는 오늘날의 변호사와 동일했지만, 국가가 부여한 법적·공적 자격을 갖추지 못한 웅변가였다는 점에서는 오늘날의 변호사와 같지 않았습니다.

바울이 로마 총독에게 이송된 이상, 대제사장 무리가 총독의 법정에서 바울에 대한 사형판결을 이끌어 내기 위해서는 새로운 전략이 필요했습니다. 유대인 최고 의결기구인 산헤드린공회에서는 그들의 종교법만으로도 바울에게 사형을 선고할 수 있었습니다. 반면에 로마 총독의 법정에서는 바울을 로마제국의 실정법으로 옭아매어야 했지만, 로마 시민인 바울은 로마제국의 법을 어긴 적이 없었습니다. 이에 대제사장 무리는 웅변가이면서 법정 변호도 겸하는 더둘로를 고용하여 총독의 법정에 나타났습니다. 바울에 대한 사형판결을 끌어 내는 데에 더둘로의 웅변술을 이용하기 위함이었습니다.

> 바울을 부르매 더둘로가 고발하여 이르되(2절).

총독 벨릭스가 헤롯궁에 구금되어 있던 바울을 법정으로 호출하자, 더둘로가 수사학으로 무장한 그의 세 치 혀를 놀리기 시작했습니다.

> 벨릭스 각하여, 우리가 당신을 힘입어 태평을 누리고 또 이 민족이 당신의 선견으로 말미암아 여러 가지로 개선된 것을 우리가 어느 모양으로나, 어느 곳에서나 크게 감사하나이다(3절).

더둘로는 웅변가답게 총독 벨릭스에 대한 찬사로 말문을 열었습니다. 그러나 그의 찬사는 사실과는 거리가 멀었습니다. 주후 52년부터 60년까지 유대 지방의 11대 총독이었던 벨릭스의 재임 기간 동안, 유대 지방에서는 크고 작은 소요가 그치지 않았습니다. 노예 출신으로 총독이 되어 매사에 뇌물을 밝히던 벨릭스는, 심지어 도둑 떼로부터도 뇌물을 받고 시민을 괴롭히는 도둑 떼를 방치하기도 했습니다. 그의 역량에 의해 정치적으로나 사회적으로 개선된 것도 없었습니다. 이 이후에 벨릭스가 로마 황제 네로에게 소환당한 것도, 권력을 남용한 그의 불미스러운 처신 때문이었습니다. 그러므로 더둘로가 벨릭스 덕분에 백성이 태평을 누리고, 그의 선견으로 많은 개선이 있었음을 크게 감사한다는 것은, 순전히 재판장인 벨릭스에게 아부하기 위한 수사일 뿐이었습니다. 그리고 더둘로는 곧 본론으로 들어갔습니다.

당신을 더 괴롭게 아니하려 하여 우리가 대강 여짜옵나니, 관용하여 들으시기를 원하나이다. 우리가 보니 이 사람은 전염병 같은 자라. 천하에 흩어진 유대인을 다 소요하게 하는 자요, 나사렛 이단의 우두머리라. 그가 또 성전을 더럽게 하려 하므로 우리가 잡았사오니, 당신이 친히 그를 심문하시면 우리가 고발하는 이 모든 일을 아실 수 있나이다 하니, 유대인들도 이에 참가하여 이 말이 옳다 주장하니라(4–9절).

더둘로의 고발 내용은 길지 않지만, 바울을 로마법으로 옭아매기 위한 핵심 사항은 모두 포함하고 있습니다. 더둘로의 첫 번째 고발 내용은, '전염병과 같은' 바울은 가는 곳마다 '유대인들을 다 소요하게 한다는' 것이었습니다. 우리말 '소요'로 번역된 헬라어 '스타시스*στάσις*'는 '폭동', '반란'을 의미합니다. 당시의 의료 및 방역 수준으로, 역병이나 흑사병 같은 전염병을 예방하고 다스리는 것은 지난한 일이었습니다. 바울이 그렇게 전염병처럼 위험 인물이어서 가는 곳마다 유대인들로 하여금 폭동이나 반란을 일으키게 한다면, 그건 보통 일이 아니었습니다. 그러지 않아도 재임 기간 내내 크고 작은 소요로 골머리를 앓던 총독 벨릭스로서는 더둘로의 고발 내용이 사실이라면, 결코 묵과할 수 없는 일이었습니다.

더둘로의 두 번째 고발 내용은, 바울이 "나사렛 이단의 우두머리"라는 것이었습니다. 우리말 '이단'으로 번역된 헬라어 '하이레시스*αἵρωσις*'는 본래 '당파'라는 뜻입니다. 이 단어를 더둘로는 '불순한 무리'를 일컫는 '도당'의 의미로 사용하였습니다. '나사렛 도당'은 예수님께서 나사렛 출신이심에 빗댄 표현입니다. 전염병처럼 가는 곳마다 유대인들을 소요하게 하는 바울은 한 개인이 아니라 불순한 무리의 집단인 나사렛 도당의 우두머리이므로, 바울이 하기에 따라 그를 추종하는 나사렛 도당들의 무장봉기도 얼마든지 가능하다는 뜻이었습니다. 그리고 더둘오의 마지막 고발 내용은, 바울이 "성전을 더럽게 하려" 하였다는 것이었습니다. 하지만 더둘로의 고발 내용 중에 바울에게 실제로 해당되는 것은 아무것도 없었습니다. 더둘로는 단지 자신의 웅변술로 그렇게 주장하였을 뿐이었습니다.

바울에 대한 더둘로의 고발 내용은, 본문의 시점에서 약 30년 전, 유대인들이 예수님을 총독 빌라도에게 고발했던 내용과 판박이였습니다. 당시 유대교 지도자들이 애당초 예수님께 문제 삼았던 것은 하나님의 아들을 자처한다는, 신성모독죄였습니다. 하지만 빌라도 총독에게는, 예수님이 '유대인의 왕'을 참칭한다는 정치범으로 고발하였습니다. 그래야 로마법에 따라 예수님에 대한 사형판결이 가능했기 때문입니다. 더둘로도 마찬가지였습니다. 유대인들은 바울이 성전을 모독했다는 거짓 모함으로 바울을 쳐죽이려 했습니다. 하지만 유대인들에게 고용된 웅변가 더둘로는 벨릭스 총독의 법정에서 바울을 반란과 폭동, 심지어 무장봉기까지 획책하는 정치범으로 고발했습니다. 그래야 바울을 로마법으로 옭아매어 자신의 의뢰인들이 원하는 사형판결을 끌어낼 수 있기 때문이었습니다.

더둘로는 자신이 고발한 내용에 대해 그 어떤 증거도 제시하지 못했습니다. 그 대신 총독 벨릭스에게, '당신이 친히 그를 심문하시면 우리가 고발하는 이 모든 일을 아실 수 있다'고 자신의 말을 끝맺었습니다. 더둘로는 총독 당신이 바울을 직접 심문하면, '내가' 고발한 내용이 모두 사실임을 확인할 수 있다고 말하지 않았습니다. 그는 '나' 대신에 "우리"라는 1인칭 복수형 주어를 사용하였습니다. 자신의 고발 내용은 의뢰인인, 대제사장 아나니아를 포함한 대규모 고발단의 고발 내용이며, 그 모든 내용은 다 사실이란 말이었습니다.

본문의 시점은 벨릭스가 유대 총독으로 부임한 지 6년째 되는 해였습니다. 그 짧지 않은 기간 동안 대제사장 무리는, 로마제국의 식민통치하에서 자신들의 기득권을 고수하고 확충하기 위해 총독 벨릭스에게 정기적으로 많은 뇌물을 바쳐 왔습니다. 그러므로 더둘로의 마지막 끝맺음은, 총독 당신은, 당신에게 오랫동안 뇌물을 바쳐온 대제사장 무리가 원하는 대로 판결해야 한다는 무언의 압력이었습니다. 역시 노련한 웅변가다운 마무리였습니다. 그러자 박수부대로 동원된 유대인들이 일제히 '옳소'라고 소리치며, 총독 벨릭스를 압박했습니다.

더둘로는 수사학으로 무장한 '레토르', 웅변가였습니다. 웅변가는 상대를 설득시킬 수 있는 논리를 지녀야 하고, 논리적이기 위해서는 지적이어야 합니다. 또 상대의 마음을 살 수 있는 품위와 예의도 갖추어야 합니다. 웅변가인 더둘로도 겉으로는 분명히 그런 모습이었을 것입니다. 그리고 웅변가답게 본문에 나타나 있는 세련된 그의 표현은 매우 정확했습니다.

하지만 더둘로가 바울을 고발한 내용은 모두 교활한 거짓이었습니다. 그는 바울을 죽이기 위해 세 치 혀로 바울을 난도질하였습니다. 그는 자신이 웅변하고 있는 내용이 사실인지 아닌지 따져 보려 하지 않았습니다. 단지 대제사장 아나니아 무리에게 돈을 받고 그들이 원하는 대로, 바울을 로마법으로 옭아매어 죽이기 위해 자신이 연마해 온 웅변술을 유감없이 발휘하였습니다. 아무리 돈이 좋다지만, 어떻게 사실이 아닌 것을 사실인 것처럼 웅변하면서 사람을 죽이려 할 수 있겠습니까? 이런 관점에서 더둘로를 고용한 대제사장 무리보다, 그들에게 돈을 받고 자신의 웅변술로 바울을 죽이려한 더둘로가 더 사악하였습니다. 하지만 이런 사악한 더둘로가 2천 년 전에만 있었던 것은 아닙니다.

십계명 제6계명은 '살인하지 말라'입니다. 대부분의 그리스도인들은 이 계명 앞에서 떳떳합니다. 흉기를 들고 누군가를 죽인 적이 없기 때문입니다. 이것은 〈성숙자반〉에서 배운 것처럼, '살인하지 말라'는 계명을 문자적으로만 이해한 결과입니다. 예수님께서는 이 계명과 관련하여 다음과 같이 말씀하셨습니다.

> 옛사람에게 말한바 살인하지 말라, 누구든지 살인하면 심판을 받게 되리라 하였다는 것을 너희가 들었으나, 나는 너희에게 이르노니 형제에게 노하는 자마다 심판을 받게 되고, 형제를 대하여 라가라 하는 자는 공회에 잡혀가게 되고, 미련한 놈이라 하는 자는 지옥 불에 들어가게 되리라 (마 5:21-22).

"라가ῥακά"는 '바보 천치'를 뜻하는 욕입니다. 예수님의 말씀은, 형제를 '바보 천치'나 '미련한 놈'이라고 욕하는 것 자체가 이미 살인이라는 것입니다. 가령 제가 정신이 멀쩡한 사람을 미워하여 '정신 나간 바보 천치'라고 욕했다고 하십시다. 그것은 바로 그 순간에, 제가 정신이 멀쩡한 그 사람을 제 마음속에서 죽여 버렸음을 뜻합니다. 요한1서 3장 15절이 "그 형제를 미워하는 자마다 살인하는 자"라고 단정한 까닭이 여기에 있습니다. '살인하지 말라'는 계명은 흉기를 들고 타인의 생명을 빼앗는 행위뿐 아니라, 타인의 생명을 모독하거나 해치는 일체의 행위를 하지 말라는 하나님의 명령입니다. 하지만 오늘날 우리 주위에는 돈 때문에 사람의 생명을 해치는 더둘로들이 너무나도 많습니다.

모 TV채널이 방영하는 '먹거리 X파일'을 보면, 안심하고 밥을 사먹을 수 있는 식당보다는 그렇지 않은 식당이 훨씬 더 많습니다. 제대로 된 식재료를 사용하지 않는 식당이 더 많은 것입니다. 적은 비용으로 보다 많은 이득을 얻기 위함입니다. 최근에는 중고등학교 급식에 유통기한이 몇 달이나 지난 식재료들이 사용되어 사회적인 물의가 빚어지기도 했습니다. 불량식품은 또 얼마나 많은지 모릅니다. 돈 때문에 사람의 생명인 먹거리로 장난질을 치는 것, 바로 그것이 살인행위입니다. 건설업자가 더 많은 이득을 챙기기 위해 부실시공을 하는 것도, 그 속에 거주할 사람들에 대한 살인행위입니다. 제조업자가 시설비를 아끼려 공해물질을 배출하여 공기와 강물을 오염시키는 것도, 그 공기와 물을 호흡하고 마시는 사람들에 대한 살인입니다. 투기꾼들이 부동산 투기로 선량한 서민들의 자기 집 마련 기회를 박탈하는 것도, 노후에 자기 집에서 살고픈 소박한 꿈을 지닌 서민들에 대한 살인입니다. 기준 미달의 값싼 유해물질로 어린아이들의 장난감이나 용품을 만들어 파는 것도, 어린아이들에 대한 살인입니다. 게임 회사가 청소년들의 정신세계와 심성을 파괴하는 게임을 만들어 돈을 번다면, 그것도 미래에 우리 사회를 책임질 청소년들에 대한 살인입니다. 운수업자가 경비 절감을 내세워 운송수단의 정비를 불량하게 하거나 과적한다면, 그것도 그 운송수단을 이용할 승객들에 대한 살인입니다. 의사가 돈 때문에 환자들에게 과잉치료를 하거나 수술이 불필요한 환자를 수술하는 것도, 환자들에 대한 살인행위입니다. 공무원이 국민의 생명과 직결된 기관이나 시설 점검을 소홀히 하는 것도, 국민의 생명을 지켜야 할 군인이 방산비리를 저지르는 것도, 국민에 대한 살인행위입니다. 치명적인 가습기 살균제로 이미 많은 인명을 앗아간 업자들이야, 내국인과 외국인을 막론하고 두말할 나위도 없습니다.

  이처럼 우리 주위에는 도처에 돈 때문에 사람의 생명을 모독하거나 해치는 더둘로들이 널려 있습니다. 그들이 그렇게 번 돈으로 사람들에게는 더 세련되고 품위 있어 보일 수 있겠지만, 하나님 앞에서는, 돈 때문에 세 치 혀로 교묘하게 바울을 죽이려던 본문의 사악한 더둘로와 아무런 차이가 없을 것입니다.

  이달 28일부터 '부정청탁 및 금품 등 수수의 금지에 관한 법률'이 시행될 예정입니다. 2011년 6월에 이 법안을 제안한 김영란 전 대법관의 이름을 따 일명 '김영란법'이라고도 불리는 이 법의 시행으로 우리 사회는, 비정상적인 거품을 제거할 획기적인 계기를 맞게 되었습니다. 지난 8월 29일에 확정된 김영란법 시행령에는 이 법의 적용 대상자들에 대한 금품 수수와 관련된 조항은 말할 것도 없고, 식사비와 선물비 그리고 경조사비의 상한액도 규정되어 있습니다. 식사·다과·주류·음료 등 음식물은 3만 원, 금전 및 음식물을 제외한 선물은 5만 원, 축의금·조의금 등 부조금과 화환·조화를 포함한 경조사비는 10만 원이 상한액입니다.

  이 법이 시행되면 경제가 위축될 것이라고 여러 단체가 우려를 제기해 왔었다는 것 자체가, 그동안 우리 사회가 비정상적인 거품 속에 있었음을 웅변해 주고 있습니다. 다른 나라에 비하여 턱없이 비싼 주거비와 물가, 분수에 넘치는 허례허식, 그리고 국제적으로 수치스러운 부패지수 등은 모두, 이 비정상적인 거품과 무관하지 않습니다. 처음 시행되는 법인 만큼 예상치 않은 문제들이 있을 수도 있겠지만, 우리 사회를 건강하고 정상적인 사회로 세우기 위한 이 법의 취지와 정신은 이 법의 적용 대상자 여부를 떠나 우리 국민 모두가, 특히 그리스도인인 우리가 누구보다 앞장서서 지켜 나가야 할 것입니다. 김영란 전 대법관은 2014년 3월 20일 양화진목요강좌에 출연하여 '공정한 한국 사회를 위한 제안'이라는 제목으로 김영란법 제정 취지에 대해 강연했습니다. 양화진문화원 홈페이지에서 누구든지 해당 동영상을 시청할 수 있습니다.

  저는 스위스에서 3년 동안 살았고, 일본과 독일에서도 몇 달씩 지냈으며,

지난 40여 년 동안 전 세계 수십 개국을 가보았습니다. 일본인에게 감사의 선물은 조그만 과자 상자입니다. 서부 유럽인들에게 감사의 표시는 카드 한 장이고, 그래도 뭔가 꼭 보내고 싶으면 꽃을 보냅니다. 그게 답니다. 우리나라처럼 일상사 속에서 분수에 넘치는 거창한 선물을 주고받는 예를, 저는 소위 선진국에서 본 적이 없습니다. 우리도 우리 사회를 그렇게 선상하고 정상적인 사회로 일구어 가야 하지 않겠습니까?

우리 교회가 창립된 이래 이웃 사랑의 실천을 위한 '나눔' 외에, 특정인에게 문자 그대로의 '선물'을 정기적으로 보낸 대상은 우리 교회를 창립한 100주년기념재단 이사들이 유일합니다. 그동안 설날과 우리 교회 창립일 그리고 추석, 이렇게 해마다 세 번에 걸쳐 10만 원 안팎의 선물을 보내 왔습니다. 그러나 이번 추석부터는 김영란법의 취지에 따라 5만 원 이내의 선물을 보내려고 합니다. 그동안 명절이면 저희 집으로 과일이나 쇠고기를 선물로 보내 주는 분들이 있었습니다만, 이번 추석부터는 감사하는 마음으로 사양하려 합니다. 귀한 선물을 필요한 분들에게 교통정리해 드리는 수고를 제 처가 더 이상 하지 않아도 되게끔, 이번 추석에 제게 선물을 보내려고 생각한 분이 있다면, 주위의 어려운 분들에게 주님의 이름으로 그 사랑을 나누어 주시기를 간곡히 부탁드립니다.

여기에 우리가 간과해서는 안 될 중요한 사실이 있습니다. 김영란 전 대법관 한 사람의 신념과 의지와 끈기가, 김영란법에 적용될 많은 사람들의 반대와 반발에도 불구하고, 우리 사회에서 이제는 비정상적인 거품을 제거해야 한다는 국민적 합의를 도출해 내었다는 사실입니다. 그렇다면 돈 때문에 사람의 생명을 모독하거나 해치는 행위도 우리 사회에서 얼마든지 퇴출시킬 수 있지 않겠습니까? 그런 짓을 저지르는 사람 스스로 수치를 느끼지 않을 수 없는 사회도 우리가 다 함께 만들어 갈 수 있지 않겠습니까? 그것이

가능하기 위해서는 누구보다도 그리스도인인 우리가 먼저, 돈 때문에 사람의 생명을 모독하거나 해치는 짓을 결코 하지 말아야 합니다. 바꾸어 말해 우리가 무엇을 하든, 우리는 인간을 살리기 위해 이 땅에 오신 주님 안에서 사람의 생명을 살리는 주님의 제자들이 되어야 합니다. 사람을 살리는 우리 앞에서, 돈 때문에 인간의 생명을 해치는 사람들이 수치를 당하게 해야 합니다. 그것이 바로 그 사람들도 살리는 길입니다.

더둘로는 돈 때문에 자신이 연마한 웅변술로 바울을 죽이려 했습니다. 가난한 바울은 사람을 살리려다 헤롯궁에 구금당했습니다. 하지만 하나님의 짧지 않은 손은 이재理財에 밝은 더둘로가 아니라, 헤롯궁에 구금당한 가난한 바울과 함께하시며, 그를 통해 인류의 역사를 새롭게 하셨습니다. 우리 모두 돈 때문에 사람을 죽이는 더둘로가 아니라, 가난해도 사람을 살리는 바울이 되십시다. 결코 짧지 않은 손을 지니신 하나님께서는 우리를 들어 인명경시의 이 사회를, 사람의 생명이 존중받는 새로운 세상으로 반드시 회복시켜 주실 것입니다.

주님, 김영란 전 대법관 한 사람의 신념과 의지와 끈기로, 우리가 이 사회에서 비정상적인 거품을 제거할 획기적인 계기를 맞게 되었습니다. 한 사람의 역할이 얼마나 중요한지, 이 시대의 역사 속에서 재확인시켜 주셔서 감사합니다. 김영란법의 적용 대상자 여부를 떠나, 우리 그리스도인이 모두 그 법의 취지와 정신에 따라, 건강하고 정상적인 사회를 세워가는 데에 누구보다 앞장서게 해주십시오.

오늘 본문을 통해, 돈 때문에 바울을 세 치 혀로 죽이려 했던 더둘로가 바로 나 자신임을 일깨워 주셔서 감사합니다. 오늘 우리 사회에 인명경시

풍조가 만연해 있는 까닭이, 바로 내가 그 주범이자 공범이었기 때문임을 회개하오니, 부디 주님의 자비하심으로 용서해 주십시오.

이제부터 우리 모두, 사람을 살리는 한 사람으로 살아가게 해주십시오. 돈 때문에 인간의 생명을 해치는 더둘로의 삶을 과감하게 벗어던지고, 가난해도 사람을 살리는 바울이 되게 해주십시오. 돈 때문에 인간의 생명을 해치는 사람들이, 우리 앞에서 수치를 당하게 해주십시오. 우리 한 사람 한 사람으로 인해, 우리 사회가 사람의 생명이 존중받는 새로운 세상으로 회복되게 해주십시오. 아멘.

2. 기꺼이 변명하나이다

사도행전 24장 10-23절

총독이 바울에게 머리로 표시하여 말하라 하니 그가 대답하되 당신이 여러 해
전부터 이 민족의 재판장 된 것을 내가 알고 내 사건에 대하여 **기꺼이 변명하나**
이다 당신이 아실 수 있는 바와 같이 내가 예루살렘에 예배하러 올라간 지 열이
틀밖에 안 되었고 그들은 내가 성전에서 누구와 변론하는 것이나 회당 또는 시
중에서 무리를 소동하게 하는 것을 보지 못하였으니 이제 나를 고발하는 모든
일에 대하여 그들이 능히 당신 앞에 내세울 것이 없나이다 그러나 이것을 당신
께 고백하리이다 나는 그들이 이단이라 하는 도를 따라 조상의 하나님을 섬기
고 율법과 선지자들의 글에 기록된 것을 다 믿으며 그들이 기다리는 바 하나님
께 향한 소망을 나도 가졌으니 곧 의인과 악인의 부활이 있으리라 함이니이다
이것으로 말미암아 나도 하나님과 사람에 대하여 항상 양심에 거리낌이 없기를
힘쓰나이다 여러 해 만에 내가 내 민족을 구제할 것과 제물을 가지고 와서 드
리는 중에 내가 결례를 행하였고 모임도 없고 소동도 없이 성전에 있는 것을 그
들이 보았나이다 그러나 아시아로부터 온 어떤 유대인들이 있었으니 그들이 만
일 나를 반대할 사건이 있으면 마땅히 당신 앞에 와서 고발하였을 것이요 그렇
지 않으면 이 사람들이 내가 공회 앞에 섰을 때에 무슨 옳지 않은 것을 보았는

가 말하라 하소서 오직 내가 그들 가운데 서서 외치기를 내가 죽은 자의 부활에 대하여 오늘 너희 앞에 심문을 받는다고 한 이 한 소리만 있을 따름이니이다 하니 벨릭스가 이 도에 관한 것을 더 자세히 아는 고로 연기하여 이르되 천부장 루시아가 내려오거든 너희 일을 처결하리라 하고 백부장에게 명하여 바울을 지키되 자유를 주고 그의 친구들이 그를 돌보아 주는 것을 금하지 말라 하니라

대제사장 무리에게 고용된 웅변가 더둘로는, 의뢰인들의 요구에 따라 총독의 법정에서 바울에 대한 사형선고를 이끌어 내어야 했습니다. 그는 수사학으로 무장한 세 치 혀를 놀려, 바울이 로마제국의 실정법을 어기고 가는 곳마다 폭동과 반란 심지어는 무장봉기까지 획책하는 정치범인 것처럼 그를 고발하였습니다. 오늘 본문은 더둘로의 그 고발에 대한 바울의 자기 변증입니다.

총독이 바울에게 머리로 표시하여 말하라 하니 *그가* 대답하되, 당신이 여러 해 전부터 이 민족의 재판장 된 것을 내가 알고, 내 사건에 대하여 기꺼이 변명하나이다(10절).

더둘로의 고발이 끝나자 총독 벨릭스는 한마디 말도 없이, 자신의 머리를 뒤로 젖히는 턱짓으로 바울에게 진술해 보라는 표시를 했습니다. 교만한 벨릭스가 자신의 권위를 한껏 과시한 것입니다. 웅변가 더둘로는 총독 벨릭스를, 백성에게 태평성세를 가져다준 위대한 지도자로 치켜세웠습니다. 하지만 바울은 "당신이 여러 해 전부터 이 민족의 재판장 된 것을 내가 알고" 있다는 말로 자기 변증을 시작하였습니다. 벨릭스 총독은 뇌물을 받고 판결을 굽게 하기로 소문이 나 있었습니다. 그 벨릭스에게 바울은, 정의로운 재판장답게 바르게 판결해 주기를 그런 식으로 표현한 것이었습니다.

당신이 아실 수 있는 바와 같이, 내가 예루살렘에 예배하러 올라간 지 열이틀밖에 안 되었고(11절).

바울이 벨릭스 총독의 법정에 선 그날은, 그가 3차 전도 여행을 마무리하고 예루살렘으로 상경한 지 열이틀이 지난 날이었습니다. 예루살렘에 도착한 바울은 초대교회의 지도자인 사도 야고보를 만났고, 그다음 날부터 예루살렘에서 결례를 시작하여 7일째 되는 날 끝마쳤습니다. 바로 그날 예루살렘의 유대인들이 바울을 쳐죽이려 했고, 영문을 알지 못하는 천부장은 바울을 로마군 요새의 감방에 투옥시켰습니다. 바울이 로마 시민임을 알게 된 천부장은 8일째 되는 날에 바울을 산헤드린공회에 세웠고, 9일째 되는 날 바울에 대한 유대인들의 암살모의 사실을 전해 들은 천부장은 그날 밤에 바울을 가이사랴의 총독 벨릭스에게 이송시켰습니다. 다음 날인 10일째 되는 날 가아사랴에 도착한 바울은 그날부터 헤롯궁에 구금당했고, 예루살렘을 떠난 지 닷새만인 13일째 되는 날에 바울은 총독의 법정에 섰습니다. 바울이 이렇게 예루살렘에 상경한 지 열이틀밖에 지나지 않았음을 강조한 이유가 있었습니다. 숨가쁘게 돌아간 그 열이틀 동안 자신이 로마제국의 평화를 위협하는 폭동이나 반란을 꾀하는 것은, 시간상으로도 도저히 불가능한 일임을 밝히기 위함이었습니다.

그들은 내가 성전에서 누구와 변론하는 것이나, 회당 또는 시중에서 무리를 소동하게 하는 것을 보지 못하였으니, 이제 나를 고발하는 모든 일에 대하여 그들이 능히 당신 앞에 내세울 것이 없나이다(12-13절).

바울을 고발한 대제사장 무리 가운데 그 누구도 바울이 성전에서 이단사

설로 누구와 논쟁을 벌이거나, 회당이나 거리에서 사람들을 선동하여 소요를 일으키는 것을 본 사람은 없었습니다. 바울이 단 한 번이라도 그렇게 한 적이 없었기 때문입니다. 따라서 바울을 고발한 무리는 고발 내용과 관련된 그 어떤 증거도 제시하지 못했습니다. 오히려 거짓 모함으로 바울을 쳐죽이려고 사람들을 선동하여 소요를 일으킨 장본인들은 대제사장 무리와 한 통속인 유대인들이었습니다.

> 그러나 이것을 당신께 고백하리이다. 나는 그들이 이단이라 하는 도를 따라 조상의 하나님을 섬기고 율법과 선지자들의 글에 기록된 것을 다 믿으며, 그들이 기다리는바 하나님께 향한 소망을 나도 가졌으니, 곧 의인과 악인의 부활이 있으리라 함이니이다. 이것으로 말미암아 나도 하나님과 사람에 대하여 항상 양심에 거리낌이 없기를 힘쓰나이다(14-16절).

바울이 한 것이 있다면 하나님의 말씀에 따라, 유대인들이 십자가에 못박아 죽인 예수 그리스도의 도를 좇은 것이었습니다. 인간의 죗값을 대신 치르시기 위해 십자가의 제물로 돌아가신 예수님께서는, 사흘째 되는 날 죽음을 깨뜨리고 다시 사신 부활의 주님이셨습니다. 그 주님께서 말씀하셨습니다.

> 선한 일을 행한 자는 생명의 부활로, 악한 일을 행한 자는 심판의 부활로 나오리라(요 5:29).

부활의 주님을 믿는 바울에게 인간의 죽음은 종결이 아니었습니다. 주님을 믿고 좇는 사람의 죽음은 영원한 생명, 그리고 주님을 외면한 사람의 죽음은 영원한 심판의 시작이었습니다. 바울이 언제 어디에서나 하나님과 사람에 대해, 양심에 거리낌이 없는 삶을 살려 한 까닭이 거기에 있었습니다.

> 여러 해 만에 내가 내 민족을 구제할 것과 제물을 가지고 와서 드리는 중
> 에 내가 결례를 행하였고, 모임도 없고, 소동도 없이, 성전에 있는 것을
> 그들이 보았나이다. 그러나 아시아로부터 온 어떤 유대인들이 있었으니
> (17–18절).

3차 전도 여행을 마무리한 바울이 예루살렘에 상경한 이유 중의 하나는, 대흉년을 당한 예루살렘 사람들에게 마게도냐 그리스도인들의 구제헌금을 전달하는 것이었습니다. 그리고 바울이 사도 야고보의 권유에 따라 예루살렘성전에서 7일 동안 결례를 행하는 것을 사람들이 모두 보았습니다. 그런데도 예루살렘의 유대인들이 바울을 쳐죽이려 했던 것은, "아시아로부터 온 어떤 유대인들", 다시 말해 에베소에서 온 유대인들 때문이었습니다.

바울은 3차 전도 여행 중에 3년 동안 에베소에서 복음을 전했습니다. 에베소는 이미 우리가 잘 알고 있는 것처럼, 고대세계의 불가사의였던 아데미 여신의 신전이 인간을 압도하는 곳이었습니다. 원근각처에서 아데미 신전을 찾는 참배객들로 항상 붐비는 에베소에서는, 수많은 시민들이 아데미 여신과 신전을 이용하여 돈을 벌었습니다. 바울은 그 에베소에서 "사람의 손으로 만든 것들은 신이 아니라"고 설파하였습니다. 아데미 여신상이 아무리 화려하고 웅장해도, 사람의 손으로 만들어진 그것은 단순한 금속이나 돌덩어리에 지나지 않는다는 말이었습니다. 아데미 여신과 신전으로 밥 벌어 먹고 사는 에베소 사람들이 가만히 있을 리가 없었습니다. 그들은 무리를 지어 바울을 죽이려 했습니다. 그때 바울을 배교자로 간주하고 있던 에베소의 유대인들도 그들과 합세하여 바울을 죽이려 했습니다. 그 에베소의 유대

인들 가운데 오순절을 맞아 예루살렘을 찾은 유대인들이 있었습니다. 그들이 바울을 어떻게 모함하고, 예루살렘의 유대인들을 어떻게 선동했었는지는 사도행전 21장 27-30절이 상세하게 밝혀 주었습니다.

> 그 이레가 거의 차매 아시아로부터 온 유대인들이 성전에서 바울을 보고 모든 무리를 충동하여 그를 붙잡고 외치되, 이스라엘 사람들아 도우라. 이 사람은 각처에서 우리 백성과 율법과 이곳을 비방하여 모든 사람을 가르치는 그 자인데, 또 헬라인을 데리고 성전에 들어가서 이 거룩한 곳을 더럽혔다 하니, 이는 그들이 전에 에베소 사람 드로비모가 바울과 함께 시내에 있음을 보고, 바울이 그를 성전에 데리고 들어간 줄로 생각함이러라. 온 성이 소동하여 백성이 달려와 모여 바울을 잡아 성전 밖으로 끌고 나가니, 문들이 곧 닫히더라.

예루살렘을 방문한 에베소의 유대인들이 성전에 갔다가, 그곳에서 막 결례를 마친 바울을 보았습니다. 그들은 불문곡직하고 바울을 붙잡은 뒤, 성전 안에 있던 유대인들을 충동질하였습니다. 바울이 도처에서 유대인과 율법과 성전을 거슬러 사람들을 그릇 가르쳐 왔을 뿐 아니라, 심지어 이방인을 성전으로 끌어들여 거룩한 성전을 모독했다고 선동한 것이었습니다. 예루살렘성전을 하나님과 동일시하던 유대인들은 그 말에 모두 흥분하며 분노하였습니다. 그들은 바울을 잡아 성전 밖으로 끌고 나갔습니다. 성전모독죄로 바울을 쳐죽이기 위함이었습니다. 그 소요 사태가 얼마나 컸던지, 성전을 지키는 레위인들은 바울이 끌려나감과 동시에 성전으로 통하는 문들을 모두 닫아 버렸습니다. 혹 있을지도 모를 비상사태를 미연에 방지하기 위함이었습니다. 하지만 바울은 이방인을 성전으로 끌어들인 적이 없었습니

다. 바울은 자신으로부터 복음을 영접한 에베소의 이방인 드로비모를 예루
살렘의 길거리에서 우연히 해후한 적이 있었습니다. 그 광경을 목격한 에베
소의 유대인들이, 바울이 이방인 드로비모를 예루살렘성전에도 끌어들였을
것이라고 지레 속단하고, 예루살렘의 유대인들을 충동질한 것이었습니다.
하지만 그것은 명백한 거짓말이었습니다.

그래서 바울의 자기 변증은 이렇게 끝을 맺고 있습니다.

> 그들이 만일 나를 반대할 사건이 있으면 마땅히 당신 앞에 와서 고발하
> 였을 것이요, 그렇지 않으면 이 사람들이 내가 공회 앞에 섰을 때에 무슨
> 옳지 않은 것을 보았는가 말하라 하소서. 오직 내가 그들 가운데 서서 외
> 치기를, 내가 죽은 자의 부활에 대하여 오늘 너희 앞에 심문을 받는다고
> 한 이 한 소리만 있을 따름이다 하니(19-21절).

만약 에베소의 유대인들이, 바울이 이방인 드로비모를 성전으로 끌어들
이는 것을 정말 목격했다면, 응당 그들이 총독의 법정에 증인으로 출두하
여 바울을 직접 고발하였을 것입니다. 하지만 그들은 총독의 법정에 나타나
지도 않았습니다. 지금 총독의 법정에 나와 있는 대제사장 무리는 며칠 전
산헤드린공회에서 바울을 심문했던 장본인들이었습니다. 그때 그들이 바울
에게서 로마제국의 실정법을 어긴 사실을 확인하였더라면, 총독의 법정에
서 그들 자신이 증인으로 바울을 고발하였을 것입니다. 하지만 그들은 돈
으로 고용한 웅변가 더둘로만 내세웠을뿐, 더둘로의 고발 내용을 반박하는
바울의 자기 변증 앞에서 입도 벙긋하지 못했습니다. 산헤드린공회가 바울
을 심문하려 했던 것도, 그가 유대인들이 못박아 죽인 예수님께서 부활하

신 그리스도라고 증언한 이유밖에 없었습니다. 웅변가 더둘로를 내세워 그의 세 치 혀로 바울에 대한 사형판결을 이끌어 내려 했던 대제사장 무리의 시도는, 결국 진실을 밝힌 바울의 자기 변증 앞에서 무산되고 말았습니다.

바울의 입장에서는 이번이 예루살렘 상경 이후 세 번째 자기 변증이었습니다. 에베소 유대인들의 충동질로 예루살렘의 유대인들이 바울을 쳐죽이려 했을 때, 현장에 출동한 천부장은 바울을 수배 중인 이집트인으로 오인하여, 부하들에게 바울을 두 쇠사슬로 결박하여 로마군 요새로 끌고 가게 하였습니다. 그때 바울은 천부장의 허락을 받아 로마군 요새로 통하는 층계 위에서 자신을 쳐죽이려던 예루살렘의 유대인들에게 처음으로 자기 변증을 하였습니다. 바울은 유대교인이었던 자신이 어떻게 그리스도인이 되었으며, 왜 이방인을 위한 사도가 되었는지를 밝히는 자기 간증으로 말문을 열었습니다. 그러나 바울의 간증 도중에 유대인들이 소리치며 바울을 죽이려 하여 바울의 간증은 중단되고 말았습니다. 바울에게 덧씌워진 모함이 거짓임을 밝힐 기회를 바울이 상실한 것이었습니다.

바울의 두 번째 자기 변증은 그다음 날 산헤드린공회에서 있었습니다. 자신이 그동안 모든 면에 걸쳐 신앙 양심에 따라 하나님을 섬겨 왔노라고 입을 열기가 무섭게, 대제사장 아나니아가 바울 곁에 있는 사람들에게 바울의 입을 치게 명령하였습니다. 유대인에게 입을 치는 것은, 인격에 대한 최악의 모독이라고 했습니다. 대제사장 아나니아가 바울의 입을 치게 함으로써, 신앙 양심을 따라 하나님을 섬겨 왔다는 바울의 인격을 짓밟아버린 것이었습니다. 저런 인간의 말은 더 이상 들어볼 가치도 없다는 선언이었습니다. 바울이 예수 그리스도의 부활을 증언한다는 이유로 자신이 심문받고 있음을 밝히자, 부활을 부정하는 사두개파 의원들과 부활을 인정하는 바리새파 의원들이 서로 자기 진영논리를 내세우며 뒤엉켜 싸우는 탓에, 천부장은 부하들에게 명령하여 로마 시민인 바울의 신변을 확보해야만 했습니다. 결국 바울은 산헤드린공회에서도 거짓 모함의 진상을 밝힐 수 없었습니다.

바울은 정식 재판정인 총독의 법정에서 행한 본문의 자기 변증을 통해서야 비로소 자신을 누가, 왜, 어떻게 거짓으로 모함했는지, 모든 진상을 상세하게 밝힐 수 있었습니다. 진실을 밝힌 것입니다. 그 진실 앞에서 대제사장을 포함한 대규모 고발단도, 그들에게 고용된 웅변가 더둘로도 침묵할 수밖에 없었습니다. 모두 사실이었기 때문입니다. 그렇다면 총독 벨릭스는 로마 시민 바울에게 무죄를 선고하고 즉각 석방시켜 주어야만 했습니다. 그러나 그는 그렇게 하지 않았습니다.

> 벨릭스가 이 도에 관한 것을 더 자세히 아는 고로 연기하여 이르되, 천부장 루시아가 내려오거든 너희 일을 처결하리라 하고, 백부장에게 명하여 바울을 지키되 자유를 주고, 그의 친구들이 그를 돌보아 주는 것을 금하지 말라 하니라(22-23절).

가이사랴에는 오래전부터 전도자 빌립 집사가 정착하여 복음을 전해 왔기에, 이미 주님을 영접한 그리스도인들이 있었습니다. 24절에 의하면 벨릭스의 아내 드루실라가 유대 여인이기도 했습니다. 그래서 벨릭스 총독은 벌써부터 그리스도교에 대한 정보를 가지고 있었습니다. 대제사장 무리가 바울을 고발한 것은 단지 믿음의 차이에서 연유한 일일 뿐, 바울이 로마제국의 실정법을 위반했기 때문이 아님을 알고 있었던 것입니다. 하지만 총독 벨릭스는 그 자리에서 바울에게 무죄를 선고하지 않았습니다. 그 대신 벨릭스 총독은 예루살렘의 천부장 루시아가 오면 바울에 대한 선고를 내리겠다고 선언하고, 백부장으로 하여금 바울에게 제한된 자유를 주는 조건으로 그를 계속하여 헤롯궁에 구금해 두게 하였습니다.

하지만 천부장 루시아는 바울을 가이사랴까지 호송한 군인들 편에 총독 벨릭스에게 전한 편지에서 바울의 무죄를 이미 피력했었습니다. 그리고 이 이후에 천부장 루시아가 바울에 대한 재판 때문에 가이사랴를 방문한 적도 없었습니다. 그럼에도 총독 벨릭스가 천부장 루시아를 구실 삼아 바울에 대한 선고를 연기한 것은 두 가지 이유 때문이었습니다. 첫째는 그 즉석에서 바울에게 무죄를 선고함으로써, 자신에게 오랫동안 많은 뇌물을 바쳐 온 대제사장 무리의 반발을 사지 않기 위함이었습니다. 두 번째 이유는 지난 시간에 말씀드렸고 또 다음 시간에 다시 확인하겠습니다만, 바울에게 돈이 많으리라고 오해한 총독 벨릭스가 바울로부터 뇌물을 거두어들이기 위함이었습니다. 그러나 벨릭스의 기대와는 달리 바울이 뇌물을 바치지 않자, 벨릭스 총독은 바울을 무려 2년 동안이나 헤롯궁에 방치해 두었습니다.

바울은 총독의 법정에서 진실을 밝혔습니다. 바울을 고발한 대제사장 무리와 그들에 의해 고용된 웅변가 더둘로가 반박할 엄두조차 내지 못할 정도로 완벽한 진실 규명이었습니다. 그러나 바울이 밝힌 진실은 수용되지 않았습니다. 총독 벨릭스는 바울의 자기 변증이 진실인 줄 알면서도 의도적으로 묵살했습니다. 바울을 고발한 대제사장 무리는 2년 후 신임총독 베스도가 부임하자 또다시 바울을 고발하였습니다. 바울이 벨릭스 총독의 법정에서 밝힌 진실은 총독 벨릭스와 대제사장 무리에게 가로막혀 한 치 앞도 나아가지 못한 채, 바울이 구금당한 헤롯궁에 묻혀 버리고 말았습니다. 바울의 입장에서 보자면 기가 막힌 일이 아닐 수 없었습니다.

하지만 바울은 억울해하지도, 절망하지도 않았습니다. 하나님께서 자신의 진실을 알고 계심을 알았기 때문입니다. 하나님께서 진실을 알고 계시는 한, 이 세상 사람 아무도 몰라도 상관없었습니다. 하나님께서 하나님의 때에, 하나님의 방법으로, 자신의 진실을 만천하에 규명해 주실 것을 믿었습니다. 결코 짧지 않은 손을 지니신 하나님께서는 바울이 믿었던 대로, 누가로 하여금 바울의 진실을 당신의 말씀인 사도행전에 기록하게 하심으로, 지난 2천 년 동안 시간과 공간을 초월하여 온 인류 앞에서 그의 진실이 규명되게 해주셨습니다. 어디 그뿐입니까? 세상 사람들이 의도적으로 그의 진실을 묵살해도 결코 좌절하거나 절망하지 않고 오직 주님 안에서 용기 있게 의의 길을 계속하여 좇았던 그 바울을 당신의 통로로 삼아, 하나님께서는 인류의 역사를 새롭게 하셨습니다. 이것이 오늘의 본문이 우리에게 주는 주님의 메시지입니다.

형들의 미움으로 이집트에 종으로 팔려간 요셉은 파라오의 친위대장 보디발의 집에서 종살이를 시작하였습니다. 보디발을 위해 충성을 다하였지만 여주인의 농간으로 옥살이를 하여야만 했습니다. 요셉은 감옥에서 만난, 파라오의 술 담당 관리의 꿈을 해몽해 주었습니다. 사흘 안에 전직을 회복하게 되리라는 길조였습니다. 요셉은 그 관리에게 자신의 억울함을 밝히면서, 전직을 회복하면 파라오에게 자신의 진실을 규명해 줄 것을 부탁했습니다. 그러나 그는 요셉의 해몽대로 사흘 만에 전직을 회복하였지만, 너무나 기쁜 나머지 요셉이 부탁한 진실 규명을 그만 잊어버리고 말았습니다. 요셉의 진실 규명 노력은 감옥 속에 그렇게 영영 묻혀 버리는 것 같았습니다. 하지만 요셉 역시 절망하지 않았습니다. 하나님께서 자신의 진실을 알고 계심을 그도 알고 있었기 때문입니다. 그리고 2년이 지나 하나님의 때가 되었을 때, 하나님께서는 결코 짧지 않은 당신의 손으로 요셉을 감옥에서 이끌어 내시고, 죽음의 대기근을 맞은 이집트와 팔레스타인의 백성을 그를 통해 구해 내셨습니다.

죄로 가득 찬 인간 세상에서 진실을 밝힌다고 언제나 진실이 규명되는 것은 아닙니다. 세상을 살다 보면 나의 진실이 묵살당하거나 묻혀 버리는 경우가 허다합니다. 머리띠를 두르고 진실을 소리쳐 외쳐도, 허리띠를 졸라매고 식음을 전폐하며 온몸으로 진실을 부르짖어도, 때로는 사람의 옹벽에 가로막혀, 때로는 돈의 장벽에 가로막혀, 때로는 권력의 성벽에 가로막혀, 나의 진실이 단 한 치도 앞으로 나아가지 못할 때가 있습니다. 그러나 그때 억울해하거나, 절망하지 마십시다. 세상 사람은 아무도 나의 진실을 몰라도, 세상 사람들이 나의 진실을 의도적으로 묵살하거나 왜곡해도, 하나님께서는 나의 진실을 다 알고 계십니다. 결코 짧지 않은 손을 지니신 하나님께서 당신의 때가 이르면, 반드시 당신의 방법으로 나의 진실을 만천하에 드러나게 해주실 것이요, 나의 삶을 통로로 삼아 시공을 초월한 당신의 섭리를 계속 이루어가실 것입니다. 그래서 우리는 우리의 진실을 아무도 몰라도, 도리어 뭇사람으로부터 오해받고 거짓 모함을 당해도, 주님 안에서 용기를 다해 의의 길을 계속하여 좇을 수 있습니다. 잊지 마십시다. 우리의 승부는 사람 앞에서가 아니라, 오직 하나님 앞에서만 판가름 납니다.

다윗이 하나님을 찬양했습니다. "여호와여, 주께서 나를 살펴보셨으므로 나를 아시나이다. 주께서 내가 앉고 일어섬을 아시고, 멀리서도 나의 생각을 밝히 아시오며, 나의 모든 길과 내가 눕는 것을 살펴보셨으므로 나의 모든 행위를 익히 아시오니, 여호와여, 내 혀의 말을 알지 못하시는 것이 하나도 없으시나이다"(시 139:1-4). 이처럼 다윗은 하나님께서 자신의 모든 것을 다 알고 계심을 믿었기에, 사울 왕이 자신의 진실을 왜곡하고 유린해도 계속하여 용기 있게 의의 길을 좇았고, 하나님께서는 시공을 초월하여 그 다윗을 3천 년이 지난 오늘날 이스라엘 국기의 별이 되게 하셨습니다.

다윗의 하나님, 바울의 하나님, 요셉의 하나님께서 우리의 하나님이심을 감사합니다. 내가 외친 나의 진실이 온갖 장벽에 가로막혀 땅에 파묻혀도, 억울해하거나 절망하지 않겠습니다. 나의 진실을 익히 알고 계시는 하나님을 의지하며, 더더욱 의의 길을 용기 있게 걸어 나가겠습니다. 우리의 한 걸음 한 걸음을 통해, 결코 짧지 않은 손을 지니신 하나님의 섭리가 시간과 공간을 초월하여 이루어지게 해주십시오.

북한이 또다시 5차 핵실험을 단행하였습니다. 한반도의 상황을 누구보다 잘 알고 계시는 하나님께서, 결코 짧지 않은 하나님의 손으로 한반도의 평화와 안정을 지켜 주시기를 간구드립니다. 아멘.

3. 의와 절제와 심판을

사도행전 24장 24-27절

수일 후에 벨릭스가 그 아내 유대 여자 드루실라와 함께 와서 바울을 불러 그리스도 예수 믿는 도를 듣거늘 바울이 **의와 절제와** 장차 오는 **심판을** 강론하니 벨릭스가 두려워하여 대답하되 지금은 가라 내가 틈이 있으면 너를 부르리라 하고 동시에 또 바울에게서 돈을 받을까 바라는 고로 더 자주 불러 같이 이야기하더라 이태가 지난 후 보르기오 베스도가 벨릭스의 소임을 이어받으니 벨릭스가 유대인의 마음을 얻고자 하여 바울을 구류하여 두니라

바울은 총독 벨릭스의 법정에서 자신에게 덧씌워진 거짓 모함에 대한 진상을 규명하는 자기 변증을 하였습니다. 진실을 밝힌 것입니다. 바울이 밝힌 진실 앞에 대제사장 아나니아를 포함한 대규모의 고발단도, 그들에게 고용되어 자신의 세 치 혀로 바울을 로마제국의 실정법으로 옭아매어 사형선고를 끌어 내려던 웅변가 더둘로도, 모두 침묵할 수밖에 없었습니다. 총독 벨릭스 역시 바울의 진실을 알았지만 의도적으로 묵살한 채, 바울에 대한

선고를 확실한 기약도 없이 미루어 버렸습니다. 그동안 자기에게 정기적으로 많은 뇌물을 바쳐 온 대제사장 무리의 반발을 그 자리에서 사지 않기 위함이 첫 번째 이유였고, 바울이 돈이 많으리라 오해하여 바울로부터도 뇌물을 거두어들이기 위함이 두 번째 이유였습니다. 총독 벨릭스는 백부장으로 하여금, 바울에게 제한된 자유를 주는 조건으로 그를 계속하여 헤롯궁에 구금해 두도록 하였습니다.

> 수일 후에 벨릭스가 그 아내 유대 여자 드루실라와 함께 와서 바울을 불러 그리스도 예수 믿는 도를 듣거늘(24절).

며칠 후, 총독 벨릭스가 그의 아내 드루실라와 함께 구금되어 있는 바울을 개인적으로 호출하였습니다. 벨릭스에게는 세 명의 아내가 있었는데, 유대 여자 드루실라는 세 번째 아내였습니다. 헤롯 대왕의 손녀이자 헤롯 아그립바 1세의 딸이었던 드루실라의 입장에서도, 벨릭스는 세 번째 남편이었습니다. 그들이 바울에게 예수 그리스도를 믿는 믿음에 대해 물었고, 바울은 기꺼이 답변에 응했습니다.

> 바울이 의와 절제와 장차 오는 심판을 강론하니(25절 상).

바울은 예수 그리스도를 믿는 믿음의 요체를 세 단어로 표현하여 강론하였습니다. '의', '절제', '심판'이었습니다. '의'는 하나님과 바른 관계를 의미합니다. 예수 그리스도 안에서 하나님을 하나님으로 모시고 그분 앞에서 자신은 피조물이 되는, 하나님과의 바른 관계 속에 있으면 하나님의 의는 절로 드러나게 됩니다. 그리스도인이 말씀과 기도를 통해 신앙훈련을 거듭하는 궁극적 목적은, 하나님과의 바른 관계 속에서 살아가기 위함입니다.

바울이 언급한 '절제'는 흔히 오해하듯 '절약'이나 '조절'이 아닙니다. 돈을 흥청망청 뿌리고 다니는 아들에게 부모가 '절제하라'는 것은 '돈을 좀 절약하라'는 말입니다. 술독에 빠져 사는 남편에게 아내가 '절제하라'는 것은 '술을 적당하게 조절하여 마시라'는 뜻입니다. 그러나 본문에서 우리말 '절제'로 번역된 헬라어 '엥크라테이아ἐγκράτεια'는 영어로 'put aside', 하지 말아야 할 것을 아예 제쳐 버리는 것, 다시 말해 자신의 삶에서 제거해 버리는 것입니다. 영원한 생명의 길과 죽음으로 치닫는 욕망의 길은 어떤 경우에도 함께 겹치는 법이 없습니다. 욕망의 길을 제쳐 버리지 않는 한, 영원한 생명의 길을 좇을 수는 없습니다. 생명의 길에서 한 번이라도 생명의 샘물을 마셔 본 사람이라면, 허망한 죽음으로 끝나기 마련인 욕망의 길로 다시는 되돌아가지 않을 것입니다.

마지막으로 '심판'은, 그동안 〈새신자반〉, 〈성숙자반〉, 〈사명자반〉에서 배웠듯이, 믿지 않는 사람들에게는 하나님의 영원한 형벌이지만, 구원받은 하나님의 자녀들에게는 '하나님의 셈하심', '하나님의 상 주심'을 의미합니다. 하나님께서는 당신이 내려 주신 시간, 물질, 재능 등을 당신의 자녀들이 무엇을 위해 어떻게 사용했는지 셈하시고, 마지막 날 당신의 셈에 따라 상 주시는 분입니다.

> 믿음이 없이는 하나님을 기쁘시게 하지 못하나니, 하나님께 나아가는 자는 반드시 그가 계신 것과, 또한 그가 자기를 찾는 자들에게 상 주시는 이심을 믿어야 할지니라(히 11:6).

하나님께서 셈하시고 상 주시는 심판의 하나님이 아니라면, 그리스도인들이 구태여 하나님의 말씀을 좇아 살려 애쓸 필요도 까닭도 없습니다.

믿음의 요체를 의, 절제, 심판, 이렇게 세 단어로 표현하여 설명한 것은, 위대한 사도 바울다운 탁월한 강론이었습니다. 벨릭스와 드루실라의 입장에서 보자면, 십자가의 구원자 예수 그리스도를 영접할 절호의 기회를 맞은 셈이었습니다. 그러나 그들의 처신은 우리의 기대와는 전혀 달랐습니다.

> 벨릭스가 두려워하여 대답하되 지금은 가라, 내가 틈이 있으면 너를 부르리라 하고(25절 하).

바울로부터 믿음의 요체가 '의', '절제', '심판'임을 전해들은 벨릭스 총독은 두려워하였습니다. 우리말 '두려워하다'는 원어의 뜻을 제대로 반영하지 못하고 있습니다. 헬라어 동사 '엠프호보스ἔμφοβος'는 '깜짝 놀라다' '두려움에 사로잡히다'는 의미입니다.

바울의 강론을 들은 벨릭스가 깜짝 놀라 두려움에 사로잡힌 데에는 이유가 있었습니다. 당시의 종교인들은 권력자 앞에서 권력자 듣기에 거북한 말은 하지 않았습니다. 웅변가 더둘로가 그랬던 것처럼, 권력자의 입맛에 맞는 메시지를 전했습니다. 그러나 뇌물을 탐할 뿐 아니라 아내를 세 명이나 두고서도 색욕에 사로잡혀 살던 불의한 벨릭스에게 던진 바울의 세 단어—'의', '절제', '심판'은 벨릭스로서는 그중에 어느 한 단어도 거리낌 없이 받아들일 수 있는 단어가 없었습니다. 게다가 평생 생각도 해본 적이 없는, 자신이 하나님의 심판을 받게 되리라는 바울의 강론은, 벨릭스를 두려움에 사로잡히게 하기에 충분하였습니다. 벨릭스는 시간이 나면 다시 호출하겠다며, 바울을 구금 장소로 황급히 되돌려 보내어 버렸습니다.

동시에 또 바울에게서 돈을 받을까 바라는 고로, 더 자주 불러 같이 이야기하더라(26절).

그러나 벨릭스가 사로잡혔던 두려움은 오래 지속되지 않았습니다. 벨릭스는 바울로부터 뇌물을 받으려는 기대감으로 오히려 바울을 "더 자주" 호출하여 개인적으로 이야기를 나누었습니다. 대부분의 신흥종교는 돈과 불가분의 관계에 있기에, 벨릭스 총독은 그리스도교라는 신흥종교 지도자인 바울에게도 돈이 많으리라고 여겼습니다. 특히 바울은 총독의 법정에서 자신이 예루살렘을 방문한 이유 중 하나가, 대흉년을 당한 예루살렘 사람들에게 마게도니아 그리스도인들의 구제헌금을 전달하기 위함임을 밝혔었습니다. 바울의 그 진술은 벨릭스 총독으로 하여금, 바울에게 돈이 많으리라는 확신을 더욱 확고하게 해주었습니다. 그래서 벨릭스는 바울을 개인적으로 '더 자주' 호출하였습니다. 그러고 보면 벨릭스가 아내 드루실라와 함께 바울을 호출하여 믿음에 대해 질문했던 것 역시, 실제로는 그때부터 뇌물에 대한 기대감 때문이었음을 알 수 있습니다.

그러나 벨릭스가 바울을 계속하여 개인적으로 만나도 바울이 뇌물을 바칠 기미를 전혀 보이지 않자, 벨릭스는 바울을 2년 동안이나 헤롯궁에 구금 상태로 방치해 두었습니다. 바울에게 들었던 믿음의 요체, 의와 절제와 심판은 더 이상 벨릭스의 안중에도 없었습니다.

이태가 지난 후 보르기오 베스도가 벨릭스의 소임을 이어받으니, 벨릭스가 유대인의 마음을 얻고자 하여 바울을 구류하여 두니라(27절).

2년이 지나 벨릭스 총독은 네로 황제에 의해 로마로 소환당했습니다. 총독의 거주지인 가이사랴에는 유대인과 헬라인이 혼재하여 살고 있었습니다. 그들 사이에 주도권 장악을 위한 분쟁이 일어났을 때 벨릭스 총독은 법에 따라 공정하게 처리하지 않고, 군대를 동원하여 유대인들을 제압하면서 일방적으로 헬라인을 편들었습니다. 그 과정에서 많은 유대인들이 생명과 재산을 잃는 등, 큰 피해를 입었습니다. 벨릭스 총독이 헬라인 편을 들기 위해 권력을 남용한 것이었습니다. 이에 분노한 유대인들이 네로 황제에게 탄원서를 올렸고, 결국 벨릭스는 소환당했습니다. 불명예 퇴진을 하고 만 것입니다.

소환당한 벨릭스의 후임으로는 베스도가 신임총독으로 부임할 예정이었습니다. 벨릭스는 신임총독 베스도를 위한 업무인계를 준비하다가, 자신이 바울에 대한 선고를 하지 않아 바울이 2년 동안 계속하여 구금상태에 있다는 사실을 그제야 인지하였습니다. 그렇다면 벨릭스는 바울에게 당장 무죄를 선고하여, 자신의 임기가 끝나기 전에 자기 책임하에 바울에 대한 재판을 매듭지어야만 했습니다. 그렇지만 벨릭스는 그때에도 자신의 책임을 다하지 않았습니다. 그는 "유대인의 마음을" 얻기 위해 바울을 계속하여 "구류하여" 두었습니다. 우리말 '구류하다'로 번역된 헬라어 동사 '데오δεω'는 '결박하다'는 의미입니다. 유대인들의 탄원으로 소환당하는 벨릭스는 이임을 앞두고 유대인들에게 선심을 쓰기 위해, 제한된 자유를 주었던 바울을 다시 결박하여 감옥에 가두어 버렸습니다. 바울에게 무죄를 선고하여 유대인들에게 욕을 먹으면서 이임하는 것보다는, 유대인들이 원하는 대로 바울을 투옥시켜 두는 편이 자기에게 더 유익하다고 계산한 것이었습니다. 벨릭스는 교활하게도 자기 보신을 위해, 바울에 대한 판결 책임을 신임총독 베스도에게 미루어 버렸습니다. 인기영합주의와 자기보신주의 그리고 무사안일주의에 빠져 있던 벨릭스는, 전형적으로 무책임한 부패관리였습니다.

생각하면 할수록 총독 벨릭스는 한심하기 짝이 없는 인간입니다. 대체 바울이 누굽니까? 2천 년 기독교 역사상 가장 위대한 사도 아닙니까? 벨릭스는 그 위대한 사도 바울의 자기 변증을 법정에서 공식적으로 들었고, 그 위대한 사도 바울로부터 믿음의 요체에 대한 강론을 개인적으로 들었을 뿐 아니라, 그 위대한 사도 바울과 계속하여 개인적인 만남을 가졌습니다. 2천년 전 로마제국 사람들 가운데 위대한 사도 바울과 그런 기회를, 개인적으로 그렇게 많이 가진 사람이 몇 명이나 있었겠습니까? 그것이야말로 하나님께서 벨릭스에게 베풀어 주신 크나큰 은총 아니었겠습니까? 만약 벨릭스가 위대한 사도 바울의 말에 귀를 기울여 주님을 영접했더라면, 그는 2천년 전 로마제국의 한 부분을 새롭게 하는 또 한 명의 그리스도인으로 거듭나지 않았겠습니까?

그러나 그는 의와 절제와 심판에 대한 바울의 강론을 듣는 그 순간에만 잠시 두려움에 사로잡혔을뿐, 그 두려움의 순간이 가시자마자 그의 관심은 또다시 돈으로 회귀해 버리고 말았습니다. 그에게 바울은 위대한 사도가 아니라, 돈을 우려내기 위한 호구일 뿐이었습니다. 단지 돈을 우려내기 위한 목적으로 바울을 '더 자주' 호출한 것이었습니다. 스스로 구원의 기회를 그렇게 박차버린 벨릭스가 불명예 퇴진한 이후, 그의 최후가 어떠했는지는 알려져 있지 않습니다. 그러나 벨릭스의 아내 드루실라는 역사가 요세푸스의 기록에 의하면, 벨릭스와의 사이에서 낳은 아들 아그립바와 함께 주후 79년 폼페이에서 베수비우스 화산 폭발로 사망하였습니다.

사람이 늙어 죽을 때까지 현직을 지킬 수는 없습니다. 아무리 높은 자리라도 때가 되면 반드시 내려와야 합니다. 육체를 지니고 천년만년 사는 사람도 없습니다. 인간에게 죽음은, 그 누구도 피할 수 없는 하나님의 법칙입니다. 그러나 그리스도인은 현직을 떠나도, 하나님의 도구라는 사실에는 아무 변함이 없습니다. 그리스도인은 화산 폭발로 죽든, 전쟁터에서 죽든, 병으로 죽든, 잠을 자다가 죽든, 그 죽음이 주님 안에서 영원한 생명의 시작이라는 점에서는 모두 동일합니다. 바울의 강론을 직접 들은 벨릭스와 드루실라가 주님을 영접했더라면, 그들은 이 세상 살아 있는 동안 현직을 떠난 뒤에도 하나님의 도구로 아름답게 쓰임 받다가, 어떤 형태의 죽음을 통해서든 셈하시고 상 주시는 하나님 앞에 감사함으로 설 수 있었을 것입니다. 하지만 그 기회를 스스로 박차버린 그들은 영원한 심판의 대상으로 전락하고 말았습니다. 생각할수록 한심하면서도 측은한 인간들이 아닐 수 없습니다.

그러나 그 한심하면서도 측은한 벨릭스와 드루실라가 실은 우리의 자화상임을 잊어서는 안 됩니다. 하나님을 믿는 우리도 하나님의 '심판'에 대해 잘 알고는 있지 않습니까? 성경을 읽다가 '심판'이란 단어를 접하거나, 오늘처럼 하나님의 심판에 대한 설교를 들으면, 잠시 두려움에 사로잡히기도 하지 않습니까? 하지만 그 두려움은 한순간이요, 실생활 속에서 우리의 관심은 언제나 벨릭스처럼 오직 돈뿐이지 않습니까? 그렇게 살면서도 우리가 정녕 의와 절제와 심판을 믿는 참된 그리스도인이라 할 수 있겠습니까?

그리스도인치고 믿음의 요체가 의와 절제와 심판임을 알지 못하는 사람은 드뭅니다. 그렇지만 그 믿음의 요체를 삶을 통해 제대로 구현하는 그리스도인도 흔하지 않습니다. 대부분의 그리스도인들이 믿음의 요체는 의와 절제와 심판이지만, 믿음의 진전은 그 역순으로 진행된다는 사실을 알지 못하기 때문입니다. 참된 믿음은 반드시 하나님의 심판, 다시 말해 하나님의 셈하심과 상 주심을 믿는 것으로부터 시작합니다. 하나님의 심판을 믿는 사람에게만, 절제와 의의 삶이 결과적으로 수반될 수 있습니다. 하나님의 심판을 믿는 사람만, 그날에 대비하여 그리스도인답게 자신의 삶 속에서 제쳐버려야 할 것을 미련 없이 제치며 절제할 수 있습니다. 하나님의 심판을 믿는 사람만, 하나님의 셈하심을 기대하며 울면서도 뿌려야 할 씨를 뿌릴 수 있습니다. 결과적으로 하나님의 심판을 믿는 사람만, 하나님의 상 주심을 바라보며 언제나 하나님과 바른 관계 속에서 살아갈 수 있습니다. 만약 벨릭스 총독이 바울이 전한 하나님의 심판을 믿었더라면, 그의 인생은 전혀 다르게 전개되었을 것입니다.

학교에는 많은 학생들이 있습니다. 어느 날 선생님이 학생들에게 시험 날짜를 공지했습니다. 그러나 그 시험 날짜를 의식하지 않는 학생들은 평소처럼 놀고 싶은 대로 놀고, 하고 싶은 것 다 할 것입니다. 그리고 당연하게도 시험을 망칠 것입니다. 반면에 시험을 절대적으로 받아들인 학생들, 매일 시험 날짜를 의식하는 학생들은 하고 싶은 게임도 제쳐놓고, 놀고 싶은 마음도 억누르며, 최선을 다해 시험을 준비할 것입니다. 그 학생들이 시험에서 상대적으로 좋은 점수를 얻을 것이요, 각종 수상의 영예도 누리게 될 것입니다. 믿음도 이와 똑같습니다. 셈하시고 상 주시는 하나님의 심판을 믿는 사람에게만 하나님의 말씀을 좇는 절제가 가능하고, 결과적으로 의─즉 하나님과의 바른 관계가 수반됩니다. 하나님의 심판을 믿지 못하는 사람은 절제와 의를 이론적으로 이해할 수는 있으나, 삶으로 구현할 수는 없습니다.
바울이 벨릭스 총독의 법정에서 자기 변증을 하면서 "그들이 기다리는바 하나님께 향한 소망을 나도 가졌으니, 곧 의인과 악인의 부활이 있으리라 함이니이다"(15절)라고 말하지 않았습니까? 그리스도인들은 그리스도인들에게만 부활이 있다고 생각하기 쉽습니다. 하지만 바울은 악인의 부활도 언급하였습니다. 지난 시간에 말씀드렸듯이 바울의 이 언급은 "선한 일을 행한 자는 생명의 부활로, 악한 일을 행한 자는 심판의 부활로 나오리라"(요 5:29)는 예수님의 말씀에 기인한 것입니다. 의인과 악인 모두에게 심판을 위한 부활이 있습니다. 의인을 위한 하나님의 심판은 영원한 생명으로 이어지는 하나님의 셈하심과 상 주심이요, 악인을 위한 하나님의 심판은 영원한 죽음의 형벌입니다. 바울은 그렇게, 하나님의 심판을 믿었습니다. 만약 바울이 그렇게, 하나님의 심판을 믿지 않았다면 바울 역시 무늬만 그리스도인이었을뿐, 실생활은 주님과 무관하였을 것입니다.

다음은 바울의 고백입니다.

> 운동장에서 달음질하는 자들이 다 달릴지라도, 오직 상을 받는 사람은 한 사람인 줄을 너희가 알지 못하느냐? 너희도 상을 받도록 이와 같이 달음질하라. 이기기를 다투는 자마다 모든 일에 절제하나니, 그들은 썩을 승리자의 관을 얻고자 하되 우리는 썩지 아니할 것을 얻고자 하노라. 그러므로 나는 달음질하기를 향방 없는 것같이 아니하고, 싸우기를 허공을 치는 것같이 아니하며, 내가 내 몸을 쳐 복종하게 함은, 내가 남에게 전파한 후에 자신이 도리어 버림을 당할까 두려워함이로다(고전 9:24-27).

바울이 날마다 자신을 쳐 복종시키면서까지 하나님의 말씀을 좇아 절제와 의의 삶으로 일관했던 것은, 셈하시고 상 주시는 하나님의 심판을 온전히 믿은 결과였습니다. 하나님께서 결코 짧지 않은 당신의 손으로 그 바울을, 세상을 새롭게 하는 당신의 도구로 사용하신 것은 사필귀정이었습니다.

이미 말씀드린 적이 있습니다만, 성경에 '평등'이란 단어는 한 번도 등장하지 않습니다. 하나님께서는 평등의 하나님이 아니십니다. 사도 바울의 증언입니다.

> 스스로 속이지 말라. 하나님은 업신여김을 받지 아니하시나니, 사람이 무

엇으로 심든지 그대로 거두리라. 자기의 육체를 위하여 심는 자는 육체로부터 썩어질 것을 거두고, 성령을 위하여 심는 자는 성령으로부터 영생을 거두리라(갈 6:7-8).

하나님께서는 평등의 하나님이 아니라, 사람이 무엇으로 심든지 심은 대로 거두게 하시는, 공평하신 하나님이십니다. 하나님께서 공평하신 하나님이신 것은, 하나님께서 곧 심판의 하나님이시기 때문입니다. 그 심판의 하나님을 믿는 사람만, 제쳐야 할 것을 미련 없이 제치고 포기하는 절제가 가능합니다. 그 심판의 하나님을 믿는 사람만, 울면서도 심어야 할 것을 심으며 자신의 책임을 타인에게 미룸이 없이, 욕을 듣더라도 자기에게 주어진 소명을 완수할 수 있습니다. 그 심판의 하나님을 믿는 사람만, 결과적으로 하나님과 바른 관계 속에서 살아가는 의를 이룰 수 있습니다. 하나님께서 결코 짧지 않은 당신의 손으로 그런 사람을 들어, 당신의 신비로운 섭리를 이루어 가실 것은 두말할 나위가 없습니다.

주님, 바울이 자신의 임박한 죽음을 내다보며 고백하였습니다.

"나는 이미 부어드리는 제물로 피를 흘릴 때가 되었고, 세상을 떠날 때가 되었습니다. 나는 선한 싸움을 다 싸우고, 달려갈 길을 마치고, 믿음을 지켰습니다. 이제는 나를 위하여 의의 면류관이 마련되어 있으므로, 의로운 재판장이신 주님께서 그날에 그것을 나에게 주실 것이며, 나에게만이 아니라 주님께서 나타나시기를 사모하는 모든 사람에게도 주실 것입니다"(딤후 4:6-8, 새번역).

주님! 바울이 이 세상의 불의와 타협하지 않는 선한 싸움을 어떻게 그렇듯 다 싸울 수 있었는지, 자신의 생명조차 조금도 귀한 것으로 여기지 않고 달려가야 할 길을 어떻게 완주할 수 있었는지, 참수형을 당하면서까지 어떻게 믿음을 끝까지 지킬 수 있었는지, 그 해답을 알게 해주셔서 감사합니다. 바울에게 그 모든 것이 가능할 수 있었던 것은, 그가 셈하시고 상 주시는 의로운 재판장―하나님의 심판을 굳게 믿은 결과였습니다. 그동안 믿음의 요체가 의와 절제와 심판임을 머리로는 알면서도, 벨릭스처럼 돈과 욕망을 우상으로 섬기느라 삶으로 구현하려 하지는 않았던 우리의 어리석음을 용서해 주십시오. 이제부터 우리를 구원해 주신 하나님의 심판을 믿음으로, 주님 안에서 제쳐 버려야 할 것을 미련 없이 제쳐 버리는 절제와, 하나님과 바른 관계 속에서 살아가는 의의 삶이 수반되게 해주십시오. 더 이상 벨릭스처럼 한심한 인간의 표상이 아니라, 바울처럼 믿음의 본으로 살아가게 해주십시오. 아멘.

사도행전 25장

하나님께 자기 심령의 초점을

맞추고 살아가는 것보다

더 큰 지혜는 없습니다.

4. 대제사장들과 높은 사람들이

사도행전 25장 1-5절

베스도가 부임한 지 삼 일 후에 가이사랴에서 예루살렘으로 올라가니 **대제사장들과** 유대인 중 **높은 사람들이** 바울을 고소할새 베스도의 호의로 바울을 예루살렘으로 옮기기를 청하니 이는 길에 매복하였다가 그를 죽이고자 함이더라 베스도가 대답하여 바울이 가이사랴에 구류된 것과 자기도 멀지 않아 떠나갈 것을 말하고 또 이르되 너희 중 유력한 자들은 나와 함께 내려가서 그 사람에게 만일 옳지 아니한 일이 있거든 고발하라 하니라

노예 출신으로 총독의 자리에까지 올랐던 벨릭스는 위대한 사도 바울로부터 의와 절제와 심판에 대한 설교를 듣고서도 권력을 남용하며 돈만 밝히다가, 결국 네로 황제에게 소환당하여 인생 무대에서 불명예스럽게 퇴진하고 말았습니다. 벨릭스는 자신의 후임자로 부임할 신임총독 베스도를 위한 업무인계를 준비하다가, 단지 자기에게 뇌물을 바치지 않았다는 이유로 바울을 2년 동안이나 구금 상태로 방치해 두고 있었다는 사실을 인지하였

습니다. 그렇지만 벨릭스는 바울에게 즉각 무죄를 선고하여, 자신의 임기가 끝나기 전에 바울에 대한 판결을 바르게 매듭짓지 않았습니다. 그는 자신이 이임하기 전에 도리어 유대인들에게 마지막 선심을 쓰기 위해, 제한된 자유를 주었던 바울을 다시 결박하여 투옥시켜 버렸습니다.

오늘의 본문은 그 이후의 상황을 전해 주고 있습니다.

베스도가 부임한 지 삼 일 후에 가이사랴에서 예루살렘으로 올라가니 (1절).

드디어 신임총독 베스도가 유대 지방 제12대 총독으로 부임하였습니다. 신임 총독 베스도는 판단력, 행정력, 지도력 등, 모든 면에 걸쳐 전임총독 벨릭스보다 월등하게 뛰어난 사람이었던 것으로 알려지고 있습니다. 그는 가이사랴에 도착한 뒤에, 가장 먼저 예루살렘을 방문하였습니다. 자신의 관할지역 내에서 가장 중요한 도시인 예루살렘 현지 시찰을 위함이었습니다. 본문에서 "삼 일 후"는 '삼 일째'를 가리키는 유대인 식의 표현입니다. 유대인의 날짜 계산법에 따르면 신임총독 베스도가 가이사랴에 도착한 날이 첫째 날이고, 이튿날은 둘째 날, 그다음 날이 '삼 일째'가 됩니다. 즉 가이사랴에 도착한 신임총독 베스도는 이튿날 하루만 쉬고 예루살렘 현지 시찰에 나선 것이었습니다.

제국의 수도 로마에서 가이사랴까지의 거리는 2,240킬로미터입니다. 당시에는 요즈음처럼 빠르고 편리한 비행기나 기차가 없었습니다. 2,240킬로미터의 거리라면, 당시의 범선으로 최소한 열흘 이상의 항해 거리였습니다. 로마에서 황제의 명을 받은 베스도 신임총독이 배를 타고 최소한 열흘 이상 지중해를 횡단하여 가리사랴에 도착한 것입니다. 결코 편할 리 없는 여행길이었습니다. 하지만 가이사랴에 도착한 베스도는 이튿날 단 하루만 쉬고, 곧장 가이사랴에서 104킬로미터나 떨어져 있는 예루살렘 현지 시찰에 나섰습니다. 베스도 총독은 그 정도로 성실한 사람이었습니다.

> 대제사장들과 유대인 중 높은 사람들이 바울을 고소할새(2절).

베스도 총독의 예루살렘 현지 시찰의 주요 목적 가운데 하나는 예루살렘의 유력자들과 상견례를 갖는 것이었습니다. 예루살렘의 유력자들, 다시 말해 대제사장들과 산헤드린공회 의원인 장로들이 유대 사회를 움직이는 핵심 인물들이었기 때문입니다. 예루살렘의 대제사장들과 장로들은 신임총독 베스도를 만나자마자, 기다렸다는 듯이 바울을 고소하고 나섰습니다.

> 베스도의 호의로 바울을 예루살렘으로 옮기기를 청하니, 이는 길에 매복하였다가 그를 죽이고자 함이더라(3절).

대제사장들과 장로들은 신임총독 베스도에게, 그가 예루살렘에 체류하고 있는 지금 바울을 예루살렘으로 이송시켜 예루살렘에서 재판해 주기를 요청하였습니다. 헬라어 원문의 뜻을 그대로 옮기면, 그들은 신임총독 베스도가 그렇게 해주기를 계속하여 집요하게 요청하였습니다. 그 이유가 끔찍했습니다. 가이사랴와 예루살렘 사이에 암살단을 매복시켜 두었다가, 길에서 바울을 죽여 버리기 위함이었습니다. 대제사장들과 산헤드린공회 의원들인 장로들은 유대 사회에서 최상위 계층에 속한 사람들이었습니다. 그러나 그들은 신임총독 베스도와의 첫 대면에서 체면이나 체통은 아랑곳하지도 않았습니다. 그들의 목표는, 오직 바울 제거에만 있었습니다.

베스도가 대답하여 바울이 가이사랴에 구류된 것과 자기도 멀지 않아 떠나갈 것을 말하고 또 이르되, 너희 중 유력한 자들은 나와 함께 내려가서 그 사람에게 만일 옳지 아니한 일이 있거든 고발하라 하니라(4-5절).

신임총독 베스도는 바울을 암살하려는 대제사장들과 장로들의 심중을 꿰뚫어 보기라도 한 듯, 바울을 예루살렘으로 이송시켜 달라는 그들의 집요한 요청을 정중하게 거절하였습니다. 그는 바울이 투옥되어 있는 가이사랴로 자신이 며칠 내로 복귀할 것이므로, 바울을 고발하기 원하는 사람들은 자신과 함께 가이사랴로 가서, 그곳의 법정에서 바울을 정식으로 고발할 것을 주문하였습니다. 역시 신임총독 베스도는 신중한 사람이었습니다.

그런데 어떻습니까? 오늘의 본문은 우리가 사도행전 23장과 24장에서 이미 확인했던 내용들의 복사판 아닙니까? 바울이 예루살렘에서 로마군의 요새에 투옥당해 있을 때, 40여 명의 암살단원들이 로마군 요새와 산헤드린 공회 사이에 매복해 있다가 바울을 죽이기로 만반의 준비를 갖추었고, 대제사장들과 장로들이 그들의 계획을 기꺼이 승인하지 않았습니까? 그 음모를 전해들은 예루살렘의 천부장은 한밤중에 군인 470명을 동원하여, 바울을 가이사랴의 총독 벨릭스에게 이송하였습니다. 그러자 대제사장 아나니아와 장로들이, 그들이 돈을 주고 고용한 웅변가 더둘로와 함께, 예루살렘에서 104킬로미터나 떨어진 가이사랴까지 직접 찾아가 총독 벨릭스에게 바울을 고발하지 않았습니까?

희한하게 오늘의 본문 속에서도 그와 똑같은 내용이 반복되고 있습니다. 오늘의 본문은 사도행전 23장과 24장을 되풀이하여 설명하는 내용이 아닙니다. 사도행전 23장과 24장은 전임총독 벨릭스 시절의 내용이고, 사도행전 25장의 첫머리인 오늘의 본문은 신임총독 베스도가 부임한 이후의 내용입니다. 더욱이 사도행전 24장과 25장 사이에는 무려 2년이라는 시차가 있습니다. 그러나 2년이라는 긴 기간이 경과했는데도, 유대 사회의 최상위 계층인 대제사장들과 장로들은 지금 2년 전과 똑같은 짓을 반복하고 있습니다. 그 대제사장들과 장로들이 2년 전과 다른 사람들이었던 것도 아닙니다.

구약시대의 대제사장은 한 명이었고, 임기는 종신이었습니다. 대제사장 사후에는 장자에게 대제사장직이 계승되었습니다. 그러므로 구약시대에는 어느 시대에든 단 한 명의 대제사장밖에 있을 수 없었습니다. 구약성경에 대제사장이 항상 단수로 표기된 이유가 여기에 있습니다. 하지만 신약성경에는 대제사장이 단수가 아닌, '대제사장들'이라고 복수로 표기된 곳이 많습니다. 이스라엘이 로마제국의 식민통치를 받기 시작하면서 대제사장이 죽지 않았는데도, 권력자의 입맛에 따라 대제사장이 교체되는 일이 잦았습니다. 그 경우에 전임 대제사장과 신임 대제사장이 동시에 존재하게 됨에 따라, 신약성경은 그들을 통틀어 '대제사장들'이라고 표현하였습니다.

사도행전 23장과 24장에 등장한 대제사장은 아나니아였습니다. 그러나 벨릭스 총독 통치 말기에 분봉왕 헤롯 아그립바 2세에 의해 대제사장이 아나니아에서 이스마엘로 교체되었습니다. 신임총독 베스도가 부임했을 때는 대제사장이 이스마엘이었던 것입니다. 그러나 전임 대제사장 아나니아도 살아 있었기에, 오늘의 본문 역시 대제사장을 복수형인 '대제사장들'로 표기하였습니다. 2년 전 '대제사장 아나니아와 장로들'이 벨릭스 총독에게 바울을 고발할 때 2년 후 대제사장직에 오른 이스마엘은 '장로들' 속에 포함되어 있었고, 2년이 지나 오늘의 본문에서 '대제사장들과 장로들'이 신임총독 베스도에게 바울을 다시 고발할 때, 전임 대제사장 아나니아는 '대제사장들' 속에 포함되어 있습니다. 2년이란 긴 기간이 경과했건만, 이렇듯 동일한 인물들이 동일한 수법으로 바울에게 동일한 불의를 되풀이하고 있습니다.

대제사장들과 장로들은 유대 사회에서 최고의 종교 지도자들이었습니다. 당시 예루살렘성전에서는 매일 각종 제사가 드려졌습니다. 만약 그들이 일주일에 한 번씩만 제사를 드렸다 해도, 그들은 지난 2년 동안 100번의 제사를 드린 셈이 됩니다. 그들이 최고의 종교 지도자들이었던 만큼 만약 한 주간에 두 번씩 제사를 드렸다면, 지난 2년 동안 그들이 하나님께 드린 제사의 횟수는 무려 200번이나 됩니다. 하지만 그들이 지난 2년 동안 그토록 많은 제사를 하나님께 드렸음에도 불구하고, 그들의 삶에는 지난 2년 동안 그어떤 변화도 없었습니다. 그들은 2년 전과 똑같이 의로운 바울을 증오했고, 2년 전과 똑같이 의로운 바울을 고발했고, 2년 전과 똑같이 암살단을 동원하여 바울을 암살하려 하였습니다.

대제사장들과 장로들은 2년의 시차를 두고 두 번 다, 공식적으로는 바울을 로마제국의 사법권을 지닌 총독에게 고발하였습니다. 그러나 실제로는 두 번 모두, 바울을 길에서 암살하려 하였습니다. 그것은 그들이, 총독의 법정에서 로마제국의 실정법으로 바울에 대한 사형판결을 이끌어 내는 것은 불가능하다는 사실을 누구보다 잘 알고 있었기 때문입니다. 그래서 그들은 2년 전에도, 2년 후에도, 아무도 모르게 바울을 길에서 죽여 버리려 했습니다. 그들은 시정잡배나 조폭들이 아니었습니다. 그들은 하나님을 섬기고, 하나님께 제사드리는, 최고의 종교 지도자들이었습니다. 최고의 종교 지도자들이 모여 아무도 모르게 바울을 죽여 버리겠다는 것은, 언감생심 생각조차 할 수 없는 일이었습니다. 그러나 암살단을 시켜 의로운 바울을 죽이려는 그들의 생각에는, 2년의 세월 동안 헤아릴 수 없을 정도로 많은 제사를 드렸지만, 추호의 변함도 없었습니다.

결국 지난 2년 동안 예루살렘성전에서 그들이 드렸던 숱한 제사들, 바꾸어 말해 그들의 삶에 아무런 변화도 수반하지 못한 그 제사들은, 한낱 무의미한 습관적 종교 행위에 지나지 않았습니다. 그런 무의미한 습관적 종교 행위를 하나님께서 기쁘게 받으실 리도, 그런 형식적인 종교 행위를 통해 그들의 삶이 변화될 리도 없었습니다.

구약시대의 제사는 오늘날의 예배입니다. 그렇다면 우리의 실정은 어떻습니까? 지난 2년 동안 주일예배에만 참석했다 해도, 우리는 100번의 예배를 드렸습니다. 그 결과, 우리에게는 어떤 변화가 있었습니까? 혹 2년 전에 시기하여 미워하던 사람을 지금도 계속 미워하고, 2년 전에 행하던 불의한 삶의 방식을 지금도 여전히 답습하며, 2년 전처럼 자신의 목적을 이루기 위해 누군가를 해치는 일마저 지금도 거리낌 없이 반복하고 있는 것은 아닙니까? 만약 그것이 사실이라면, 우리의 예배 또한 무의미한 습관적 종교 행위에 지나지 않지 않겠습니까? 그런 예배를 2년이 아니라 20년을 더 반복한다 한들 그 예배가 하나님과 무관할 것은 말할 것도 없고, 우리에게 대체 무슨 영적 성장과 유익을 안겨줄 수 있겠습니까? 그렇게 예배드려서는, 2년 동안 숱하게 제사를 드리고서도 변함없이 바울을 죽이려 했던 본문의 대제사장들 및 장로들과 우리 사이에 무슨 차이가 있을 수 있겠습니까?

참된 예배는 신앙생활의 핵심입니다. 예배가 살아야 삶이 변화되고, 그 힘으로 그리스도인은 세상에서 일주일의 언덕을 하나님의 자녀답게 넘을 수 있습니다. 구약성경 레위기는 제사, 즉 예배의 책입니다. 예배의 형태와 방법은 구약시대의 제사와 달라졌지만, 제사의 정신만은 오늘날의 예배 속에서 그대로 구현되어야 합니다. 〈새신자반〉에서 배운 것처럼 레위기 1장은 모든 제사의 모본인 번제를 어떤 정신으로 드려야 하는지 잘 설명해 주고 있습니다. 번제의 특징은 제물을 남김없이 하나님 앞에 완전히 불태워 버리는 것입니다. 제사를 드리는 사람이 제물을 통해 하나님께 자신을 온전히 드리는, 철저한 자기 부인과 온전한 자기 의탁의 제사인 것입니다. 그래서 번제는 예배의 영원한 모본입니다. 예배 자체가 곧 하나님에 대한 자기 부인과 자기 의탁이기 때문입니다.

번제를 드리는 사람은 반드시 '흠 없는' 제물을 바쳐야 했습니다. 흠 없는 제물을 바치기 위해서는, 바치려는 제물에 흠이 있는지 없는지 먼저 살펴야만 했습니다. 참된 제사를 드리기 위해서는 먼저 준비 단계가 선행되어야 한다는 말입니다. 예배는 반드시 준비된 마음으로 드려져야 합니다. 준비된 마음 없이 드리는 예배는 '흠 없는' 예배가 될 수 없습니다. 예배가 시작되기 전에 미리 예배당에 나와 침묵으로 기도하며 예배를 준비하는 사람의 예배와, 겨우 예배 시간에 맞추어 허겁지겁 달려와 예배드리는 사람의 예배가 동일할 수는 없습니다.

번제는 제사드리는 사람이 제물의 머리에 '안수'하는 것으로부터 시작되었습니다. 안수按手는 문자 그대로 손을 얹는 동작을 의미합니다. 제사드리는 사람이 제물로 바치는 짐승의 머리에 손을 얹고 자신의 죄를 하나님께 회개하면, 그 순간 그 사람의 죄가 제물에게 전가되었습니다. 그리고 그 제물이 그 사람을 대신하여 죽음의 형벌을 받았습니다. 제사드리는 사람은 자기를 대신하여 제물이 죽음으로 자신의 죄가 속함 받는 것을 직접 목격하면서, 감사와 감격의 제사를 드릴 수 있었습니다. 이처럼 예배는 회개로 시작해야 합니다. 지난 한 주간 동안 지은 죄를 하나님 앞에 회개하면서, 그럼에도 불구하고 예수 그리스도의 십자가 보혈로 변함없이 우리를 품어 주시는 하나님의 은혜에 감사하며 예배드릴 때, 우리의 예배는 성령님과 진리를 좇아 드려지는 예배가 될 수 있습니다. 예배는 우리가 의인이어서 드리는 것이 아니라, 죽을 수밖에 없는 죄인임에도 하나님께서 예수 그리스도 안에서 의롭다고 인정해 주셨기에, 그 하나님을 찬양하기 위해 드리는 것입니다. 그러므로 회개 없는 예배는 무당의 굿판과 조금도 다를 바가 없습니다.

번제의 제물은 제사를 드리는 사람이 잡아야만 했습니다. 번제를 드리는 사람은 모든 제사 과정을 제사장에게 맡기고, 자신은 뒷짐 지고 구경이나 하는 것이 아니었습니다. 제물을 잡는 것은 철저하게 제시드리는 사람의 소관이었습니다. 그의 역할은 제물을 죽이는 것만으로 끝나지 않았습니다. 제사를 드리는 사람은 자신이 죽인 제물의 가죽을 벗기고, 살코기의 각을 뜨며, 내장과 다리를 정결하게 씻는 일까지 모두 직접 해야만 했습니다. 제사장은, 제사드리는 사람이 죽이고 각을 뜬 제물의 피를 제단에 뿌리고 살코기와 내장을 불에 태우는 역할만 담당할 뿐이었습니다.

그러므로 번제를 드리는 사람은 지위 고하를 막론하고 제물의 목을 칠 때 튀어 오르는 피를 뒤집어쓰고, 가죽을 벗기고 각을 뜰 때의 비린내와, 내장과 다리를 씻을 때의 역겨운 악취를 감수해야만 했습니다. 그러나 그 과정을 통해 그의 제사는 살아 있는 제사가 될 수 있었습니다. 하나님 앞에서 죄인인 자신의 목을 치는 심정으로 제물의 목을 치고, 자신의 안팎을 온전히 하나님께 바치는 결단으로 제물의 가죽을 벗겨 각을 뜨고, 자신의 사지백체를 하나님의 도구로 사용하리라 다짐하며 제물의 내장과 다리를 씻는 과정을 통해, 사실은 제사드리는 사람 자신이 하나님 앞에서 죽었습니다. 비록 제사드리고 돌아가는 그의 옷은 피투성이요, 제물의 비린내와 악취로 진동한다 해도, 그의 영혼은 기쁨으로 충만하였을 것입니다. 제물과 함께 죽어 버린 자신의 심령 속에 하나님께서 주인으로 자리 잡으신 까닭이었습니다.

만약 본문의 대제사장들과 장로들이 지난 2년 동안 이처럼 자신들이 철저하게 죽음으로 하나님께서 자신들을 지배하게 하시는 바른 제사를 드려 왔다면, 그들이 2년 전과 동일하게 바울을 고발하고 동일한 방법으로 바울을 암살하려는 어리석음을 결코 되풀이하려 하지는 않았을 것입니다.

　예배는 목사의 설교와 성가대의 찬양을 감상하는 시간이 아닙니다. 예배는 하나님 앞에서 자신이 죽는 시간입니다. 선포되는 하나님의 말씀 앞에서 자신의 목을 치고, 자기 심령의 각을 떠 하나님께 온전히 바쳐 드리는, 철저한 자기 굴복과 자기 부인의 시간입니다. 그처럼 우리 자신이 온전히 죽어지는 예배를 통해 우리의 심령은 하나님의 말씀으로, 하나님의 생명으로, 하나님의 사랑으로, 하나님의 능력으로 충만하게 되고, 하나님에 의해 우리의 삶이 변화되어, 우리는 일주일 동안 이 혼탁한 세상의 언덕을 그리스도인답게 넘어가는 힘을 얻게 됩니다. 예배당 안에서 드리는 살아 있는 주일예배를 통해 예배당 밖에서 예배의 생활화, 생활의 예배화가 이루어지게 되는 것입니다.

　몇 달 전, 한 청년으로부터 받은 편지 내용을 당사자의 허락을 받아 읽어 드리겠습니다.

　　제 결혼식을 축복해 주셔서 감사드립니다. 말씀을 통해, 그리고 목사님의 설교를 통해 주님의 사랑을 깨닫고 용기를 갖고 결혼하게 되어 참 기쁩니다. 결혼을 준비하며 고민도 많았고, 양가 부모님을 설득하는 일도 쉽지 않았습니다. 그러나 작년 11월 15일 주일예배 시간에 '나의 생명조차 II' 란 제목의 목사님 설교를 통해, 경제적 어려움 가운데 주님의 은혜로 용기를 얻어 결혼하여 출산한 어느 형제의 이야기를 듣고, 저 역시 큰 감동과 함께 용기를 얻어 결혼을 준비하게 되었습니다. 물론 그 당시 그 설교를 지금 제 아내도 들었고, 동의해 주었습니다. 저의 부모님은 대출을 해서라도 자존심을 세워서 결혼해야 한다고 하셨으나, 저는 주어진 경제 상황에 맞게 검소하게 하고 싶었습니다. 제가 세상적인 기준을 버리고 믿음 안에서 결혼할 수 있도록 인도해 주신 주님께, 그리고 주님의 도구로 쓰임 받으신 목사님께 감사드립니다.

예배가 이 청년을 살렸습니다. 만약 이 청년이 사람들의 눈을 의식하여 대출을 받으면서까지 허례허식을 좇아 결혼식을 올렸다면, 그는 앞으로도 평생 그렇게 살아갈 것입니다. 그러나 오직 믿음 안에서 자신의 경제 형편에 맞추어 검소하게 신혼생활을 시작한 이 청년은, 앞으로도 아내와 함께 주님 안에서 매사에 그렇게 반듯하게 살아갈 것입니다. 그것이 가능할 수 있었던 것은, 그 청년이 작년 11월 셋째 주일 예배 시간에 선포된 말씀을 자기를 향한 하나님의 명령으로 받아들이고, 그 말씀 앞에서 그가 굴복하고 죽었기 때문입니다. 그때 하나님께서 그 청년에게 용기를 주시고, 그의 삶을 친히 지배해 주셨습니다.

우리는 주일마다 동일한 공간에서 다 함께 예배를 드리고 있습니다. 그러나 우리 각자가 주일마다 어떤 예배를 드리느냐에 따라 세월이 흘러도 변화는커녕 도리어 심령이 돌처럼 완악해지는 본문의 대제사장들과 장로들이 될 수도 있고, 로마서 12장 1절의 고백처럼 자신의 삶 자체를 하나님께 거룩한 산 제물로 드린 바울이 될 수도 있습니다. 우리 모두 이제부터 예배를 드릴 때마다 하나님 앞에서 다 같이 죽으십시다. 주일마다 하나님의 말씀 앞에 온전히 굴복함으로, 우리의 삶을 바로 세워 주시는, 결코 짧지 않은 하나님의 손을 의지하여 매 주간의 언덕을 휘파람을 불며 넘어가십시다. 살아 있는 예배는 참된 삶의 시발점입니다. 그래서 살아 있는 예배가 우리를 살리고, 결과적으로 이 세상을 살립니다.

주님! 주일마다 예배를 드려왔는데도, 왜 나의 삶에 아무런 변화가 수반되지 않았는지, 오늘 그 이유를 확연하게 깨닫게 해주서서 감사합니다. 그동안 예배를, 무의미한 습관적 종교 행위처럼 여겨 온 나의 무지를 용서해 주십시오.

이제부터 예배 시간에 하나님 앞에서 나의 목을 치고, 나의 사지백체와 오장육부를 하나님께 드림으로, 내가 온전히 죽어지게 해주십시오. 하나님께 굴복한 나의 심령이 하나님의 말씀으로, 하나님의 생명으로, 하나님의 사랑으로, 하나님의 능력으로 채워지게 해주십시오. 예배 시간마다 내가 죽음으로, 하나님의 통치만 나를 지배하게 해주십시오. 예배당 안에서 드리는 우리의 살아 있는 예배가, 예배당 밖에서 날마다 예배의 생활화, 생활의 예배화로 이어지게 해주십시오. 예배를 통해 우리 모두가 살고, 우리를 통해 이 세상이 살게 해주십시오. 아멘.

5. 가이사께 상소하노라

사도행전 25장 6-12절

베스도가 그들 가운데서 팔 일 혹은 십 일을 지낸 후 가이사랴로 내려가서 이
튿날 재판 자리에 앉고 바울을 데려오라 명하니 그가 나오매 예루살렘에서 내
려온 유대인들이 둘러서서 여러 가지 중대한 사건으로 고발하되 능히 증거를 대
지 못한지라 바울이 변명하여 이르되 유대인의 율법이나 성전이나 가이사에게
나 내가 도무지 죄를 범하지 아니하였노라 하니 베스도가 유대인의 마음을 얻
고자 하여 바울더러 묻되 네가 예루살렘에 올라가서 이 사건에 대하여 내 앞에
서 심문을 받으려느냐 바울이 이르되 내가 가이사의 재판 자리 앞에 섰으니 마
땅히 거기서 심문을 받을 것이라 당신도 잘 아시는 바와 같이 내가 유대인들에
게 불의를 행한 일이 없나이다 만일 내가 불의를 행하여 무슨 죽을 죄를 지었
으면 죽기를 사양하지 아니할 것이나 만일 이 사람들이 나를 고발하는 것이 다
사실이 아니면 아무도 나를 그들에게 내줄 수 없나이다 내가 **가이사께 상소하
노라** 한 대 베스도가 배석자들과 상의하고 이르되 네가 가이사에게 상소하였으
니 가이사에게 갈 것이라 하니라

대제사장 무리는 유대 사회에서 최고의 종교 지도자들이었습니다. 그들이 예루살렘성전에서 한 주간에 한 번씩만 제사를 드렸다 해도, 지난 2년 동안 그들은 총 100번의 제사를 드린 셈이 됩니다. 그들이 최고의 종교 지도자들이었던 만큼 한 주간에 두 번씩의 제사를 드렸다면, 지난 2년 동안 제사드린 회수는 무려 200회나 됩니다. 하지만 2년이란 짧지 않은 기간 동안 그들이 드린 그 숱한 제사는, 그들의 삶에 그 어떤 변화도 가져다주지 못했습니다. 그들은 2년 전과 똑같이 의로운 바울을 증오했고, 2년 전과 똑같이 의로운 바울을 고발했고, 2년 전과 똑같은 불의를 바울에게 저지르려 했습니다.

그들 자신을 살려야 할 제사가 무의미한 습관적 종교 행위에 지나지 않았을 때, 명색이 최고의 종교 지도자들이라 불리던 그들은 실은 시정잡배나 조폭보다도 못한 인간들이었습니다. 살아 있는 예배가 사람을 살린다면, 무의미한 습관적 종교 행위로 전락한 예배는 도리어 사람을 죽입니다. 살아 있는 예배가 하나님 앞에서 자기 부인을 수반하는 반면, 무의미한 습관적 종교 행위는 오히려 백해무익한 자기 강화를 초래할 따름입니다.

대제사장 무리는 예루살렘 현지 시찰에 나선 신임 총독 베스도와의 첫 대면에서부터 바울을 고소하고 나섰습니다. 그리고 가이사랴에 투옥되어 있는 바울을 예루살렘으로 이송하여, 예루살렘에서 바울을 재판해 줄 것을 베스도에게 계속하여 집요하게 요청하였습니다. 총독의 법정에서 로마제국의 실정법으로 바울에 대한 사형판결을 이끌어 내는 것은 불가능하다는 사실을 누구보다 잘 알고 있는 그들이었기에, 2년 전처럼 암살단을 시켜 길에서 바울을 죽여 버리기 위함이었습니다. 신임총독 베스도는 그들의 심중을 꿰뚫어 보기라도 한 듯, 그들의 요청을 정중하게 거절하였습니다. 베스도는 바울이 투옥되어 있는 가이사랴로 자신이 며칠 내로 복귀할 것이므로, 바울을 고발하기 원하는 사람들은 자신과 함께 가이사랴로 가서, 그곳의 법정에서 바울을 정식으로 고발할 것을 주문하였습니다.

오늘의 본문은 그 이후에 전개된 상황에 대한 증언입니다.

베스도가 그들 가운데서 팔 일 혹은 십 일을 지낸 후 가이사랴로 내려가서, 이튿날 재판 자리에 앉고 바울을 데려오라 명하니(6절).

베스도 총독은 예루살렘에서 여드레를 머물고 가이사랴로 되돌아갔습니다. 오가는 날수를 다 합치면 열흘이 소요된 예루살렘 현지 시찰이었습니다. 새로운 임지에 부임한 총독들이 자기 관할지역에 첫 현지 시찰을 나설 경우, 연일 호화판 접대를 받느라 많은 날을 소요하던 당시의 관례에 비추어 보면, 베스도 총독이 오가는 날수를 포함하여 불과 열흘 만에 예루살렘 현지 시찰을 끝낸 것은 매우 이례적인 일이었습니다. 그것 역시 베스도 총독의 성실성을 보여 주는 한 단면이었습니다. 베스도 총독이 가이사랴로 귀임할 때, 대제사장 무리 역시 총독과 함께 예루살렘에서 104킬로미터나 떨어진 가이사랴로 동행했습니다. 목적은 오직 하나, 베스도 총독의 제안대로 그곳의 법정에서 바울을 고발하기 위함이었습니다. 가이사랴에 도착한 베스도 총독은 이튿날 곧장 재판석에 앉아 바울을 호출하였습니다.

그가 나오매, 예루살렘에서 내려온 유대인들이 둘러서서 여러 가지 중대한 사건으로 고발하되, 능히 증거를 대지 못한지라(7절).

총독의 호출을 받은 바울이 법정에 출두하였습니다. 대제사장 무리는 이번에는, 2년 전과는 달리 웅변가 더둘로를 대동하지 않았습니다. 웅변가를 동원해 보았자 돈만 들지 효과는 없다는 사실을 2년 전에 확인한 까닭이었을 것입니다. 그 대신 대제사장 무리가 바울 주위에 둘러서서 베스도 총독에게 "여러 가지 중대한 사건으로" 바울을 직접 고발하였습니다. 그들이 '여러 가지 중대한 사건'으로 바울을 고발하였다는 것은, 2년 전 웅변가 더둘로처럼 여러 혐의로 바울을 고발했다는 말입니다. 그러나 그들은 자신들의 고발 내용에 대한 그 어떤 증거도 제시하지 못했습니다. 바울이 그동안 로마제국의 실정법이나 유대인의 종교법을 어긴 적이 없었기 때문입니다. 그들의 고발 내용은, 그동안 늘 그래 왔듯이, 한낱 거짓 모함에 지나지 않았습니다. 그래서 바울은 진술 기회가 주어지자, 총독 베스도에게 단호히 자신을 변호하였습니다.

> 바울이 변명하여 이르되 유대인의 율법이나, 성전이나, 가이사에게나, 내가 도무지 죄를 범하지 아니하였노라 하니(8절).

한글 성경에는 '아니하였다'는 표현이 한 번만 등장하지만, 헬라어 원문에는 그 의미의 부사 '우테οὔτε'가 세 번이나 반복되어 있습니다. 즉 바울이, 나는 율법에 대해서도 죄를 짓지 않았고, 성전에 대해서도 죄를 짓지 않았고, 가이사에 대해서도 죄를 짓지 않았다고 자신의 무죄를 반복하여 강조한 것이었습니다. 그것은 법정에서 있을 수 있는, 피고가 자신의 범죄 사실을 가리기 위한 거짓 진술이 아니었습니다. 바울의 진술은 모두 사실이었습니다. 바울은 다메섹 도상에서 주님의 부르심을 받은 이후 세상의 법도, 하나님의 법도, 거스른 적이 없었습니다.

본문에서 '가이사'로 번역된 '카이사르Kaisar'는 본래, 우리가 영어식 발음으로 '씨저'라고 부르는 그 유명한 율리우스 카이사르Julius Caesar 장군의 이름이었습니다. 그러나 그의 양아들 가이우스 율리우스 카이사르 옥타비아누스가 주전 27년 로마제국의 초대황제로 즉위한 이후부터, '카이사르'는 로마 황제를 가리키는 명칭이 되었습니다.

> 베스도가 유대인의 마음을 얻고자 하여 바울더러 묻되, 네가 예루살렘에
> 올라가서 이 사건에 대하여 내 앞에서 심문을 받으려느냐(9절)

바울의 확고한 진술을 들은 베스도 총독은 바울에게, 예루살렘으로 올라가서 자신의 입회하에 산헤드린공회의 재판을 받을 의사가 있느냐고 물었습니다. 그것은 베스도 총독이 전임총독 벨릭스처럼 비굴하게, 단지 유대인들의 환심을 사기 위한 목적으로 던진 질문이 아니었습니다. 만약 벨릭스 총독처럼 유대인들의 환심을 사는 것 자체가 베스도 총독의 목적이었다면, 그가 예루살렘 현지 시찰 중일 때 바울을 예루살렘으로 이송시켜 달라는 대제사장 무리의 요청을 받아들여 이미 그때 바울을 예루살렘으로 불러 올렸을 것이요, 본문에서도 바울의 의사를 물어볼 필요도 없이 바울을 그냥 예루살렘의 산헤드린공회에 넘겨 버렸을 것입니다. 베스도 총독은 '율법이나, 성전이나, 가이사에게나, 내가 도무지 죄를 범하지 아니하였다'는 바울의 단호한 진술을 듣고, 바울이 자신의 제안을 받아들이지 않을 것임을 이미 알았습니다. 그렇지만 베스도 총독은 자신이 직접 입회할 테니 예루살렘으로 올라가 산헤드린공회의 재판을 받겠느냐고 바울에게 공개적으로 질문함으로써, 정치인으로서 그 자리에 있는 대제사장 무리의 입장도 고려하는 고도의 정치적 제스처를 취한 것이었습니다.

> 바울이 이르되, 내가 가이사의 재판 자리 앞에 섰으니 마땅히 거기서 심

문을 받을 것이라. 당신도 잘 아시는 바와 같이 내가 유대인들에게 불의를 행한 일이 없나이다. 만일 내가 불의를 행하여 무슨 죽을 죄를 지었으면 죽기를 사양하지 아니할 것이나, 만일 이 사람들이 나를 고발하는 것이 다 사실이 아니면, 아무도 나를 그들에게 내줄 수 없나이다. 내가 가이사께 상소하노라 한대(10-11절).

베스도 총독이 예상했던 대로 바울은 총독 베스도의 제안을 단호하게 거절하였습니다. 그러나 베스도 총독은 자신의 제안을 거절한 바울에게 그어떤 제재도 가하지 않았습니다. 바울의 거절은 자신이 원하던 대답이었기 때문입니다. 그리고 로마 시민이었던 바울은 뜻밖에도, 로마 황제의 권한이 위임되어 있는 바로 그 총독의 법정에서 로마 황제에게 상소하였습니다.

베스도가 배석자들과 상의하고 이르되, 네가 가이사에게 상소하였으니 가이사에게 갈 것이라 하니라(12절).

총독이 재판할 때는 법률 전문가와 총독의 자문단이 배석하였습니다. 베스도 총독은 그 배석자들과 상의한 뒤, 로마 시민인 바울의 상소를 받아들였습니다. 황제에게 상소하는 것은 로마 시민의 권리였기 때문입니다.

이것은 바울에게는 크나큰 사건이었습니다. 바울이 로마 황제에게 상소했다는 것은 그가 로마에 이르는 길, 즉 방식이 확정되었음을 의미했습니다. 바울은 3차 전도 여행 중 에베소에서부터 자신의 마지막 전도 대상지는 로마임을 알고 있었습니다. 바울이 주님을 위해 자신의 마지막 생을 던져야 할 곳이 제국의 심장 로마라는 총론이 이미 그때부터 확정되어 있었던 것입니다. 그러나 그 로마에 어떤 방식으로 이를 것이냐는 각론은 정해져 있지 않았습니다. 그 미확정의 각론이, 바울이 황제에게 상소함으로써 확정된 것이었습니다.

바울이 로마 황제에게 상소하였다는 것은, 그가 로마제국 군인의 보호 속에서 로마까지 가게 되었음을 의미했습니다. 황제에게 상소한 피고는 황제의 법정에 서기까지 로마제국이 보호해야 했기 때문입니다. 가이사랴에서 제국의 수도 로마까지의 거리는 2,240킬로미터라고 했습니다. 암살단의 암살 위협에 시달리던 바울에게, 그 먼 거리를 로마제국 군인의 보호 속에서 이동하는 것보다 더 안전한 길은 없었습니다. 그러나 그것은 우연히 주어진 행운이 아니었습니다.

바울은 예루살렘의 천부장에 의해 가이사랴로 이송된 뒤에, 전임총독 벨릭스의 법정에서 재판을 받았습니다. 벨릭스는 대제사장 무리에게 고용된 웅변가 더둘로의 고발과 바울의 자기 변호 내용을 듣고 바울의 무죄를 확인하였습니다. 하지만 벨릭스는 바울로부터 뇌물을 받을 요량으로 바울에게 무죄를 선고하지 않고, 제한된 자유를 주는 조건으로 바울을 계속하여 헤롯궁에 구금하여 두었습니다. 벨릭스는 자신이 기대한 뇌물을 받기 위해 바울을 여러 차례나 불러내어 개인적으로 만났지만, 바울은 전혀 뇌물을 바칠 기미를 보이지 않았습니다. 자기 자신에게 속은 벨릭스는 그 분풀이로, 무려 2년 동안이나 바울을 구금상태에 방치해 두었습니다. 자신의 이임을 앞두고 바울이 여전히 구금상태에 있음을 인지한 벨릭스는, 유대인들에게 마지막 선심을 쓰기 위해, 제한된 자유를 보장해 주었던 바울을 다시 결박하여 투옥시켜 버렸습니다. 그리고 신임총독 베스도가 부임하자 대제사장 무리는 2년 전과 동일하게 바울을 총독의 법정에 고발하였습니다. 바울은 그 모든 과정을 다 거친 뒤에야, 비로소 로마 황제에 대한 상소를 생각하기에 이르렀습니다.

　이것을 바울의 입장에서 다시 한 번 생각해 보십시다. 아무 죄 없이, 뇌물을 바치지 않았다는 죄 아닌 죄 때문에 2년 동안이나 구금상태로 억류된다는 것은 얼마나 억울하고도 고통스러운 일이었겠습니까? 처음에는 상당한 자유가 보장되었지만, 이임을 앞둔 벨릭스 총독의 유대인들에 대한 마지막 선심을 위해 또다시 결박당하여 투옥될 때, 마치 절망의 나락으로 떨어지는 것 같지 않았겠습니까? 그리고 대제사장 무리가 2년 전과 똑같이 신임총독 베스도의 법정에 자신을 고발할 때, 바울이 얼마나 기가 막혔겠습니까? 그러나 그 고통스럽고도 절망적인 과정을 거치면서 바울은 마침내, 예전에는 단 한 번도 생각해 본 적이 없었던, 황제에 대한 상소를 제기하기에 이른 것이었습니다. 그것은 전적으로 하나님의 은혜였습니다.

　3차 전도 여행을 매듭지은 바울이 예루살렘에 상경했을 때부터 대제사장 무리가 바울을 죽이려 한 이상, 바울이 언제든 총독의 법정에서 무죄로 석방되기만 하면, 바울은 즉각 암살단에 의해 죽임을 당하고 말았을 것입니다. 바울이 2,240킬로미터나 떨어진 로마에 이르는 가장 안전한 길은, 로마군의 보호를 받는 것 이외의 다른 길이 있을 수 없었고, 그것은 황제에게 상소해야만 가능할 수 있었습니다. 그 시기가 무르익는 데 2년이 소요된 것이었습니다. 고통과 고난 속에서의 2년은 얼마나 긴 기간인지 모릅니다. 바울이 그 고통스러운 2년간의 긴 기간을 어떻게 인내하여 극복함으로, 마침내 황제에 대한 상소를 통해 그를 안전하게 로마로 이끌어 가시려는 하나님의 섭리가 이루어질 수 있었겠습니까? 우리는 그 해답을, 말년의 바울이 로마의 감옥에서 기록한 그의 편지들을 통해 알 수 있습니다.

　　그러므로 사랑을 받는 자녀같이 너희는 하나님을 본받는 자가 되고

(엡 5:1).

바울이 로마의 감옥에서 에베소의 교인들에게 '하나님을 본받는 자가 되라'고 편지한 것은, 그 자신이 로마의 감옥 속에서도 하나님을 본받는 삶을 살고 있다는 말이었습니다.

주 안에서 항상 기뻐하라. 내가 다시 말하노니 기뻐하라. 너희 관용을 모든 사람에게 알게 하라. 주께서 가까우시니라. 아무것도 염려하지 말고 다만 모든 일에 기도와 간구로, 너희 구할 것을 감사함으로 하나님께 아뢰라(빌 4:4-6).

로마 감옥 속에서도 늘 기도하는 바울의 마음은, 언제나 기쁨과 감사로 넘쳐났습니다.

그러므로 너희가 그리스도와 함께 다시 살리심을 받았으면 위의 것을 찾으라. 거기는 그리스도께서 하나님의 우편에 앉아 계시느니라. 위의 것을 생각하고 땅의 것을 생각하지 말라. 이는 너희가 죽었고, 너희 생명이 그리스도와 함께 하나님 안에 감추어졌음이라(골 3:1-3).

바울은 로마의 지하 감옥 속에서도, 그 감옥의 무게에 짓눌려 자기 절망에 빠진 적이 없었습니다. 바울은 칠흑같이 어두운 로마의 지하 감옥 속에서도 고개를 들어, 위에 계신 하나님을 우러러 뵙는 삶을 살았습니다. 참된 생명은 위에 계신 삼위일체 하나님으로부터만 주어지기 때문이었습니다. 한마디로 말해 로마의 지하 감옥 속에서도 바울의 심령은 오직 위에 계신 하나님께만 초점이 맞추어져 있었습니다. 낮이나 밤이나, 바울의 삶 자체가 곧 예배였던 것입니다. 그래서 바울의 심령은 늘 하나님으로부터 비롯되는 감사와 기쁨으로 충만할 수 있었고, 바울은 말씀과 기도를 통해 하나님을 본받아 살 수 있었습니다.

바울이 지난 2년 동안 가이사랴의 헤롯궁에 구금당해 있을 때에도, 그의 삶은 로마의 지하 감옥에 갇혀 있을 때와 똑같았을 것입니다. 전형적인 탐관오리인 벨릭스 총독으로 인해 무려 2년 동안이나 억울하게 구금당해 있었지만, 그 절망적인 상황 속에서도 그의 심령은 언제나 위에 계신 하나님께 초점이 맞추어져 있었기에 하나님의 생명으로 더욱 충만할 수 있었고, 마침내는 생각지도 못했던 황제에 대한 상소를 통해, 로마 군인의 보호 속에 바울을 안전하게 로마로 이끄시려는 하나님의 섭리가 그의 삶 속에서 한 치의 오차도 없이 성취될 수 있었습니다. 헤롯궁에 구금당한 바울의 심령이 한탄과 절망에만 머물러 있었던들, 결코 불가능했을 대역전극이었습니다.

〈새신자반〉에서 예배를 텔레비전 카메라와 모니터에 빗대어 설명해 드린 적이 있습니다. 텔레비전 모니터에는 텔레비전 방송국이 카메라로 비추는 것만 투영됩니다. 카메라가 축구장을 비추면 모니터에는 축구 경기가 방송되고, 앵커를 비추면 뉴스가 나옵니다.

그리스도인의 삶도 이와 같습니다. 우리 심령의 초점이 세상에 맞추어져 있으면, 우리의 몸이 설령 예배당에 있어도 우리를 통해서는 세상의 속된 것만 드러나게 됩니다. 예배는 우리 심령의 초점을 위에 계신 하나님께 맞추어, 우리의 삶을 통해 하나님께서 드러나시게 하는 것입니다. 우리 심령의 초점이 위에 계신 하나님께 맞추어져 있는 한, 하나님께서 반드시 우리의 삶을 통해 드러나십니다. 우리가 믿는 삼위일체 하나님께서는 돌이나 금속 같은 무생물이 아니라, 살아 계신 생명의 하나님이시기 때문입니다. 그러므로 우리 심령의 초점이 위에 계신 하나님께 맞추어져 있는 한, 비록 우리가 칠흑같이 어두운 세상 한복판에 있더라도, 우리의 삶 속에는 예배의 생활화와 생활의 예배화가 이루어지게 됩니다. 심령의 초점을 위에 계신 하나님께 맞추고 있는 우리의 삶을, 결코 짧지 않은 손을 지니신 하나님께서 친히 지배해 주시기 때문입니다.

캔터베리 주교였던 윌리엄 템플은 예배를 다음과 같이 정의하였습니다.

> 예배는 우리의 모든 인격을 하나님께 순종케 하는 것이다. 예배는 하나님의 거룩하심으로 우리의 의식을 소생시키는 것이며, 그의 진리로써 우리의 생각을 자라게 하는 것이며, 그의 아름다우심으로 우리의 상상력을 정결케 하는 것이며, 그의 사랑을 향해 우리의 마음을 여는 것이며, 그의 원하시는 뜻에 우리의 의지를 복종시키는 것이다. 이 모든 것은 예배에서 하나로 모아지게 되며, 이것은 우리의 본성이 가질 수 있는 가장 덜 이기적인 감정이다.

예배는 이렇게, 그리스도인이 실행할 수 있는 가장 아름다운 영적 행위입니다. 그러나 우리가 우리 심령의 초점을 위에 계신 하나님께 맞추지 않는다면, 어떻게 이런 아름다운 영적 행위가 우리의 삶 속에 실행될 수 있겠습니까?

오로지 이 세상의 이해관계에만 고정되어 있는 우리의 시선을 들어, 이제부터 말씀과 기도를 통해 위에 계신 삼위일체 하나님께 우리 심령의 초점을 맞추십시다. 우리가 우리 심령의 초점을 위에 계신 하나님께 맞추고 살아가는 한, 우리가 아무리 보잘것없는 존재라 해도, 살아 계신 하나님의 진선미가 우리의 삶을 통해 반드시 드러나게 될 것입니다. 우리가 우리 심령의 초점을 위에 계신 하나님께 맞추고 살아가는 한, 우리의 처지가 절망의 헤롯 궁에 2년 동안 억울하게 구금당해 있는 바울과 같다 해도 하나님의 때가 이르면, 로마군의 보호 속에 우리를 안전하게 로마로 이끄시는 하나님의 섭리가 기필코 이루어질 것입니다. 그러므로 고작 한 줌의 흙으로 끝나 버릴 지극히 유한한 인간에게, 위에 계신 하나님께 자기 심령의 초점을 맞추고 살아가는 것보다, 더 큰 지혜는 없습니다.

그동안 숱한 예배를 드리면서도, 내 심령의 초점은 언제나 세상에 맞추어져 있었습니다. 그래서 예배당 안에서도 나를 통해서는, 세상의 속된 것만 드러날 수밖에 없었습니다. 이제부터 우리 모두 예배당 안에서나 밖에서나, 말씀과 기도를 통해 우리 심령의 초점을 오직 위에 계신 하나님께 맞추며 살아가게 해주십시오. 우리 심령의 초점이 위에 계신 하나님께 맞추어져 있으므로 칠흑 같은 이 세상 한가운데에서도, 우리의 인격이 하나님께 순종하며, 하나님의 거룩하심으로 우리의 의식이 소생되며, 하나님의 진리로 우리의 생각이 자라나며, 하나님의 아름다우심으로 우리의 상상력이 정화되며, 하나님의 사랑을 향해 우리의 마음이 활짝 열리며, 하나님의 원하시는 뜻에 우리의 의지가 복종하게 해주십시오. 그리하여 우리 한 사람 한 사람이 이 세상에서 소금과 빛의 사명을 다하게 하시고, 절망의 나락 속에서도 우리를 로마군의 보호 속에 로마로 이끌어가시는 하나님의 짧지 않은 손을 확인하게 해주십시오. 아멘.

6. 크게 위엄을 갖추고

사도행전 25장 13-27절

수일 후에 아그립바 왕과 버니게가 베스도에게 문안하러 가이사랴에 와서 여러 날을 있더니 베스도가 바울의 일로 왕에게 고하여 이르되 벨릭스가 한 사람을 구류하여 두었는데 내가 예루살렘에 있을 때에 유대인의 대제사장들과 장로들이 그를 고소하여 정죄하기를 청하기에 내가 대답하되 무릇 피고가 원고들 앞에서 고소 사건에 대하여 변명할 기회가 있기 전에 내주는 것은 로마 사람의 법이 아니라 하였노라 그러므로 그들이 나와 함께 여기 오매 내가 지체하지 아니하고 이튿날 재판 자리에 앉아 명하여 그 사람을 데려왔으나 원고들이 서서 내가 짐작하던 것 같은 악행의 혐의는 하나도 제시하지 아니하고 오직 자기들의 종교와 또는 예수라 하는 이가 죽은 것을 살아 있다고 바울이 주장하는 그 일에 관한 문제로 고발하는 것뿐이라 내가 이 일에 대하여 어떻게 심리할지 몰라서 바울에게 묻되 예루살렘에 올라가서 이 일에 심문을 받으려느냐 한즉 바울은 황제의 판결을 받도록 자기를 지켜 주기를 호소하므로 내가 그를 가이사에게 보내기까지 지켜 두라 명하였노라 하니 아그립바가 베스도에게 이르되 나도 이 사람의 말을 듣고자 하노라 베스도가 이르되 내일 들으시리이다 하더라 이튿날 아그립바와 버니게가 **크게 위엄을 갖추고** 와서 천부장들과 시중의 높은 사람들과 함께 접견 장소에 들어오고 베스도의 명으로 바울을 데려오니 베스도가 말하되 아그립바 왕과 여기 같이 있는 여러분이여 당신들이 보는 이 사람은 유대의 모든 무리가 크게 외치되 살려 두지 못할 사람이라고 하여 예루살렘에서와 여기서도 내게 청원하였으나 내가 살피건대 죽일 죄를 범한 일이 없더이다 그러나 그가 황제에게 상소한 고로 보내기로 결정하였나이다 그에 대하여 황제께 확실한 사실을 아뢸 것이 없으므로 심문한 후 상소할 자료가 있을까 하여 당신들 앞 특히 아그립바 왕 당신 앞에 그를 내세웠나이다 그 죄목도 밝히지 아니하고 죄수를 보내는 것이 무리한 일인 줄 아나이다 하였더라

2년 전과 동일한 대제사장 무리가, 2년 전과 동일한 거짓 모함으로, 2년 전과 동일하게 신임총독 베스도의 법정에 바울을 고발한 덕분에, 바울은 예전에는 단 한 번도 생각해 본 적이 없었던, 로마 황제에 대한 상소를 제기할 수 있었습니다. 황제에게 상소한다고 황제가 직접 재판하는 것은 아니었습니다. 황제 직속의 최고법정에서 상소가 다루어졌는데, 정치 문제가 아니라면 대개의 경우 재판은 공정하게 진행되었습니다. 총독 베스도는 배석자들과 상의한 뒤, 로마 시민인 바울의 상소를 받아들였습니다. 그것은, 바울이 로마군의 보호 속에서 제국의 수도 로마에 이르게 되었음을 뜻했습니다. 황제에게 상소한 사람은 황제의 법정에 서기까지 로마제국이 보호해야 했기 때문입니다. 대제사장 무리의 되풀이된 고발이 역설적이게도 바울에게, 암살단의 암살 위협에서 벗어나 가장 안전하게 로마에 이르는 길을 제공해 준 셈이었습니다.

바울의 상소를 받아들인 총독 베스도는 그로 인한 새로운 임무를 수행해야 했습니다. 바울의 상소에 대하여 황제의 법정에 제출할 보고서 혹은 사유서를 작성하는 것이었습니다. 오늘의 본문은 그와 관련된 내용입니다.

수일 후에 아그립바 왕과 버니게가 베스도에게 문안하러 가이사랴에 와서 (13절).

며칠 후에 갈릴리와 베레아 지방의 분봉왕이었던 아그립바 2세가 왕비 버니게와 함께 신임총독 베스도를 알현하기 위해 가이사랴를 찾아왔습니다. 헤롯 대왕의 증손자였던 아그립바 2세는 갈릴리와 베레아의 분봉왕이면서도 예루살렘성전 감독권과 대제사장 임명권을 갖고 있었습니다. 대제사장을 아나니아에서 이스마엘로 교체한 사람도 아그립바 2세였습니다. 왕비 버니게는 그의 여동생이었습니다. 이 이전에도 자신의 숙부를 포함하여 두 남자를 거쳤던 버니게는 본문에서 자신의 오빠와 불륜에 빠졌다가, 이 이후에는 예루살렘을 함락시키고 로마의 황제가 된 티투스 장군의 정부가 되었습니다. 며칠이 지나 총독 베스도가 아그립바 왕에게 바울의 이야기를 꺼내었습니다.

여러 날을 있더니, 베스도가 바울의 일로 왕에게 고하여 이르되 벨릭스가 한 사람을 구류하여 두었는데, 내가 예루살렘에 있을 때에 유대인의 대제사장들과 장로들이 그를 고소하여 정죄하기를 청하기에, 내가 대답하되 무릇 피고가 원고들 앞에서 고소 사건에 대하여 변명할 기회가 있기 전에 내주는 것은 로마 사람의 법이 아니라 하였노라(14-16절).

베스도 총독이 예루살렘 현지 시찰에 나섰을 때, 대제사장 무리가 신임총독 베스도에게 바울을 고소만 한 것이 아니었습니다. 그들은 총독 베스도에게 바울을 "정죄하기를" 요청하였습니다. 예루살렘에 있지도 않은 바울에게 유죄를 선고해 주기를 요청한 것이었습니다. 베스도 총독은, 피고에게 변호의 기회도 주지 않고 유죄 판결을 내리는 것은 로마법에 어긋남을 내세워, 그들의 요청을 거절하였습니다.

> 그러므로 그들이 나와 함께 여기 오매, 내가 지체하지 아니하고 이튿날 재판 자리에 앉아 명하여 그 사람을 데려왔으나, 원고들이 서서 내가 짐작하던 것 같은 악행의 혐의는 하나도 제시하지 아니하고, 오직 자기들의 종교와 또는 예수라 하는 이가 죽은 것을 살아 있다고 바울이 주장하는 그 일에 관한 문제로 고발하는 것뿐이라. 내가 이 일에 대하여 어떻게 심리할는지 몰라서 바울에게 묻되, 예루살렘에 올라가서 이 일에 심문을 받으려느냐 한즉, 바울은 황제의 판결을 받도록 자기를 지켜 주기를 호소하므로, 내가 그를 가이사에게 보내기까지 지켜 두라 명하였노라 하니(17-21절).

대제사장 무리는 가이사랴까지 총독을 따라가 여러 가지 혐의로 바울을 또다시 고발했지만, 바울이 로마제국의 실정법을 어겼다는 구체적인 혐의나 증거는 전혀 제시하지 못했습니다. 도리어 그들이 강조한 것은 그들의 종교법과 예수 부활에 관한 것이었습니다. 하지만 갓 부임한 베스도 총독에게 유대인들의 종교법과 예수 부활은 낯선 문제였습니다. 지난 시간에 살펴본 것처럼, 총독 베스도는 바로 그 상황 속에서 바울을 고발한 대제사장 무리의 입장을 배려하여 바울에게, 예루살렘으로 올라가서 자신의 입회하에 유대인 최고의 종교 법정인 산헤드린공회의 재판을 받을 의사가 있느냐고 물었습니다. 총독의 제안을 거절한 바울은 로마 황제에게 상소하였고, 총독 베스도는 그의 상소를 받아들였습니다.

베스도 총독이 바울에 대해 이렇듯 상세하게 아그립바 왕에게 설명한 것은, 바울의 상소와 관련하여 황제의 법정에 제출할 보고서 작성을 위해 유대인의 종교법을 잘 알고 있는 그의 조언을 구하기 위함이었습니다.

아그립바가 베스도에게 이르되, 나도 이 사람의 말을 듣고자 하노라. 베스도가 이르되 내일 들으시리이다 하더라. 이튿날 아그립바와 버니게가 크게 위엄을 갖추고 와서 천부장들과 시중의 높은 사람들과 함께 접견 장소에 들어오고, 베스도의 명으로 바울을 데려오니(22~23절).

총독 베스도의 설명을 들은 아그립바 왕은 바울의 진술을 직접 들어 보기 원했고, 베스도는 이튿날 즉각 바울에 대한 청문회를 열었습니다. 아그립바 왕과 왕비 버니게 및 그를 수행한 그의 대신들, 총독 베스도와 천부장들, 그리고 가이사랴 시의회 의원들이 모두 참석한 가운데 바울이 불려 나왔습니다. 그리고 총독 베스도가 바울에 대한 청문회를 개최한 사유를 설명하였습니다.

베스도가 말하되, 아그립바 왕과 여기 같이 있는 여러분이여. 당신들이 보는 이 사람은 유대의 모든 무리가 크게 외치되, 살려 두지 못할 사람이라고 하여 예루살렘에서와 여기서도 내게 청원하였으나, 내가 살피건대 죽을 죄를 범한 일이 없더이다. 그러나 그가 황제에게 상소한 고로 보내기로 결정하였나이다. 그에 대하여 황제께 확실한 사실을 아뢸 것이 없으므로, 심문한 후 상소할 자료가 있을까 하여 당신들 앞 특히 아그립바 왕 당신 앞에 그를 내세웠나이다. 그 죄목도 밝히지 아니하고 죄수를 보내는 것이 무리한 일인 줄 아나이다 하였더라(24~27절).

베스도 총독은 자신이 바울을 재판해 본 결과, 그가 로마제국의 실정법에 반하는 죄를 범한 적이 없었다는 사실을 먼저 분명히 하였습니다. 그럼에도 바울에 대한 청문회를 개최하는 것은, 바울이 황제에게 상소하였으므로 황제의 법정에 제출할 보고서를 작성하기 위함이라고 밝혔습니다.

그 청문회장에서 바울이 증언한 진술 내용에 대해서는 다음 시간부터 살펴보기로 하겠습니다. 오늘의 본문 속에서 우리가 특별히 주목하고자 하는 내용은 23절의 증언입니다.

> 이튿날 아그립바와 버니게가 크게 위엄을 갖추고 와서 천부장들과 시중의 높은 사람들과 함께 접견 장소에 들어오고, 베스도의 명으로 바울을 데려오니(23절).

아그립바 왕 부부는 청문회장에 "크게 위엄을 갖추고" 나타났습니다. 우리말 '위엄'으로 번역된 헬라어 명사 '환타시아φαντασία'는 '과시', '허식'이라는 의미입니다. 분봉왕 아그립바가 유대 지방의 신임총독 베스도와의 첫 대면을 위해 가이사랴를 찾아온 만큼, 신임총독 앞에서 얼마나 자신을 의도적으로 과시하려 했겠습니까? 왕복 중에서도 가장 위엄스러운 자주색 왕복을 입고, 머리에는 머리띠 모양의 금왕관을 썼을 것입니다. 왕비 버니게도 아그립바 왕의 과시에 맞추어, 자신을 가장 돋보이게 하는 왕비복과 관으로 치장하였을 것입니다. 아그립바 왕을 수행한 그의 대신들도 화려한 관복을 착용하였을 것입니다.

그들을 맞이한 총독 베스도 역시 대로마제국의 총독임을 과시하는 주홍색 예복을 입었을 것입니다. 가이사랴에는 로마군 다섯 개 사단이 주둔하고 있었습니다. 그 다섯 사단의 우두머리인 다섯 명의 천부장들도 눈부시게 번쩍이는 천부장의 제복을 입고 참석하였고, 또 '시중의 높은 사람들'—다시 말해 가이사랴 시의회 의원들도 아름다운 예복을 입고 나타났을 것입니다. 한마디로 말해 그날의 청문회장은, 저마다 화려한 예복을 입고 자신을 과시하는 사람들의 자기 과시 경연장이었습니다.

바로 그 자리에 바울이 불려나갔습니다. 2년 동안 구금당해 있던 바울의 옷차림은, 그곳에 모인 사람들의 아름다운 예복에 비하면 누더기와 같지 않았겠습니까? 2년 동안 구금당해 있던 바울의 얼굴은 또 얼마나 초췌했겠습니까? 머리나 수염인들 제대로 가다듬을 수 있었겠습니까? 더욱이 전승에 의하면 키가 작은 바울은 대머리였고, 눈썹은 일자였으며, 코는 매부리코에, 다리는 안짱다리였던 것으로 알려지고 있습니다. 보기에 민망할 정도의 외모였던 것입니다. 바울의 그 보잘것없는 몰골은, 저마다 화려한 예복을 입고 자신을 과시하는 사람들과 비교한다면, 마치 걸인과 같다고 해도 과언이 아니지 않겠습니까?

하지만 우리가 그리스도인의 구별된 마음과 눈으로, 이 청문회장을 다시 한 번 들여다보십시다. 화려한 예복을 입고 저마다 자신을 과시하는 사람들과, 그들 앞에 선 보잘것없는 몰골의 바울 가운데, 누가 정녕 더 아름답습니까? 누구에게서 향기가 배어나고 있습니까? 누구의 삶이 우리를 감동시킵니까? 과연 누구의 삶을 본받고 싶습니까? 두말할 것도 없이, 초라한 옷차림에 볼품 없는 몰골의 바울 아닙니까? 화려한 예복을 입고 저마다 자신을 과시하는 사람들의 옷을 벗기고 그들의 삶을 한 꺼풀씩 벗겨낼수록, 추악한 욕망에 찌든 악취만 진동하지 않습니까? 초라하기 짝이 없는 몰골의 바울의 삶은 파헤치면 파헤칠수록, 생명의 향기가 더 진하게 배어나지 않습니까? 도대체 그 이유가 무엇이겠습니까? 바울이 밑가지의 삶을 살았던 반면에,

화려한 옷을 입고 저마다 자신을 과시하던 사람들은 스스로 윗가지가 되려했기 때문입니다. 바꾸어 말해 바울이 생명의 질서와 법칙에 충실하였다면, 나머지는 생명의 질서와 법칙에 역행하는 사람들이었습니다.

〈새신자반〉, 〈성숙자반〉, 〈사명자반〉을 통해 여러 차례 강조하여 말씀드렸습니다만, 나무는 생명의 질서와 법칙을 거스르는 법이 없습니다. 오래되고 강한 가지일수록 밑가지가 되고, 맨 윗자리는 언제나 가장 늦게 나온 가장 여린 가지의 차지가 됩니다. 해가 바뀌면, 새해에 새로 나온 가지가 다시 맨 윗가지가 됩니다. 나무의 수령이 높아질수록 나무가 더 청정한 생명의 그늘을 제공할 수 있는 것은, 이처럼 오래되고 강한 가지들이 밑가지가 되어, 어리고 여린 가지들을 맨 윗가지로 받들어 주는 생명의 질서와 법칙에 충실한 덕분입니다. 만약 오래되고 강한 가지들이 스스로 자기를 과시하며 윗가지가 되려 하면, 나무는 그 가지들의 무게로 인해 꺾여 죽고 맙니다. 또, 해가 바뀌었는데도 작년의 맨 윗가지가 여전히 맨 윗가지 그대로 있으면, 그 나무도 죽은 나무입니다. 죽은 나무는 결국엔 썩어져 버릴 뿐, 생명의 그늘을 더 이상 제공할 수 없습니다.

바울은 주님의 부르심을 받은 이후부터 지금까지 생명의 질서와 법칙을 거스른 적이 없었습니다. 어디에서든, 자신이 복음을 전했다고 자신의 기득권을 내세우며 윗가지로 군림하려 한 적이 없었습니다. 그는 언제나 복음의 증인으로, 사람들을 복음 위에 바로 세워 주는 밑가지의 삶을 살았습니다. 그래서 그가 가는 곳에는 늘 생명의 역사가 일어났고, 그의 외모는 초라하기 짝이 없을망정 그의 삶에서는 항상 생명의 향기가 스며 나왔습니다.

그러나 아그립바 왕을 포함하여 화려한 예복과 제복을 입고 저마다 자신을 과시하던 본문의 사람들은, 모두 윗가지를 지향하던 사람들이었습니다. 그들은 지금보다 더 높은 윗가지가 되려 하거나, 현재의 윗가지 자리를 놓치지 않고 고수하려던 사람들이었습니다. 세상의 대립과 다툼과 분열은 모두 윗가지가 되려는 사람들로 인해 야기됩니다. 생명이 생명 위에 군림하는 윗가지가 되려 할 때 생명은 왜곡되고, 부정당하고, 죽음과 동의어가 됩니다. 이미 생명의 질서와 법칙에서 벗어나 있기 때문입니다. 생명의 질서와 법칙에서 벗어난 사람들은 아무리 화려한 옷을 입고 자신을 과시해도, 이미 죽어 하루하루 썩어져 가는 나무와 같습니다. 생명은 생명을 위한 밑가지가 됨으로, 그 가치가 극대화됩니다. 그리스도인이라면 바울처럼 밑가지로 살아야 함은 재론의 여지도 없습니다.

이달 마지막 주일은 종교개혁 주일입니다. 특히 내년이 종교개혁 500주년을 맞는 해인지라, 벌써부터 한국 교회의 화두는 '개혁'입니다. 목사들이 먼저 주님 앞에서 부단하게 자신을 개혁해야 함은 너무나도 당연한 일이어서, 새삼스럽게 강조할 필요도 없습니다. 그렇다고 교인들은 예외인 것은 아닙니다. 교인들 역시 스스로 자신을 개혁의 대상으로 삼아야 합니다. 그것은 윗가지가 되려는 자신을 부인하고, 기꺼이 밑가지가 되는 것입니다. 화려한 예복과 제복을 입고 저마다 자신을 과시하던 본문의 세도가들처럼 윗가지를 지향하는 사람들은 자기 손으로 교회와 사회를 허물어뜨리기 마련이지만, 바울처럼 보잘것없는 몰골일망정 자신을 기꺼이 밑가지로 내어놓는 사람들을 통해 교회도, 사회도, 청정한 생명을 지닐 수 있습니다. 좋은 교회는 밑가지들이 많은 교회입니다. 그래야 생명의 균형 속에서, 교인들의 신앙이 어떤 비바람에도 쓰러지지 않는 뿌리 깊은 나무로 성숙할 수 있습니다.

우리 교회에는 다섯 성가대가 있습니다. 그 다섯 성가대를 위해 다섯 명의 지휘자들, 네 명의 오르가니스트들과 두 명의 피아니스트들, 그리고 솔리스트들이 봉사하고 있습니다. 그러나 타 교회와는 달리, 우리 교회는 그분들에게 사례비를 지급하지 않습니다. 그분들이 다른 교우님들과 똑같이 자신들의 달란트로 교회를 위해 자원봉사하고 있습니다. 요즈음 한국 교회 지휘자와 오르가니스트는 한 달에 적게는 120만 원에서 많게는 250만 원의 사례비를 받는다고 합니다. 1년이면 2천만 원의 거금입니다. 그런 엄청난 기득권을 포기하고 스스로 교인들을 위한 밑거지가 되어 교인들을 섬기는 것은 얼마나 아름다운 봉사입니까?

　제가 사회생활을 할 때, 당시에 다니던 교회의 재정을 책임진 적이 있었습니다. 교회 재정을 관리하면서 이해할 수 없었던 것들 중의 하나가 부흥회 강사, 그리고 성가대 지휘자와 피아니스트 및 솔리스트에 대한 사례비 지불이었습니다. 당시 부흥회 때마다 강사의 강조점은 늘 동일하였습니다. 주님을 위해 자신과 자신의 모든 것을 주님께 온전히 바치라는 것이었습니다. 하지만 며칠 동안 그렇게 설교한 부흥 강사는 으레 막대한 금액의 사례비를 받아 갔습니다. 불과 며칠 동안 부흥회를 인도하고, 당신이 목회하는 교회의 한 달분 봉급을 사례비로 받아가는 것을 제 상식으로는 도저히 이해할 수도, 수용할 수도 없었습니다. 그래서 제가 목사가 된 이후 지금까지, 타 교회 혹은 외부 모임에서 집회를 인도하거나 설교하고 사례비를 받은 적이 없습니다. 하나님께서 제게 말씀을 깨닫는 은혜를 거저 주신 것은 그 은혜로 저더러 돈을 벌라 하심이 아니라, 하나님께서 거저 주신 은혜를 다른 사람들에게도 거저 나누어 주라시는 하나님의 명령으로 받아들이기 때문입니다. 그리고 당시에 교회가 성가대 지휘자와 피아니스트 그리고 솔리스트에게 사례비를 지불하는 것도 이해할 수 없기는 매한가지였습니다. 구약시대에 찬양을 담당하는 레위인들의 생계를 회중이 책임져 주었던 것은, 그들이 풀타임 사역자들이었기 때문입니다. 세상의 직업을 갖고 있는 대로 단지 전문 음악인이라고 해서 지휘자와 피아니스트 그리고 솔리스트가 사례비를 받아야 한다면, 교인 가운데에서 교회 장식을 위해 봉사하는 전문 미술인과 교사로 봉사하는 전문 교육인도 주일봉사의 대가로 사례비를 받아야 할 것입니다.

1988년 주님의교회 개척목사로 목회를 시작한 저는, 첫 번째 성가대의 지휘자와 피아니스트에게 사례비를 받지 말기를 간절한 심정으로 당부했습니다. 제가 자칫 오해받을 수도 있는 그런 당부를 한 것은, 그 청년들을 진심으로 사랑했기 때문입니다. 저는 전문 음악인인 그 청년들의 봉사가 하나님께 진정한 봉사로 드려지기를 원했습니다. 세상의 직업을 갖고 있는 그 청년들이 주일 교회봉사를 돈과 맞바꾼다면, 하나님께서 이미 대가를 챙긴 그런 봉사를 열납하실 리가 있겠습니까? 교회에서 전임교역자들에게 사례비를 지불하는 것은, 그들은 세상의 직업을 갖지 않고 교회를 위해 풀타임으로 사역하기 때문입니다. 따라서 그 청년들이 풀타임 교회음악 사역자로 봉사하지 않는 한, 사례비를 받지 말라고 간곡하게 당부한 것이었습니다.

감사하게도 그 청년들은 제 제안을 기꺼이 수용해 주었습니다. 그 청년들 덕분에 제가 주님의교회를 섬기는 10년 동안 주님의교회 다섯 성가대 지휘자들과 피아니스트들 그리고 솔리스트들은 모두, 기꺼이 교회를 위한 밑가지로 봉사하였습니다. 당시의 그 청년 지휘자가 우리 교회 창립 이듬해부터 우리 교회의 음악감독과 2부 성가대 지휘자로 봉사하고 있는 박치용 집사님입니다. 박 집사님이 우리 교회의 정신과 철학에 동의하는 지휘자들과 오르가니스트들 및 피아니스트들 그리고 솔리스트들을 모심으로, 그분들이 모두 주일봉사의 대가로 사례비를 받지 않고 교인들을 위한 밑가지로 봉사하고 있습니다. 또한 저와 관계를 맺은 적지 않은 해외 한인교회 지휘자들과 오르가니스트들 및 솔리스트들도 우리 교회처럼 밑가지로 자원봉사하고 있습니다. 약 30년 전 한 청년이 한국 교회에서 당연시하던 기득권을 과감하게 포기하고, 하나님께서 자신에게 주신 달란트로 교인들을 위한 밑가지 되기를 실천하였을 때, 그 밑가지 위에 계속 아름다운 밑가지들이 이어지고 있습니다.

우리 교회는 창립 초기부터 각종 성경공부를 통해 밑가지 됨의 중요성을 계속 강조해 왔습니다. 교회의 모든 분란은 따지고 보면, 교인들이 교회 밖 세상 사람들처럼 윗가지 되려 하는 데 기인하고 있습니다. 참된 그리스도인이라면 전문적인 달란트를 지니고 있을수록, 신앙 연륜과 연령이 더 깊어지고 많아질수록, 교인들을 위한 자발적인 밑가지가 되어야 합니다. 그것이, 교회가 세속화되어 버린 이 암울한 시기에 그리스도인들이 실천해야 할 개혁의 정신입니다. 그래서 최근에 상임위원회에서는 창립 초기부터 추구해 왔던 정신, 즉 봉사자의 봉사 정년을 만 70세까지로 한다는 것을 공식적으로 결의하였습니다. 사람들 앞에서, 사람들의 눈에 보이는 봉사의 정년을 만 70세로 명문화한 것입니다. 그 결정의 토대 역시 교우님들에 대한 사랑입니다.

역사가 오랜 교회에는 20~30년씩, 혹은 그 이상을 한 부서에서 봉사하는 분들이 많습니다. 거의 한 평생을 한 부서에서 수고하며 봉사해 온 분들임에도 불구하고, 바로 그분들이 다른 교인들의 봉사를 가로막는 걸림돌이 되어 있는 경우가 허다합니다. 그분들이 자기도 모르게 윗가지가 되어 있는 탓입니다. 일평생 수고하고 헌신한 우리의 봉사가, 그렇게 비성경적으로 끝나서는 안 되지 않겠습니까? 그리스도인의 봉사는 자아실현이나 자기 가치 구현이 아니라, 십자가의 주님을 본받은 자기 희생이어야 합니다. 그리고 자기 희생의 정점은 밑가지가 되는 것입니다. 다른 사람들이 마음껏 봉사할 수 있게끔 든든한 밑가지가 되어 주는 것입니다. 그래서 사람들이 보지 않는 곳에서의 봉사, 젊은이들이 할 수 없는 봉사, 젊은이들이 참여할 수 없는 주중 시간대의 봉사에는 정년을 두지 않기로 했습니다. 이를테면 토요일에 교인들이 보지 않는 가운데 모든 예배처소를 청소하는 관리팀, 상을 당한 교인들을 찾아가 위로하는 상조팀과 그분들을 위한 조가단 등에는 정년이 없습니다. 그런 봉사야말로 교인들을 위한 든든한 밑가지가 되는 것입니다.

우리 교회의 연도별 장례 건수를 보면 2011년 90건, 2012년 96건, 2013년 120건, 2014년 132건, 2015년 115건, 올해에는 지난 주까지 134건입니다. 작년 한 해를 제외하고는 매해 가파르게 상승하고 있습니다. 올해에는 매달 평균 14건의 장례식이 있었습니다. 그러나 상조팀 봉사자들은 턱없이 부족하기만 합니다. 백발의 어르신들이 상을 당한 교인들을 찾아가 등을 쓰다듬으며 따뜻하게 위로해 주고, 장례식에서 조가로 봉사한다면, 그 얼마나 아름다운 밑가지의 삶이겠습니까? 그리스도인이 어른이 된다는 것은 타인을 위해 밑가지가 되는 것입니다. 그래서 기꺼이 밑가지가 되는 어른이 있는 곳에서는, 개혁은 절로 수반됩니다. 교회에서마저 밑가지의 삶을 훈련하지 못하면, 가정에서 밑가지가 되는 것은 아예 불가능합니다. 나이 들어서도 윗가지를 고수하려 하면 어른이 아니라, 주위 사람들이 멀어지는 노인이 될 따름입니다.

예수님께서는 임마누엘 하나님이시면서도 십자가에서 당신을 희생하시어, 우리를 위한 생명의 밑가지가 되기 위해 이 땅에 오셨습니다. 그 생명의 밑가지 위에서 우리는 이렇게, 생명을 누리며 살고 있습니다. 우리가 정녕 그분을 우리의 주인으로 모신 그리스도인이라면, 우리가 어느 가지를 지향해야 할 것인지, 윗가지인지 밑가지인지, 어느 가지로 살아야 주님의 짧지 않은 손이 우리를 책임져 주실 것인지는, 우리에게 너무나도 자명합니다.

여러분 안에 이 마음을 품으십시오. 그것은 곧 그리스도 예수의 마음이기도 합니다. 그는 하나님의 모습을 지니셨으나, 하나님과 동등함을 당연하게 생각하지 않으시고, 오히려 자기를 비워서 종의 모습을 취하시고, 사람과 같이 되셨습니다. 그는 사람의 모양으로 나타나셔서, 자기를 낮추시고, 죽기까지 순종하셨으니, 곧 십자가에 죽기까지 하셨습니다. 그러므로 하나님께서는 그를 지극히 높이시고, 모든 이름 위에 뛰어난 이름을 그에게 주셨습니다. 그리하여 하늘과 땅 위와 땅 아래 있는 모든 것들이 예수의 이름 앞에 무릎을 꿇고, 모두가 예수 그리스도는 주님이시라고 고백하여, 하나님 아버지께 영광을 돌리게 하셨습니다(빌 2:5-11, 새번역).

주님! 자신이 크고 강하다고 윗가지가 되려 하면 도리어 나무 자체를 꺾어 함께 무너져 내리기 마련이지만, 밑가지가 될수록 주님께서 더 높여 주시는, 생명의 이 역설적 진리를 깨닫게 해주셔서 감사합니다.

우리 모두 세월이 흘러갈수록 더더욱 크고 강한 밑가지들이 되게 해주십시오. 그리하여 우리의 가정과 일터 그리고 교회와 사회가 생명의 균형을 이룬 뿌리 깊은 나무가 되게 해주시고, 우리가 있는 곳에 개혁이 수반되게 해주시어, 우리 모두 생명의 어른이 되어가는 기쁨을 누리게 해주십시오. 아멘.

사도행전 26장

세상에서 자신을 스스로 구별한 교회만

세상을 변화시키는

예수님의 교회가 될 수 있습니다.

7. 바울이 손을 들어 변명하되

사도행전 26장 1-2절

아그립바가 바울에게 이르되 너를 위하여 말하기를 네게 허락하노라 하니 이에 **바울이 손을 들어 변명하되** 아그립바 왕이여 유대인이 고발하는 모든 일을 오늘 당신 앞에서 변명하게 된 것을 다행히 여기나이다

하란에 살던 아브라함에게 하나님의 말씀이 임했습니다. 하나님께서 복을 주시어 큰 민족을 이루게 해주실 것인즉, 하나님께서 지시하시는 땅—하란에서 700킬로미터나 떨어져 있는 가나안으로 이주하라는 말씀이었습니다. 아브라함은 하나님의 말씀을 좇아 고향집과 친척을 등지고, 아내 사라와 함께 식솔들을 인솔하여 가나안 이주 길에 올랐습니다.

그러나 정작 가나안으로 이주한 아브라함을 기다리는 것은, 그의 기대와는 달리 극심한 기근이었습니다. 아브라함은 하나님께서 지정하신 가나안을 벗어나, 먹을 양식이 풍족한 이집트로 삶의 터전을 옮겼습니다. 그리고

행여 이집트인이 어여쁜 자신의 아내 사라를 빼앗기 위해 자신을 죽일까 지레 겁을 먹고 아내를 누이라고 속였다가, 정말 이집트의 파라오에게 아내를 빼앗기는 수모를 겪기도 했습니다. 하나님께서 아브라함과 그의 아내 사라를 가나안으로 되돌아오게끔 개입해 주시지 않았더라면, 아브라함은 믿음의 조상은커녕, 이집트에서 아내를 빼앗긴 떠돌이로 생을 마감하고 말았을 것입니다.

하나님께서는 아브라함에게 여러 차례나 아들을 주실 것이며, 그 아들과 후손에게 가나안 땅을 유업으로 주실 것이라 약속하셨습니다. 하지만 아브라함의 아내 사라는 가나안 이주 이후 10년이 지나도록 임신하지 못하자, 자신의 몸종 하갈을 씨받이로 남편에게 주어 서자 이스마엘을 얻게 하였습니다. 사라의 그 불신행위는 아브라함 가정의 화근이 되었을 뿐 아니라, 불행히도 오늘날 세계 평화를 위협하는 중동분쟁의 근본 원인이 되기도 했습니다. 하나님께서 예정하신 아브라함의 후사는 서자 이스마엘이 아니었습니다.

아브라함이 하나님의 언약을 좇아 가나안으로 이주한 지 25년이 지났을 때였습니다. 어느덧 아브라함의 나이는 100세가 되었고, 아내 사라의 생리마저 멎어, 아브라함이나 사라나 자식을 낳으리라는 생각조차 포기하고 있었습니다. 그들에게 아들을 주시겠다는 하나님의 약속은, 부질없는 공수표임이 틀림없어 보였습니다. 바로 그때, 하나님께서 아브라함과 사라에게 아들을 주셨습니다. 생리마저 끊어진 노년의 사라가 아들을 낳은 것이었습니다. 창세기 21장은, 전혀 불가능할 것 같았던 아들 출산을 자신의 몸으로 이루어낸 사라의 감격과 기쁨을 극적으로 증언해 주고 있습니다.

여호와께서 말씀하신 대로 사라를 돌보셨고, 여호와께서 말씀하신 대로 사라에게 행하셨으므로 사라가 임신하고, 하나님이 말씀하신 시기가 되어 노년의 아브라함에게 아들을 낳으니, 아브라함이 그에게 태어난 아들 곧 사라가 자기에게 낳은 아들을 이름하여 이삭이라 하였고, 그 아들 이삭이 난 지 팔 일 만에 그가 하나님이 명령하신 대로 할례를 행하였더라. 아브라함이 그의 아들 이삭이 그에게 태어날 때에 백 세라. 사라가 이르되, 하나님이 나를 웃게 하시니 듣는 자가 다 나와 함께 웃으리로다. 또 이르되, 사라가 자식을 젖먹이겠다고 누가 아브라함에게 말하였으리요마는, 아브라함의 노경에 내가 아들을 낳았도다 하니라(창 21:1-7).

이 길지 않은 증언 속에 하나님의 "말씀", 그리고 그와 동일한 의미의 "명령"이, 총 네 차례나 강조되어 있습니다. 지금 생리가 멎은 노년의 사라가 아들을 낳았습니다. 그것이, 자신의 힘이나 능력에서 비롯되었습니까? 용한 점쟁이의 부적이나, 영험한 무당의 굿 덕분이었습니까? 전혀 그렇지 않았습니다. 그것은 전적으로 하나님의 언약, 하나님께서 약속하신 하나님의 말씀으로 인함이었습니다. 하나님께서 약속하신 말씀처럼 사라를 돌보아 주셨고, 하나님께서 약속하신 말씀대로 사라에게 은혜를 베풀어 주심으로, 하나님께서 말씀하신 바로 그 시기에 사라가 아들을 낳았고, 아브라함은 하나님의 말씀에 따라 팔 일 만에 아들에게 할례를 행하였습니다. 하나님의 말씀이 불모의 사막과 같았던 아브라함과 사라의 몸을 통해 생명이 태어나게 하신 것이었습니다. 아브라함과 사라에게는 갓 태어난 핏덩이, 그 핏덩이가 곧 하나님의 언약의 말씀 그 자체였습니다.

아브라함은 하나님의 언약으로 얻은 아들의 이름을 '이삭'이라 불렀습니다. '웃음'이란 의미였습니다. 하나님으로부터 생명을 얻은 사람에게만 가능한 참웃음, 생명을 통해서만 얻을 수 있는 진정한 웃음을, 아브라함과 사라가 그제야 비로소 누리게 된 것이었습니다. 그 웃음은 하나님의 언약으로부터 비롯된 웃음이기에, 이 세상 그 무엇도 앗아갈 수 없는 웃음이었습니다. 아브라함과 사라가 하나님의 언약을 좇아 나서지 않았던들, 그들의 평생에 결코 누리지 못했을 참행복의 웃음이었습니다.

사라는 그 이삭을 품고 젖을 먹이면서 하나님께서 내게 웃음을 주셨으니, 나의 웃음소리를 듣는 사람들도 모두 나와 함께 웃을 것이라고 하나님을 찬양했습니다. 이삭을 품에 안은 사라가 행복의 웃음을 머금고 하나님을 찬양하는 모습이 눈에 선하게 보이지 않습니까? '하나님께서 말씀하신 대로 나를 돌보아 주셨고, 하나님께서 말씀하신 대로 내게 은혜를 베풀어 주셔서, 하나님께서 말씀하신 바로 그 시기에 내가 이삭을 낳았습니다. 하나님께서 내게, 이 세상 그 무엇도 앗아갈 수 없는 참된 웃음을 주신 것입니다. 나의 이 웃음소리를 듣는 사람도 모두 나와 함께 웃을 것입니다.'

창세기의 이 증언이 우리에게 주는 메시지는, 단순히 아이를 낳지 못하던 사라가 하나님을 믿고 아들을 얻었다는 식의 표피적인 것이 아닙니다. 인생의 참된 웃음은, 오직 하나님의 말씀 속에만 있다는 것입니다. 다시 말해 하나님의 약속의 말씀을 좇는 사람만, 온갖 인생풍파 속에서도 그 인생이 행복한 웃음으로 완결될 수 있다는 것입니다. 〈새신자반〉에서 배운 것처럼 하나님의 말씀은, 인간을 창조하신 하나님께서 인간에게 선물로 주신 인생 사용설명서입니다. 하나님께서 주신 인생 사용설명서를 좇아 자신의 삶을 가꾸는 사람의 인생이 참된 웃음으로 귀결됨은, 어둔 밤이 지나면 눈부신 아침이 밝아오는 것처럼 자명한 일입니다.

하나님께서 아브라함과 사라를 부르신 목적이 거기에 있었고, 백 세가 되어서야 그 사실을 삶으로 터득한 아브라함과 사라는 참된 웃음으로 그들의 생을 마감할 수 있었습니다.

우리는 오늘의 본문 속에서도 아브라함과 사라처럼, 하나님의 언약의 말씀으로 인해 감격하며 하나님을 찬양하는 또 한 명의 인물을 만나게 됩니다. 바로 바울입니다. 황제에 대한 바울의 상소를 받아들인 총독 베스도는, 바울의 상소와 관련하여 황제의 법정에 제출할 보고서를 작성해야 했습니다. 총독 베스도는 바울이 로마제국의 실정법을 어긴 적이 없음은 이미 확인하였습니다. 그러나 신임총독 베스도는 바울을 고발한 대제사장 무리가 내세운 유대인의 종교법에 대해서는 아직 잘 알지 못했습니다. 마침 그때 분봉왕 아그립바가 왕비 버니게와 함께 대신들을 거느리고 신임총독 베스도와 상견례를 갖기 위해 찾아왔습니다. 베스도는 유대인의 종교법에 대해 잘 알고 있는 아그립바 왕의 조언을 구하기 위해, 대제사장 무리가 고발한 바울의 재판 내용을 아그립바 왕에게 상세하게 설명하였습니다.

총독 베스도의 설명을 들은 아그립바 왕은 바울의 진술을 직접 들어 보기 원했고, 총독 베스도는 이튿날 즉각 청문회를 개최하였습니다. 청문회장에는 아그립바 왕과 왕비 버니게 및 그들을 수행한 대신들, 그리고 총독 베스도와 다섯 명의 천부장, 가이사랴 시의회 의원들이 모두 참석하였습니다. 그들은 모두 화려한 옷을 입고 저마다 자신을 과시하는 사람들이었습니다. 바로 그 자리에 2년 동안이나 헤롯궁에 구금당해 있던, 초라하고 초췌한 몰골의 바울이 불려 나왔습니다. 분위기상으로는 바울이 주눅 들기 십상인 청문회장이었습니다. 먼저 총독 베스도가, 바울에 대한 청문회를 개최한 사유를 밝혔습니다. 바울이 황제에게 상소하였으므로, 황제의 법정에 제출할 보고서를 작성하기 위함이라고 밝힌 것입니다.

아그립바가 바울에게 이르되, 너를 위하여 말하기를 네게 허락하노라 하니 (1절 상).

아그립바 왕이 한껏 위세를 떨치며 바울에게, '너를 위하여 말하기를 (내가) 네게 허락하노라'고 선포하였습니다. 그러자 바울은 조금도 주눅들지 않고, 다음과 같이 자기 변증을 시작하였습니다.

이에 바울이 손을 들어 변명하되 아그립바 왕이여, 유대인이 고발하는 모든 일을 오늘 당신 앞에서 변명하게 된 것을 다행히 여기나이다

(1절 하-2절).

본문에서 "다행히" 여긴다는 표현은 적절한 번역이 아닙니다. 다행히 여긴다는 것은, 만약 그러지 않았다면 큰일 날 뻔했다는 말입니다. 바울은 이미 로마 황제에게 상소하였고, 제국의 심장 로마는 바울이 자신의 마지막 생을 던질 곳으로 오래전부터 확정되어 있었습니다. 바울이 아그립바 왕 앞에서 자기 변증을 하지 않는다고 바울의 로마행이 변경되거나 취소될 일은 없었습니다. 그러므로 바울이 아그립바 왕에게 자기 변증을 하지 않아도 큰일 날 일은 전혀 없었습니다. 헬라어 '마카리오스μακάριος'는 '복되다'는 의미의 형용사입니다. 지금 바울 자신이 아그립바 왕 앞에서 자기 변증을 하게 된 것은 하나님의 복이요, 하나님의 은혜라고 바울이 고백한 것입니다.

바울은 그냥 그렇게 고백만 한 것이 아니었습니다. 바울은 "손을 들어" 그렇게 고백하였습니다. 바울이 자기 변증을 하면서 손을 사용한 적은 전에도 있었습니다. 3차 전도 여행을 매듭지은 바울이 예루살렘에 상경하여, 성전에서 결례의 예식을 마쳤을 때였습니다. 에베소에서 온 유대인들이 그곳의 유대인들을 선동하여 대소동을 일으켜, 바울을 쳐죽이기 위해 성전 밖으로 끌고 나갔습니다. 보고를 받고 현장에 급히 출동한 예루살렘의 천부장은 바울을 결박하여 로마군의 요새로 연행하게 하였습니다. 그때 바울이 천부장

의 허락을 받아 로마군의 요새로 통하는 층계 위에서, 방금 자신을 쳐죽이려 던 유대인들에게 자기 변증을 하였습니다. 그 순간의 상황을 사도행전 21장 40절이 이렇게 밝혀 주었습니다.

> 천부장이 허락하거늘, 바울이 층대 위에 서서 백성에게 손짓하여 매우 조용히 한 후에 히브리 말로 말하니라.

그때에도 바울이 손을 사용하기는 했지만, 그것은 자신을 향해 소리치는 유대인들더러 조용히 하라는 손짓이었습니다. 그러나 오늘 본문에 나타난 바울의 손 동작은 그때의 손짓과는 완전히 달랐습니다. 우리말 '들어'로 번 역된 헬라어 동사 '엑테이노ἐκτείνω'는 '한껏 내뻗다', '쭉 내밀다'는 뜻입니다. 바울은 두 손을 쭉 내밀어, 아그립바 왕 당신 앞에서 변증하게 된 것은 하 나님의 복이요, 하나님의 은혜라고 고백한 것이었습니다. 바울은 대체 누구 를 향하여 그렇게 두 손을 뻗었으며, 또 그것의 의미는 무엇이었겠습니까?

사도행전 9장 15절은, 다메섹 도상의 바울을 불러내신 주님께서 아나니아 를 통해 바울에게 약속하신 말씀의 내용입니다.

> 주께서 이르시되 가라, 이 사람은 내 이름을 이방인과 임금들과 이스라 엘 자손들에게 전하기 위하여 택한 나의 그릇이라.

주님께서는 아무 뜻도 없이 바울을 부르신 것이 아니었습니다. 주님께서는 당신의 이름을 "이방인과 임금들과 이스라엘 자손들"에게 전하기 위한 당신 의 그릇으로 바울을 선택하신 것이었습니다. 바울은 주님의 부르심을 받은 이후, 약 30년에 걸친 지난 세월 동안 주님의 뜻에 충실한 삶을 살아왔습니다. 세 차례에 걸친 전도 여행 동안 수많은 이방인들에게 주님의 복음을 전하였습니다. 얼마나 많은 이스라엘 자손들, 즉 유대인들에게 복음을 전했는지는 일일이 헤아릴 수도 없을 정도였습니다. 그뿐만이 아니었습니다. 바울은 예루살렘의 천부장이 입회한 가운데 유대인 최고 의결기구인 산헤드린 공회에서도, 그리고 유대 지방 최고의 권력자인 벨릭스 총독과 그의 후임자인 베스도 총독 앞에서도 자기 변증을 하였습니다. 바울에게 자기 변증은 곧 구주 예수 그리스도를 증언하는 것이었습니다.

　바울이 이처럼 주님의 부르심을 받은 이후 각계각층의 이방인과 유대인에게 주님의 증인이 되어왔지만, 아직 바울의 삶을 통해 이루어지지 않은 주님의 말씀이 있었습니다. 임금 앞에서도 당신의 증인으로 삼겠다는 주님의 언약이었습니다. 세월이 흘러, 어느덧 인생 말년의 노년에 접어든 바울은 지병에 시달리기까지 했습니다. 더욱이 지난 2년 동안은 할 일 없이 헤롯궁에 구금당해 있었습니다. 바울의 그와 같은 현실은, 바울의 남은 여생 동안에도 임금 앞에서 주님의 증인으로 쓰임 받는 일만은 없을 것처럼 보였습니다.

　그러나 놀랍게도 오늘의 본문에 이르러, 바울이 아그립바 왕과 왕비 버니게 앞에서 주님을 증언하게 되었습니다. 바울이 그들에게 주님을 증언하겠다며 그들의 왕궁을 방문하여 이루어진 일이 아니었습니다. 바울이 무턱대고 왕궁을 찾아간들, 아그립바 왕이 그를 만나 줄 리도 없었습니다. 아그립바 왕과 왕비 버니게에 대한 바울의 증언은, 그들이 신임총독 베스도와 상견례를 갖기 위해 자진하여 가이사랴를 찾아왔기에 가능할 수 있었습니다. 바울이, 아그립바 왕이 베스도 총독을 찾아온 것을 알고 먼저 그에게 면회를 신청했던 것도 아니었습니다. 투옥당해 있던 바울은 아그립바 왕의 방문 사실도 몰랐습니다. 베스도 총독으로부터 바울의 이야기를 전해 들은 아그립바 왕이 바울의 진술을 직접 듣기를 자원하였기에, 영문도 모르고 청문 회장으로 불려 나간 바울이 아그립바 왕과 왕비 버니게 앞에서 주님을 증언할 수 있었습니다. 임금 앞에서도 바울을 당신의 증인으로 삼으시겠다는 주님의 언약이, 2년에 걸친 구금생활 끝에 바울의 삶 속에서 그날, 그렇듯 신비롭게 성취되었습니다. 그 순간 바울의 감격이, 환희가, 얼마나 컸을는지는 넉넉히 헤아릴 수 있습니다.

그것은 결코 바울의 의지나 노력의 결과가 아니었습니다. 그것은 철저하게, 주님께서 주님의 때에 주님의 방법으로 친히 성취하신 주님의 신비로운 섭리였습니다. 그래서 바울은 두 손을 쭉 내밀며, 아그립바 왕과 왕비 버니게 앞에서 주님을 증언하는 것은 하나님의 복이요, 하나님의 은혜라고 고백하였습니다. 바울은 아그립바 왕과 왕비 버니게를 향해 두 손을 내민 것이 아니었습니다. 바울은 아그립바 왕과 왕비 버니게의 배후에서, 그 모든 일을 한 치의 오차도 없이 섭리하신 삼위일체 하나님을 향해 두 손을 내밀었습니다. 그리고 임금 앞에서도 당신의 증인으로 삼으시겠다는 주님의 언약마저 자신의 삶 속에서 신묘막측하게 성취된 것은, 하나님께서 자신에게 베풀어 주신 크나큰 복이요 은혜라고 하나님을 찬양한 것이었습니다.

오늘의 본문이 우리에게 주는 메시지는 누구든지 하나님의 말씀을 좇으면, 하나님께서 그 사람을 반드시 청와대나 백악관으로 부르시어, 한국이나 미국 대통령 앞에서도 당신의 증인이 되게 하신다는 것이 아닙니다. 누구든지 하나님의 말씀을 좇아 살면, 하나님께서 그 사람을 끝까지 존귀하게 책임져 주신다는 것입니다. 그렇지 않습니까? 하나님께서, 당신이 작성하여 주신 인생 사용설명서대로 살아가는 인간을 어찌 끝까지 존귀하게 책임져 주시지 않겠습니까?

본문의 청문회장으로 바울을 불러낸 사람들은, 한결같이 화려한 옷을 입고 자신을 과시하던 사람들이었습니다. 그들은 모두, 외관상으로는 당시 유대 지방에서 가장 존귀해 보이는 사람들이었습니다. 하지만 2천 년이 지난 오늘까지, 그들 가운데 존귀한 이름으로 남아 있는 사람이 있습니까? 단 한 사람도 없습니다. 그들은 예외 없이 욕망의 노예로 살던 사람들이었기 때문입니다. 욕망에 사로잡힌 사람의 삶은 얼핏 화려해 보여도, 결국엔 나락으로 떨어지기 마련입니다. 욕망은 마치 쇠의 녹처럼, 자기 자신을 스스로 갉아먹는 독성을 지닌 탓입니다. 본문의 청문회장에서 바울 한 사람만 초라하고도 초췌한, 보잘것없는 몰골이었습니다. 그러나 그 바울은 2천 년이 지난 지금까지 존귀한 이름으로 영원히 살아 있습니다. 인생 사용설명서인 하나님의 말씀을 좇아 산 그를, 하나님께서 당신의 짧지 않은 손으로 영원토록 존귀하게 세워 주신 덕분입니다.

무속인 출신으로 알려진 최태민 일가와의 비정상적인 인연에 40년 동안 집착해 온 대통령으로부터 기인한, 소위 비선실세의 어처구니없는 국정 농단은 급기야 국정 마비 사태까지 초래하고 있습니다. 대통령의 신뢰와 명예가 나락으로 떨어진 것은 말할 것도 없고, 대한민국의 국격과 온 국민의 자존심마저 깡그리 짓밟히고 말았습니다. 그러나 저는 이 모든 사실을 만천하에 드러나게 하신 하나님을 향해 두 손을 내밀며, 하나님께서는 진실로 공의의 하나님이시요, 현재의 혼란은 대한민국을 위한 하나님의 크나큰 복이요 은혜라고, 하나님을 찬양하지 않을 수 없습니다.

'감추인 것이 드러나지 않을 것이 없고, 숨은 것이 알려지지 않을 것이 없다'(마 10:26)고 주님께서 말씀하시지 않았습니까? 만약 하나님께서 우리가 상상하지도 못한 당신의 방법으로, 대통령을 등에 업은 최순실의 국정 농단과 그에 동조한 비굴한 공직자들의 비리를 드러나게 하시지 않았다면, 이

나라는 곪을 대로 곪아가다가 어느 날 모래 위의 집처럼 속수무책으로 무너지고 말지 않겠습니까? 상상하기조차 힘든 국정 농단의 비리가 백일하에 드러났다는 것은, 대한민국이 새롭게 거듭날 수 있는 계기를 맞았음을 의미합니다. 그것이야말로 하나님의 복이요, 은혜 아니겠습니까?

미신은 욕망의 산물이기에, 미신과 욕망은 실은 동의어입니다. 미신은 무당의 푸닥거리나 점쟁이의 부적만을 의미하지 않습니다. 욕망에 사로잡혀 바른길에서 벗어난 행위는 모두 미신입니다. 그래서 욕망과 미신은 집착하면 할수록 더더욱 미몽에 빠지게 됩니다. 욕망과 미신은 인간의 눈을 멀게 하기 때문입니다. 욕망과 미신에 사로잡히면, 존귀한 자리의 대통령도 수치의 나락으로 떨어질 수밖에 없는 까닭이 거기에 있습니다. 인생의 바른길은, 오직 인생 사용설명서인 하나님의 말씀 속에 있습니다. 그 말씀의 길을 좇는 사람만 아브라함과 사라처럼 참된 웃음을 누릴 수 있고, 바울처럼 가난하고 병들어도 영원히 존귀할 수 있습니다.

그동안 하나님을 믿는다면서도 하나님의 말씀보다 욕망과 미신에 집착해온 우리의 죄악을 하나님 앞에 회개하십시다. 우리 모두가 권력을 이용하여 사욕을 채우려던 또 다른 최순실이었음을 통회하십시다. 그리스도인인 우리가, 우리 사회를 이렇게 곪아터지게 만든 공범들이었음을 자복하십시다. 우리의 나이가 얼마이든, 우리의 직업이 무엇이든 상관없이, 이제부터 우리 모두 인생 사용설명서인 하나님의 말씀을 좇아 살아가십시다. 우리가 결코 짧지 않은 손을 지니신 하나님의 말씀의 통로가 되는 한, 하나님께서 당신의 말씀으로 이 혼란스러운 대한민국을 반드시 새롭게 회복시켜 주실 것입니다. 그래서 우리는, 우리로 하여금 참된 웃음을 누리게 하시며 대한민국의 이름을 존귀하게 하시는 하나님을 향해 우리의 두 손을 내밀며, 하나님의 성호를 찬양하게 될 것입니다. 하나님께서 우리에게 당신의 말씀을 주신 것보다 더 큰 복, 더 큰 은혜는 없습니다.

주님! 내가, 개인사와 막중한 공적 책임을 분간하지 못한 대통령이었습니다. 내가, 권력자를 등에 업고 나의 사욕을 위해 국정을 농단해 온 최순실이었습니다. 내가, 비선실세의 수족으로 국민의 혈세를 마구 탕진한 공무원이었습니다. 내가, 권력자가 요구하는 돈을 주고 더 큰 이권을 챙긴 기업인이었습니다. 내가, 견제와 감시의 펜을 스스로 녹슬게 방치한 무책임한 언론인이었습니다. 나는 이 모든 비리를 꼭꼭 감추어두려 했지만, 공의의 하나님께서 내가 상상치도 못한 방법으로, 그 모든 검은 내막을 만천하에 드러나게 하셨습니다. 공의의 하나님 앞에 나의 무지와 죄악을 회개하오니, 용서해 주시기를 간구합니다.

이제부터 하나님을 믿는 우리가 앞장서서, 하나님의 말씀을 좇아 살게 해주십시오. 언제 어디서나 말씀의 온전한 통로가 되게 해주셔서, 미몽에 빠져 있는 이 나라가 하나님의 말씀에 의해 회복되게 해주십시오. 대통령에게, 이 위기상황 속에서 버려야 할 것과 취해야 할 것을 바르게 분별하는 지혜와 용기를 부어 주십시오. 정치인들에게, 진영논리와 당리당략에서 벗어나 우리의 후손이 대대로 살아갈 대한민국의 미래를 위해 지금 무엇을 해야 할 것인지를 바르게 헤아리는 통찰력을 내려주십시오. 온 국민에게, 욕망과 미신의 미몽에서 벗어나 진리의 길, 의의 길을 좇는 바른 마음을 심어 주십시오. 그리하여 지금의 혼란이 온 국민과 더불어 참 웃음을 누리고 함께 존귀하게 되는, 새로운 미래를 향한 전화위복의 계기가 되게 해주십시오. 아멘.

8. 다 아는 바라

사도행전 26장 1-5절

아그립바가 바울에게 이르되 너를 위하여 말하기를 네게 허락하노라 하니 이에 바울이 손을 들어 변명하되 아그립바 왕이여 유대인이 고발하는 모든 일을 오늘 당신 앞에서 변명하게 된 것을 다행히 여기나이다 특히 당신이 유대인의 모든 풍속과 문제를 아심이니이다 그러므로 내 말을 너그러이 들으시기를 바라나이다 내가 처음부터 내 민족과 더불어 예루살렘에서 젊었을 때 생활한 상황을 유대인이 **다 아는 바라** 일찍부터 나를 알았으니 그들이 증언하려 하면 내가 우리 종교의 가장 엄한 파를 따라 바리새인의 생활을 하였다고 할 것이라

2년이나 헤롯궁에 구금당해 있던 바울은, 베스도 총독이 개최한 청문회장에 영문도 모르고 불려나갔다가, 뜻밖에도 아그립바 왕과 왕비 버니게 앞에서 주님을 증언하게 되었습니다. 약 30년 전 다메섹 도상에서 바울을 불러내신 주님께서 아나니아를 통해 바울에게 약속하신 말씀, 임금 앞에서도 당신의 증인으로 사용하시겠다는 주님의 언약이 인생 말년에 접어든 바울의

삶 속에서 신묘막측하게 이루어지는 순간이었습니다. 그 순간 바울이 얼마나 감격했던지 두 손을 쭉 내밀며, 아그립바 왕 당신 앞에서 변증하게 된 것은 하나님의 복이요 은혜라고 고백하였습니다. 바울은 아그립바 왕에게 손을 내밀거나, 그렇게 고백한 것이 아니었습니다. 아그립바 왕과 왕비 버니게 배후에서 당신의 언약을 한 치의 오차도 없이 신비롭게 성취하신 삼위일체 하나님께 두 손을 내밀며, 그 하나님을 찬양한 것이었습니다.

하지만 아그립바 왕은 그런 내막을 알 리가 없었습니다. 그는 바울의 행동과 고백을 보고 들으면서, 바울이 자신을 칭송하고 찬양하는 것으로 착각했을 것입니다. 바울과 아그립바 왕 간에 대화의 채널이 서로 달랐기 때문입니다. 아그립바 왕의 채널이 세속적이었다면, 바울의 채널은 영적이었습니다. 그리스도인은 이 세상에서 일어나고 있는 모든 사건사고 배후에 계신 하나님을 보고, 군중의 함성 속에서도 세미한 하나님의 말씀을 듣는 영적 채널을 지녀야 합니다. 그 영적 채널 없이, 그리스도인이 온갖 맘몬이 판을 치는 이 세상에서 자신을 구별하여 거룩한 진리의 길을 좇을 수는 없습니다.

바울의 증언은 3절로 이어집니다.

> 특히 당신이 유대인의 모든 풍속과 문제를 아심이다. 그러므로 내 말을 너그러이 들으시기를 바라나이다.

원문을 그대로 옮기자면, 바울은 아그립바 왕에게 '당신은 유대인의 모든 풍속과 율법의 쟁점들에 관한 전문가이십니다'라고 말했습니다. 대제사장 무리는 바울을 유대인의 종교법, 다시 말해 율법을 걸어서도 고발하였습니다. 갓 부임한 신임총독 베스도는 유대인의 율법에 대해서는 문외한이었지만, 예루살렘성전 관리자인 동시에 대제사장 임명권을 갖고 있던 아그립바 왕은 유대인의 풍속은 말할 것도 없고, 율법의 쟁점들에 대해서도 잘 알고 있었습니다. 바울은 그 점을 부각시키면서, 아그립바 왕이 자신의 증언을 "너그러이" 들어 주기를 요청하였습니다. '너그러이' 들어 달라는 것은, 바울이 지금부터 작심하고 할 말을 다 하겠다는 의미였습니다.

> 내가 처음부터 내 민족과 더불어 예루살렘에서 젊었을 때 생활한 상황을
> 유대인이 다 아는 바라(4절).

바울은 본래, 오늘날 터키 대륙 동남쪽에 위치한 길리기아의 다소 출신이었습니다. 그는 일찍이 예루살렘으로 유학하여, 당시 최고의 율법 선생이었던 가말리엘에게 수학하였습니다. 이를테면 바울 역시 율법 전문가인 셈이었습니다. 청년 바울이 가말리엘 문하에서 얼마나 율법을 열심히 공부했는지, 그가 유대인이라는 사실에 얼마나 큰 긍지를 갖고 있었는지, 그리고 얼마나 열렬한 유대교 신봉자였는지는, 당시의 예루살렘 유대인들이 모두 알고 있었습니다. 그래서 바울은 '내가 젊었을 때 생활한 상황을 유대인이 다 아는 바'라고 말했습니다. 우리말 "생활한 상황"으로 번역된 헬라어 명사 '비오시스βίωσις'는 '생활양식'이나 '행동방식'을 뜻합니다. 유대인들은 겉으로 드러나 보이는 바울의 행동뿐 아니라, 그 바탕을 이루는 바울의 생활양식이나 행동방식까지 다 알고 있었습니다.

> 일찍부터 나를 알았으니 그들이 증언하려 하면, 내가 우리 종교의 가장
> 엄한 파를 따라 바리새인의 생활을 하였다고 할 것이라(5절).

우리말 "일찍부터"로 번역된 헬라어 부사 '아노덴ἄνωθεν'은 '처음부터'란 뜻

입니다. 예루살렘의 유대인들은 청년 바울의 삶을 처음부터 그렇게 쭉 알아왔습니다. 그래서 만약 그들이 바울에 대해 증언하려 한다면 그들은 주저하지 않고, 바울이 유대교에서 율법 준수나 생활규범에 관한 한 가장 엄격한 종파인 바리새인이었다고 증언할 것이었습니다. 청년 바울이 그렇게 살았음을 유대인들이 다 보고, 알고 있었기 때문입니다.

더욱이 청년 바울은 예수님을 십자가에 못박아 죽인 유대교 지도자들의 절대적인 신임 속에, 교회를 짓밟는 선봉대장 역할을 하였습니다. 유대인들은 그 사실 역시 다 알고 있었습니다. 오죽했으면 다메섹의 아나니아가 바울의 회심 사실을 일러 주시는 주님의 말씀을 선뜻 받아들이지 못하고, 오히려 주님께 바울의 회심에 대해 의구심을 표명했겠습니까? 예루살렘에서 213킬로미터나 떨어진 다메섹의 유대인들까지도, 교회를 짓밟는 청년 바울에 대해 그렇듯 모두 알고 있었던 것입니다.

이처럼 당시의 유대인들은 청년 바울의 삶을 다 알고 있었습니다. 겉으로 드러나 보이는 바울의 행동뿐 아니라, 그 바탕을 이루는 생활양식이나 행동방식까지 다 알고 있었습니다. 바울의 삶은 일말의 숨김도 없이, 매사에 걸쳐 그렇게 투명하였습니다. 그것은 바울이 부당하고 불의하게 사욕을 추구한 적이 없었음을 의미합니다. 부당하고 불의하게 사욕을 추구하는 사람들은 숨기고 감추는 것이 많습니다. 불의하게 얻은 재물뿐 아니라, 불의하게 축재한 삶의 과정도 숨기고 감추기 마련입니다. 그래서 그런 사람의 삶은 결과적으로 표리부동할 수밖에 없습니다. 삶 속에서 숨기고 감추는 부분과, 겉으로 드러내 보이는 부분이 일치할 수 없는 까닭입니다. 그런 사람과는 아무리 오래도록 관계를 맺어도, 그 사람의 실체를 알 수는 없습니다. 그의 드러난 모습은 그의 총체적 실체가 아닌 일부분에 지나지 않을 뿐더러, 그것마저 의도적으로 꾸며낸 모습이기 때문입니다.

만약 청년 바울이 자신의 사욕을 위해 율법에 열심이었다면, 불의하게 사욕을 채우기 위해 교회를 짓밟고 그리스도인들을 박해하였다면, 그 결과 부당하고 불의하게 축재한 것들이 있었다면, 바울 역시 불의한 재물과 함께 불의에 연루된 자기 삶의 과정마저 아무도 모르게 반드시 숨기고 감추었을 것입니다. 그랬더라면 당시의 유대인들이 그를 다 알 수 있었을 턱이 없습니다. 바울이 율법에 열심이었던 것은 하나님에 대한 열정으로 인함이었습니다. 예수님을 신성모독죄로 못박아 죽인 유대교를 수호하기 위해 교회를 짓밟는 선봉대장을 자임한 것도 하나님에 대한 열심이었습니다. 그가 하나님을 오해하고, 율법을 구원을 위한 절대조건으로 잘못 알았을망정, 하나님을 향한 그의 마음만은 늘 순전하였습니다. 그래서 청년 바울은 하나님 뜻과는 달리 교회를 짓밟을 때에도 숨기거나 감출 것이 전혀 없었고, 유대인들은 그와 같은 바울의 삶을 속속들이 들여다볼 수 있었습니다.

바울이 청년 시절에만 그렇게 살았던 것은 아니었습니다. 우리는 사도행전 20장에서, 바울이 에베소의 장로들에게 남긴 유언의 내용을 상세하게 살펴보았었습니다. 바울의 유언은 이렇게 시작되었습니다.

> 아시아에 들어온 첫날부터 지금까지 내가 항상 여러분 가운데서 어떻게 행하였는지를 여러분도 아는 바니(행 20:18).

헬라어 원문의 순서에 따라 원문의 뉘앙스를 그대로 우리말로 옮기면, 바울은 다음과 같이 말하였다고 했습니다.

> 여러분도 알고 있습니다. 아시아에 첫발을 내디딘 이래, 내가 여러분 가

운데서 항상 어떻게 살아왔는지를 말입니다.

바울은 3차 전도 여행 중에 로마제국 행정구역상 아시아에 속한 에베소에 첫발을 내디딘 이후, 지난 3년 동안 자신이 어떻게 살아왔는지 에베소의 장로들 여러분이 다 알고 있다는 말로 유언을 시작하였습니다. 그리고 바울은 이렇게 유언을 끝맺었습니다.

> 여러분이 아는 바와 같이, 이 손으로 나와 내 동행들이 쓰는 것을 충당하여 범사에 여러분에게 모본을 보여 준 바와 같이, 수고하여 약한 사람들을 돕고 또 주 예수께서 친히 말씀하신 바 주는 것이 받는 것보다 복이 있다 하심을 기억하여야 할지니라(행 20:34-35).

바울은 자신이 "범사에 모본을 보여" 주는 삶을 살아왔음은 '여러분이 아는 바와 같다'고 유언을 끝맺었습니다. 여러분이 '알고 있다'는 말로 시작한 바울의 유언이, 여러분이 '아는 바와 같다'는 말로 끝난 것입니다. 인생 말년에 접어든 노년에 이르러서도, 바울의 삶엔 숨기거나 감출 것이 아무것도 없었습니다. 바울의 일생이 하나님 앞에서 일관되게 투명했던 것입니다.

이상과 같은 사실은 우리에게 대단히 중요한 교훈을 안겨 주고 있습니다. 바울처럼, 하나님과 사람 앞에서 아무것도 숨기거나 감출 것 없이 투명하게 살아가는 사람의 삶이 삼위일체 하나님의 통로로 쓰임 받을 수 있다는 교훈입니다. 그렇지 않겠습니까? 무언가를 끊임없이 숨기고 감추어야 하는 불투명한 사람의 삶이, 어떻게 진리이신 거룩한 하나님의 통로가 될 수 있겠습니까?

예수님을 두 번째로 만난 세례자 요한이 예수님을 가리켜 "보라, 하나님의 어린 양이로다"(요 1:36)라고 말했습니다. 인간을 구원하실 메시아, 즉 구원자 그리스도시라는 말이었습니다. 그 말을 들은 세례자 요한의 제자 두 명이 예수님을 따르기 시작했습니다.

> 예수께서 돌이켜 그 따르는 것을 보시고 물어 이르시되, 무엇을 구하느냐? 이르되, 랍비여 어디 계시오니까 하니 (랍비는 번역하면 선생이라)
> (요 1:38).

예수님께서는 줄곧 당신을 따르는 요한의 두 제자들에게 "무엇을 구하느냐?"고 물으셨습니다. 무엇을 얻으려 하느냐는 질문이었습니다. 무엇이든 원하는 대로 주시겠다는 뉘앙스입니다. 하지만 그들은 자기 욕망의 것들을 구하지 않았습니다. 그들은 예수님께 '선생님, 어디에서 살고 계십니까?' 하고 여쭈었습니다. 그들은 예수님의 삶의 현장을 직접 가서 보기를 원한 것이었습니다.

> 예수께서 이르시되 와서 보라. 그러므로 그들이 가서 계신 데를 보고 그날 함께 거하니 때가 열 시쯤 되었더라(요 1:39).

그들의 요청에 예수님께서는 흔쾌히 "와서 보라"고 대답하시고, 그들을 당신의 거처로 데리고 가셨습니다. 만약 당신께 사람들 앞에서 호리라도 숨기거나 감출 것이 있었다면, 예수님께서 그들을 그렇게 흔쾌하게 당신의 거처로 데려가시지는 못했을 것입니다. 요한의 두 제자들은 예수님을 따라가, 예수님의 삶의 현장을 자신들의 두 눈으로 직접 보고 확인하였습니다. 그리고

10시, 오늘날의 시간으로 오후 4시경이 되기까지 온종일 예수님의 거처에서 예수님과 함께 지냈습니다.

> 요한의 말을 듣고 예수를 따르는 두 사람 중의 하나는 시몬 베드로의 형제 안드레라. 그가 먼저 자기의 형제 시몬을 찾아 말하되, 우리가 메시아를 만났다 하고 (메시아는 번역하면 그리스도라) 데리고 예수께로 오니, 예수께서 보시고 이르시되, 네가 요한의 아들 시몬이니 장차 게바라 하리라 하시니라 (게바는 번역하면 베드로라) (요 1:40~42).

　예수님의 삶의 현장을 확인한 요한의 두 제자 가운데 한 명은, 나중에 예수님의 제자가 된 안드레였습니다. 안드레는 예수님의 거처에서 나오자마자 집으로 달려가 자신의 형제 베드로에게 "메시아를 만났다"고 외치고는, 베드로를 예수님께 데리고 갔습니다. 중요한 사실은 예수님을 처음 만나 '선생님'이라고 불렀던 안드레가 예수님의 삶의 현장을 직접 찾아가 자신의 두 눈으로 보고 확인한 후에는, 예수님을 '메시아'라고 선언했다는 것입니다.
　예수님께서 메시아라는 스승 요한의 말을 들은 안드레는 예수님께 '당신이 정말 메시아십니까?' 하고 질문하지 않았습니다. 안드레는 예수님의 말로 예수님의 메시아 되심을 확인하려 하지 않았습니다. 그대신 안드레는 예수님께 '선생님, 어디에서 살고 계십니까?' 하고 여쭈었습니다. 예수님의 말이 아니라, 예수님의 삶의 현장에서 예수님의 삶을 직접 보고 예수님의 메시아 되심을 확인하려 한 것입니다. 그리고 예수님의 거처로 직접 가서, 예수님의 삶의 현장을 온종일 자신의 두 눈으로 확인한 안드레는 예수님에 대한 호칭을 '선생님'에서 '메시아'로 바꾸어 불렀습니다. 세상 사람들과 확연하게 구별된 예수님의 거룩한 삶, 호리라도 숨기거나 감춘 것이 없는 예수님의 수

정처럼 투명한 삶, 하나님의 생명과 진리의 말씀이 베어나는 예수님의 영성의 삶을 직접 보고, 예수님께서 인간을 구원하기 위해 이 땅에 오신 메시아이심을 확인한 것이었습니다.

세상 사람들이 우리에게 '당신이 목사입니까?' '당신이 장로 권사입니까?' '당신이 그리스도인입니까?'라고 묻는다면, 우리는 무엇이라 대답해야 하겠습니까? 우리 역시 예수님처럼 '와서 보십시오'라고 대답할 수 있어야 합니다. '세상과 구별된 나의 삶을 보고, 내가 목사인 것을 확인하십시오.' '하나님과 사람 앞에서 아무것도 숨기거나 감출 것이 없는 나의 삶을 보고, 내가 장로 권사임을 아십시오.' '하나님과 사람 앞에서 투명하게 살아가는 나의 삶을 보면, 내가 그리스도인임을 알게 될 것입니다.' 이렇게 자신 있게 대답할 수 있어야 합니다. 세상 사람들은 우리가 참된 그리스도인인지 아닌지의 여부를, 우리의 말이 아니라 우리의 삶으로 확인함을 잊어서는 안 됩니다.

〈성숙자반〉에서 그리스도인의 삶과 가정 그리고 일터는 세상 사람들이 들여다보는 쇼윈도, 진열장이어야 한다고 배웠습니다. 이 세상 어디에도 불투명한 쇼윈도는 없습니다. 쇼윈도는 무엇을 숨기거나 감추기 위한 공간이 아닙니다. 쇼윈도는 그 속의 진열품들을 누구든지 들여다볼 수 있게 하기 위한 공간이므로, 반드시 투명해야만 합니다. 그리스도인의 삶과 가정과 일터도 그러해야 합니다. 그리스도인이 주님의 증인이라는 것은, 주님처럼 그 무엇도 숨기거나 감출 것이 없는 투명한 삶을 살아가는 것을 의미합니다.

어떻습니까? 우리 각자의 삶엔, 속을 들여다볼 수 있는 투명한 유리가 끼워져 있습니까? 남편과 아내가, 부모와 자식이, 서로 무언가 숨기거나 감추며 살고 있는 것은 아닙니까? 그래서 부부 간에, 부모자식 간에, 서로 아는 것 같으면서도 사실은 제대로 알지도 못한 채, 단지 아는 것처럼 착각하며 살고 있는 것은 아닙니까? 직장 동료들, 윗사람들, 아랫사람들, 세상 사람들 모르게, 이미 많은 것들을 숨기고 감추어 둔 것은 아닙니까? 그 결과 겉으로 드러난 지금의 모습은 의도적으로 꾸며낸 모습에 불과한 것은 아닙니까? 그래서야 참된 그리스도인이라 할 수 있겠습니까?

우리 각자의 가정이란 쇼윈도 속에는 무엇이 투명하게 진열되어 있습니까? 세상과 구별된 거룩한 생각과 언행 그리고 예의범절이 진열되어 있습니까? 서로 위하고 존중하며 희생하는 사랑이 진열되어 있습니까? 수고하고 일하며 땀 흘려 얻은 결과에 자족하는 행복이 진열되어 있습니까? 하나님의 말씀을 묵상하고 그분 앞에 무릎 꿇는 영성의 우물이 진열되어 있습니까? 그렇다면 우리의 가정은 지금 하나님의 통로로 쓰임 받고 있음이 분명합니다.

우리 각자의 일터란 쇼윈도는 또 어떻습니까? 우리의 일터가 하나님의 영광을 드러내고 있습니까, 오히려 가리고 있습니까? 우리의 일터가 우리 자신의 유익만을 추구하는 이기적인 쇼윈도입니까, 동료와 거래처 그리고 고객의 유익까지 더불어 도모하는 공동체적 쇼윈도입니까? 세상 사람들이 들여다보기에 우리의 일터는 이윤 추구만을 위한 경제 시스템입니까, 말씀에 입각하여 이웃 사랑을 구현하기 위한 언약 시스템입니까?

우리 교회는 창립 초기부터 매달 교우님들께 재정원장 자체를 공개하면서, 1원 단위까지 투명하게 재정 상황을 보고하고 있습니다. 그래서 한국 교회에 '100주년기념교회식 재정운영'이라는 용어까지 생겨났습니다. 우리 교회를 본받는 교회가 그만큼 많아졌다는 말입니다. 우리 교회는 또, 소위 밀실에서 결정되는 일이 없습니다. 무엇 하나 숨기거나 감출 것이 없이, 모든 의사결정의 과정이 투명하게 공개되어 있습니다. 이에 대해 교우님들은 큰 긍지를 갖고 있습니다. 그러나 긍지를 갖는 것만으로 그쳐서는 안 됩니다.

우리가 진정 주님을 주인으로 모시고 신앙의 생활화와 생활의 신앙화를 지향하는 100주년기념교회 교인이라면, 우리의 삶과 가정과 일터도 그렇게 투명하게 가꾸어야 합니다. 부당하고 불의한 것을 숨기고 감추는 삶이 얼마나 가공할 결과를 초래하는지는, 어제도 광화문에서 100만 인파가 운집한 촛불집회로 입증되지 않았습니까?

우리 모두 바울처럼, 하나님과 사람 앞에서 그 무엇도 숨기거나 감출 것이 없는, 투명한 삶을 살아가십시다. 예수님처럼, 우리의 쇼윈도를 '와서 보라'고 스스럼 없이 세상 사람들을 초청하는 그분의 제자들이 되십시다. 그리스도인이 자신의 삶을 무엇 하나 숨기거나 감추지 않는 투명한 쇼윈도로 일구는 것 자체가 바로 그리스도인의 거룩이요, 순결이요, 정직이요, 절제이며, 의입니다. 하나님께서는 그와 같은 우리의 쇼윈도를 당신의 짧지 않은 손으로 당신의 진선미를 드러내시는 통로, 당신의 쇼윈도로 친히 사용하실 것입니다. 그래서 세상 사람들은 우리의 쇼윈도를 들여다보며 '행복은 저런 것이구나', '저런 상황 속에서도 감사하며 기뻐할 수 있구나', '그리스도인으로 살아간다는 것은 저런 삶을 뜻하는구나', '그리스도인은 기업을 저렇게 운영하는 것이구나' 하고 알게 될 것입니다.

죄 많은 우리가 주님의 은혜 속에서 우리의 삶을, 주님을 위한 투명한 쇼윈도로 일구어갈 수 있다는 것은, 생각하면 생각할수록 황홀한 복음입니다.

그날이 불현듯 닥치면 모든 것 내려놓고 벌거벗은 몸으로 떠날 뿐인데, 죽은 사람의 수의에는 주머니가 없어 아무것도 가져갈 수 없는데, 우리는 더 많이 소유하기 위해 수많은 것들을 숨기고 감추며 살아왔습니다. 그 결과 세상 사람들이 우리의 실체를 알지 못하는 것은 말할 것도 없고, 우리 역시 우리 자신을 제대로 알지 못한 채, 우리 자신이 의도적으로 꾸며낸 모습이 마치 우리의 실체인 것처럼 스스로 속으며 살아왔습니다. 우리가 그리스도인이면서도 하나님의 통로로 쓰임 받지는 못한 까닭이, 그렇듯 불투명한 우리의 삶에 있었음을 깨닫게 해주셔서 감사합니다. 이제부터 우리 모두 바울처럼, 하나님과 사람 앞에서 일말의 숨김도 없이, 매사에 투명한 삶을 살게 해주십시오. 우리 자신의 삶과 가정과 일터를 누구나 들여다볼 수 있는 쇼윈도로 일구어, '와서 보라'고 세상 사람들을 초청하는 주님의 제자로 살아가게 해주십시오. 주님의 증인이 된다는 것은 자신의 삶을, 주님을 드러내기 위한 쇼윈도로 일구는 것이요, 그것은 곧 자기 자신을 주님 안에서 존귀하게 세우는 것임을 잊지 말게 해주십시오. 날이 갈수록 이 땅에 주님을 드러내는 쇼윈도가 점점 더 많아지게 해주셔서, 이 땅의 교회와 우리나라가 그 무엇도 숨기거나 감추지 않는, 투명하고도 의로운 언약 공동체로 일구어져 가게 해주십시오. 아멘.

9. 어찌하여 못 믿을 것으로 감사주일

사도행전 26장 6-8절

이제도 여기 서서 심문 받는 것은 하나님이 우리 조상에게 약속하신 것을 바라는 까닭이니 이 약속은 우리 열두 지파가 밤낮으로 간절히 하나님을 받들어 섬김으로 얻기를 바라는 바인데 아그립바 왕이여 이 소망으로 말미암아 내가 유대인들에게 고소를 당하는 것이니이다 당신들은 하나님이 죽은 사람을 살리심을 **어찌하여 못 믿을 것으로** 여기나이까

바울은 지금, 아그립바 왕의 요청으로 베스도 총독이 개최한 청문회장에서 자기 변증을 하고 있습니다. 바울에게 자기 변증은 주님을 증언하는 것이었습니다. 바울은 자신이 청년 시절에 어떤 삶을 살았었는지 당시의 유대인들이 다 알고 있다는 말로, 본격적으로 자기 변증을 시작하였습니다. 무엇 하나 숨기거나 감출 것 없었던 청년 바울의 삶은, 속이 환히 들여다보이는 투명한 쇼윈도와 같았습니다. 당시 하나님과 동떨어져 있던 유대교의 영향 속에서 청년 바울이 하나님을 오해하고, 율법을 구원을 위한 절대조건

으로 잘못 알았을망정, 하나님을 향한 그의 마음만은 늘 순전하였습니다. 그래서 그가 하나님의 뜻과는 달리 교회를 짓밟을 때에도, 부당하고 불의하게 자신의 사욕을 추구한 적은 없었습니다. 청년 바울의 삶의 토대가 하나님에 대한 열심과 열정이었을 뿐, 부당하고 불의한 자기 사욕이 아니었기 때문입니다. 청년 바울을 알고 있던 유대인들 가운데 그 사실을 모르는 사람은 없었습니다.

바울의 증언은 6절로 이어지고 있습니다.

> 이제도 여기 서서 심문 받는 것은, 하나님이 우리 조상에게 약속하신 것을 바라는 까닭이니.

우리말 "바라는"으로 번역된 헬라어 명사 '엘피스ἐλπίς'는 '소망'을 의미합니다. 바울이 본문의 청문회장에 다시 호출당한 것은, 그가 로마제국의 실정법을 위반했거나 유대인들의 종교법을 어겼기 때문이 아니었습니다. 이유가 있다면 단 하나, 조상 대대로 전해져 오는 하나님의 약속에 대한 바울의 소망 때문이었습니다. 바울의 소망은 세상의 부귀영화나 입신양명에 있지 않았습니다. 주님의 부르심을 받은 이후, 바울의 소망은 언제 어디서나 변함이 없었습니다. 오직 하나님의 약속에 대한 소망이었습니다.

> 이 약속은 우리 열두 지파가 밤낮으로 간절히 하나님을 받들어 섬김으로 얻기를 바라는 바인데(7절 상).

우리말 "바라는 바"로 번역된 헬라어 동사 '엘피조ἐλπίζω'는 '소망'을 뜻하는 명사 '엘피스'의 동사형으로 '소망하다'는 뜻입니다. 바울이 본문에서 소망한다고 언급한 하나님의 약속은 바울 개인의 소망이 아니라 이스라엘 열두 지파, 다시 말해 유대인이라면 남녀노소를 불문하고 누구나 소망하고 있는 소망이었습니다. 바로 메시아에 대한 하나님의 약속이었습니다.

하나님께서는 여러 선지자들을 통해 메시아를 약속하셨습니다. 이 땅에 메시아를 보내셔서 당신의 백성을 구원해 주시리라는 약속이었습니다. 다윗의 아들 솔로몬 왕이 죽은 후에 이스라엘은 북왕국과 남왕국으로 분열되었습니다. 그리고 북왕국은 주전 722년 앗시리아제국에 의해, 남왕국은 주전 586년 바빌로니아제국에 의해 멸망당했습니다. 그 이후에도 수백 년 동안 페르시아제국, 헬라제국, 로마제국의 지배를 받아오면서, 자신들을 구원해 줄 메시아에 대한 유대인들의 소망은 더욱 간절해졌습니다.

> 아그립바 왕이여, 이 소망으로 말미암아 내가 유대인들에게 고소를 당하는 것이니이다(7절 하).

참 이상하지 않습니까? 바울의 소망과, 바울을 고발한 대제사장 무리의 소망이, 서로 별개의 소망이 아니었습니다. 바울도, 바울을 고발한 대제사장 무리도, 하나님께서 약속하신 메시아에 대한 동일한 소망을 지니고 있었습니다. 하지만 메시아에 대한 소망을 지닌 바울이, 메시아에 대한 동일한 소망을 지닌 대제사장 무리에 의해 고발당하는 이변이 벌어졌습니다. 이 사태를 대체 어떻게 이해해야 하겠습니까?

믿음의 참됨 여부는 믿음의 행위가 아니라, 믿음의 대상에 의해 가려집니다. 무당을 찾아가 굿을 하는 사람들은 엄청난 금액의 시주도 아까워하지 않고, 두 손을 비비며 기도하는 모습은 사뭇 엄숙해 보이기도 합니다. 그와 같은 행위 자체만으로는, 그들이 대단한 믿음을 지닌 것처럼 보입니다. 그러나 그들의 믿음의 대상이 잡스러운 귀신에 지나지 않기에, 그들의 믿음은 인간을 바로 세워 주는 참된 믿음이 아니라, 도리어 인간을 미몽에 빠뜨리는 하찮은 미신일 뿐입니다. 이처럼 믿음의 대상이, 믿음의 참됨 여부를 결정합니다.

바울도, 바울을 고발한 대제사장 무리도, 똑같이 여호와 하나님을 믿었습니다. 그리고 그들은 모두, 하나님께서 약속하신 메시아에 대한 소망을 지니고 있었습니다. 그러나 대제사장 무리가 소망한 메시아는 정치적인 메시아였습니다. 그들은 하나님께서 로마제국을 몰아내고, 그들에게 정치적인 독립과 번영을 안겨다 줄 정치적인 메시아를 보내 주시리라 확신하고 있었습니다. 그와 같은 세속적인 메시아관으로 볼 때, 달동네 나사렛 출신에 비천한 몰골의 예수는 메시아이기는커녕, 메시아를 참칭하는 사기꾼에 지나지 않았습니다. 대제사장 무리가 그 예수를 십자가에 못박아 죽인 것은, 그들의 메시아관에서 보자면 지극히 당연한 일이었습니다.

청년 시절의 바울 역시 그들과 동일한 메시아를 소망하였습니다. 청년 시절의 바울이 교회를 짓밟는 선봉대장 역할을 자임한 것도, 메시아를 참칭하다가 십자가에 못박혀 죽은 나사렛 예수가 부활했다고 주장하는 그리스도인들을 혹세무민의 불순집단으로 간주한 까닭이었습니다. 하지만 바울이 다메섹 도상에서 메시아의 부르심을 받고 보니, 자신이 그동안 그토록 부정해 왔던 나사렛 예수가 바로 메시아 즉 그리스도셨습니다. 하나님께서 이 땅에 보내신 메시아는 로마제국을 몰아내고 정치적인 독립과 번영을 안겨 주는 세속적인 메시아가 아니었습니다. 인간이 받아야 할 죽음의 죗값을 대신 치르기 위해 십자가의 제물로 돌아가신 나사렛 예수, 죽음을 깨뜨리고 부활하심으로 인간에게 영원한 생명의 길을 열어 주신 십자가의 예수, 그분이 하나님께서 보내 주신 영원한 구원의 메시아였습니다. 그날 이후로 청년 바울은 그동안 자신이 지녀 왔던 그릇된 메시아관을 버렸습니다. 그에게 메시아는 나사렛 예수 한 분이었고, 그의 소망도 오직 십자가의 예수 그리스도 한 분뿐이었습니다.

바울도, 대제사장 무리도, 명목상으로는 동일한 여호와 하나님을 믿었습니다. 그리고 그들은 모두, 하나님께서 약속하신 메시아에 대한 동일한 소망을 지니고 있었습니다. 그렇지만 바울과 대제사장 무리가 각각 소망한 메시아는 이렇게 판이하게 달랐습니다. 그 이유는, 바울과 대제사장 무리의 믿음의 대상인 하나님이 서로 달랐기 때문입니다. 바울과 대제사장 무리는 명목상으로는 동일한 여호와 하나님을 믿는 것처럼 보였습니다. 그러나 그것은 사실이 아니었습니다. 대제사장 무리는 하나님께서 이 땅에 반드시 정치적인 독립과 번영을 안겨 줄 정치적인 메시아를 보내 주실 것이라는, 자신들의 바람을 하나님께 투사한 하나님의 허상을 믿었습니다. 명목상으로는 하나님을 믿는 것처럼 보였지만, 실제로는 자신들이 만들어 낸 하나님의 허상을 하나님이라고 믿는 자기 숭배자들이었습니다. 반면에 다메섹 도상에서 주님을 만난 바울에게 믿음의 대상은 더 이상 하나님의 허상이 아니라, 성경을 통해 당신을 계시하신 대로 실재하시는 삼위일체 하나님이셨습니다.

이렇듯 바울이 믿음의 대상으로 삼은 하나님과, 대제사장 무리가 믿음의 대상으로 삼은 하나님이 본질적으로 다르다 보니, 그들이 모두 하나님께서 약속하신 메시아에 대한 소망을 지니고 있었으면서도, 정작 그들이 소망한 메시아는 서로 판이하게 다른 메시아일 수밖에 없었습니다. 바울이 소망한 메시아가 하나님께서 실제로 이 땅에 메시아로 보내신 예수 그리스도셨다면, 대제사장 무리가 소망한 메시아는 그들의 필요에 의해 만들어진 허구의 메시아였습니다. 그 결과 메시아에 대한 소망 때문에 바울이, 메시아를 소망한 대제사장 무리에 의해 고발당하는 진풍경이 벌어지게 된 것이었습니다.

그래서 청문회장의 바울이 이렇게 반문하였습니다.

> 당신들은 하나님이 죽은 사람을 살리심을 어찌하여 못 믿을 것으로 여기나이까(8절)

바울이 언급한 "당신들"은, 지금 청문회장에 앉아 있는 아그립바 왕 일행과 베스도 총독 진영의 고위 관리들만을 일컫는 것은 아닙니다. 그 현장에 동석해 있는 것은 아니지만, 예수님의 메시아 되심과 부활을 부정하는 대제사장 무리를 포함한 모든 유대인들을 통틀어 바울이 그렇게 강조하여 통칭한 것이었습니다.

대제사장 무리는 자신들이 만든 하나님의 허상을 믿고 있었습니다. 그 하나님의 허상이 보낼 메시아 역시 정치적인 독립과 번영을 안겨 줄 허구의 메시아였습니다. 그 관점에서 볼 때 나사렛 예수는 메시아를 참칭하는 사기꾼이었고, 자신들이 못박아 죽인 예수가 부활했다고 주장하는 그리스도인들은 혹세무민의 불순무리에 지나지 않았습니다.

그러나 바울은 성경을 통해 당신을 계시해 주신, 살아 계신 하나님을 믿었습니다. 그 하나님께서는 창세기 1장 1절에서부터 당신을, 천지를 창조하신 하나님으로 계시하셨습니다. 창조는 '무'에서 '유'가, '없음'에서 '있음'이 가능하게 하는 것입니다. 그것은 불가능이 없는, 전능으로만 가능합니다. 그러므로 '창조주 하나님'은 '전능하신 하나님'과 동의어입니다. 창조자는 전능자이고, 전능자에게는 모든 것이 가능합니다. 그 하나님께서 인간을 죽음의 형벌에서 구원하시기 위해 당신의 독생자로 하여금 십자가의 제물이 되게 하셨습니다. 그렇다면 전능하신 하나님께, 당신의 명령에 순종하여 십자가의 제물로 돌아가신 당신의 독생자를 죽음에서 일으키시는 것이 불가능하겠습니까? 그런 능력도 없이 당신의 독생자를 제물로 죽이기만 한다면, 그런 하나님이 과연 창조자이자 전능한 구원자일 수 있겠습니까?

그래서 바울은, 여러분은 하나님이 죽은 사람을 살리심을 어찌하여 못 믿을 것으로 속단하느냐고 반문하지 않을 수 없었습니다. 그것은 바울 자신은 그 사실을 추호의 의심도 없이 믿는다는 공개적인 선언인 동시에, 그러므로 이 세상 모든 사람도 믿으라는 간절한 당부이자 호소였습니다. 그러나 24절에 의하면 바울의 증언이 끝나자, 베스도 총독이 바울에게 '네가 미쳤다'고 소리쳤습니다. 베스도 총독이 보기에 바울이 미치지 않고서는 그런 허무맹랑한 소리를 할 리가 없다고 단정한 것이었습니다. 아그립바 왕도 바울의 증언을 받아들이지 않기는 매한가지였습니다.

본문의 시기는 대략 주후 60년경으로 추정되고 있습니다. 예수님께서 부활승천하신지 약 30년이 경과한 시점입니다. 바울을 고발한 대제사장 무리 가운데 나이 든 사람들은, 30년 전에 이 땅에 메시아로 오셨던 예수님을 직접 보았던 사람들이었습니다. 그렇지만 그들은 예수님을 메시아로 믿기는커녕 도리어 십자가에 못박아 죽여 버렸고, 30년이 지난 본문의 시점에 이르러서도, 예수님께서 그리스도시라고 증언하는 바울마저 고발하여 어떻게 해서든 죽이려고 했습니다.

바울은 그 반대였습니다. 바울은 청년 시절에 이 땅에 오신 예수님을 직접 만난 적이 없었습니다. 게다가 예수님을 부정하면서, 교회를 짓밟는 선봉대장이었습니다. 그랬던 바울이 지금은 거꾸로 예수님의 증인이 되어 세상을 향해, 하나님께서 죽은 사람을 살리심을 왜 못 믿을 것으로 속단하느냐고 반문하고 있습니다. 그가 예수님께서 그리스도이심을 믿는 믿음의 선봉대장으로 거듭난 것입니다. 그것은 오직 하나님의 은혜로 인함이었습니다. 그래서 바울은 에베소서 2장 8절을 통해 이렇게 고백하였습니다.

> 너희는 그 은혜에 의하여 믿음으로 말미암아 구원을 받았으니, 이것은 너희에게서 난 것이 아니요 하나님의 선물이라.

바울에게 구원에 이르는 믿음은 그 자신의 노력의 산물이 아니라, 전적으로 하나님께서 거저 주신 하나님의 선물이었습니다. 교회를 짓밟던 바울을 삼위일체 하나님께서 먼저 찾아가셔서, 당신을 바르게 알고 믿는 믿음을 선물로 주신 것이었습니다. 바울에게 믿음의 동기는 자기 자신이 아니라, 하나님이셨습니다.

그렇다고 믿음과 관련하여 바울이 아무것도 하지 않았던 것은 아닙니다. 바울은 자신을 쳐서 복종시키고(고전 9:27), 날마다 자신이 죽을 정도로(고전 15:31) 자신의 의지를 다해 믿음의 삶을 살았습니다. 바울이 위대한 믿음의 표상이 될 수 있었던 것은, 그가 누구보다도 의지를 다해 주님 안에서 믿음의 삶을 살았기 때문입니다. 그러나 바울에게는 의지를 다해 믿음의 삶을 사는 것 자체도 하나님의 은혜였습니다. 하나님께서 그런 의지, 그런 마음, 그런 실천력, 그런 여건을 은혜로 허락해 주시지 않는다면, 자기에게 그런 삶 자체가 불가능함을 바울 자신이 잘 알고 있었기 때문입니다. 그래서 바울은 자신의 삶을 되돌아보며, '내가 나 된 것은 하나님의 은혜로 된 것'(고전 15:10)이라고 고백하기도 했습니다. 자신이 의지를 다해 주님을 좇는 믿음의 삶을 살 수 있었던 것 역시 하나님의 소중한 선물이었던 것입니다.

여기에서 우리는 중요한 사실을 깨닫게 됩니다. 이 땅에 메시아로 오신 예수님을 직접 보고, 예수님으로부터 복음을 직접 들었던 유대인들이 도리어 예수님을 십자가에 못박아 죽인 것은, 그들에게는 이 믿음의 선물이 주어지지 않았기 때문입니다. 하나님의 말씀을 맡았다는 대제사장 무리가 예수님께서 그리스도이심을 증언하는 바울을 수단과 방법을 가리지 않고 죽이려 했던 것도, 그들 역시 이 믿음의 선물을 받지 못한 까닭이었습니다. 자신의 법정과 청문회장에서 바울의 증언을 연이어 듣고서도 바울을 미쳤다고 속단한 베스도 총독도, 바울의 증언을 받아들이지 않았던 아그립바 왕도, 이 믿음의 선물과는 무관한 사람들이었습니다.

그 많은 사람들이 받지 못한 하나님의 선물을, 예수님을 부정하고 교회를 짓밟는 선봉대장이었던 바울이 받았다는 것은, 바울을 위한 하나님의 특별한 은총이 아닐 수 없었습니다. 바울은 하나님의 그 귀한 선물을 자기 홀로 독차지하려 하지 않았습니다. 바울은 일평생, 하나님의 그 귀한 선물을 받지 못한 사람들에 대한 빚진 마음으로 살았습니다. 그는 한 사람이라도 더 많은 사람에게 하나님의 그 선물을 전해 주는 하나님의 통로가 되기 위해, 온갖 박해와 도전과 위험 속에서도 세 차례나 지중해 세계를 누비고 다녔습니다. 이것이 오늘 감사주일을 맞은 우리에게 주님께서 본문을 통해 주시는 메시지입니다.

올 한 해 동안 자신의 계획이 어긋났을 수 있습니다. 건강을 해쳤을 수도 있습니다. 엉뚱하게 모함받고, 불이익을 당했을 수도 있습니다. 사랑하는 사람을 잃었을 수도 있습니다. 그럴지라도, 우리에게는 하나님께 감사드려야 할 절대적인 감사의 조건이 있습니다. 하나님께서 우리에게 소중한 믿음을 선물로 주셔서, 올 한 해 동안에도 우리가 믿음의 사람으로 살게 해주신 것입니다. 우리는 하나님께서 주신 그 믿음으로 우리 자신을 알고, 그 믿음으로 하나님을 알고, 그 믿음으로 예수 그리스도를 알아, 그 믿음으로 우리의 인생을 영원으로 건져 올리며, 그 믿음으로 죽음의 공동묘지도 뛰어넘게 되었습니다. 우리에게 그 믿음이 있는 한, 올 한 해 동안 어긋난 계획도, 잃어버린 건강도, 억울하게 당한 불이익도, 사랑하는 사람과의 작별도, 모두 하나님의 짧지 않은 손에 의해 합력하여 선으로 귀결될 것입니다. 물론 지금까지 믿음을 지키기 위해 우리의 의지와 노력도 동원되었습니다. 하지만 우리의 삶을 되돌아보면 되돌아볼수록 그것마저도, 우리에게 그런 삶이 가능할 수 있게끔 하나님께서 은혜로 베풀어 주신 하나님의 선물이었음을 고백하지 않을 수 없습니다.

오늘 감사주일을 맞아 우리 다 함께, 그 귀한 선물을 주신 하나님께 우리의 온 마음을 다해 감사드리십시다. 우리 역시 바울처럼 하나님의 그 선물을 아직 받지 못한 사람들에게 빚진 마음으로, 한 사람이라도 더 많은 사람에게 그 선물이 임하게끔 주님의 증인으로 살아가는 삶을 하나님께 감사의 예물로 바쳐 드리십시다. 그리고 창세기 1장 1절부터 요한계시록 22장 마지막 절까지, 하나님의 모든 말씀을 모두 믿을 수 있는 더 큰 믿음을 하나님께 간구하십시다. 이 혼란한 세상 속에서, 결코 짧지 않은 손을 지니신 전능하신 하나님을 온전히 믿는 믿음으로만 우리 자신을 지킬 수 있고, 믿음으로만 우리의 가정을 지킬 수 있고, 믿음으로만 우리의 일터를 지킬 수 있고, 믿음으로만 이 땅의 교회를 지킬 수 있고, 믿음으로만 이 나라를 지킬 수 있고, 믿음으로만 인류를 지킬 수 있습니다.

무릇 하나님께로부터 난 자마다 세상을 이기느니라. 세상을 이기는 승리는 이것이니, 우리의 믿음이니라(요일 5:4).

하나님께서 그 귀한 믿음을 우리에게 선물로 주셨음을 아는 것, 바로 거기서부터 참된 믿음이 시작됩니다.

우리는 다른 사람보다 더 윤리적이거나 도덕적이지 못했습니다. 오히려 그 반대였습니다. 그렇지만 하나님께서는 우리를 먼저 선택하시고, 성경을 통해 당신을 계시하신 하나님을 믿는 믿음을 우리에게 선물로 주셨습니다. 하나님께서, 천지를 창조하신 전능하신 하나님이심을 믿습니다. 하나님께서, 당신의 백성을 이집트의 노예살이에서 해방시키기 위해 홍해를 가르시고, 하늘에서 만나와 메추라기가 떨어지게 하시며, 구름기둥과 불기둥으로 그들을 인도하셨음을 믿습니다. 하나님께서, 무장하지 않은 어린 다윗으로 하여금 거인 골리앗을 이기게 하셨음을 믿습니다. 하나님께서, 당신의 독생자를 십자가의 제물로 삼으시고, 죽음 한가운데에서 다시 일으키심으로, 우리에게 영원한 구원과 생명을 주셨음을 믿습니다. 세상 사람들이 믿지 못하는 이 중요한 복음을, 우리로 하여금 믿을 수 있게끔 우리에게 믿음을 선물로 주신 은혜를, 오늘 감사주일을 맞이하여 다시 한 번 진심으로 감사드립니다.

하나님께서 선물로 주신 이 믿음 속에서, 올 한 해의 좌절과 시련과 아픔이 하나님의 짧지 않은 손에 의해 합력하여 선으로 귀결되게 해주십시오. 이 믿음으로 나를 이기고, 이 믿음으로 세상의 악과 불의를 이기게 해주십시오. 이 믿음으로 나를 지키고, 이 믿음으로 내 가정을 지키고, 이 믿음으로 내 일터를 지키고, 이 믿음으로 이 땅의 교회를 지키고, 이 믿음으로 이 나라를 지키고, 이 믿음으로 온 인류를 지키게 해주십시오. 한 사람이라도 더 많은 사람에게 이 믿음의 선물이 임할 수 있게끔, 우리 역시 바울처럼 주님의 증인으로 살아가는 우리의 삶을, 날마다 하나님께 감사의 예물로 바쳐드리게 해주십시오. 아멘.

10. 나도 예수의 이름을 대적하여 대림절 둘째 주일

사도행전 26장 9-12절

나도 나사렛 **예수의 이름을 대적하여** 많은 일을 행하여야 될 줄 스스로 생각하고 예루살렘에서 이런 일을 행하여 대제사장들에게서 권한을 받아 가지고 많은 성도를 옥에 가두며 또 죽일 때에 내가 찬성 투표를 하였고 또 모든 회당에서 여러 번 형벌하여 강제로 모독하는 말을 하게 하고 그들에 대하여 심히 격분하여 외국 성에까지 가서 박해하였고 그 일로 대제사장들의 권한과 위임을 받고 다메섹으로 갔나이다

바울은 지금, 아그립바 왕의 요청으로 베스도 총독이 개최한 청문회장에서 자기 변증을 하고 있습니다. 바울에게 자기 변증은 주님을 증언하는 것이었습니다. 바울은 하나님께서 약속하신 메시아에 대한 소망 때문에 자신이 유대인에게 고발당하였음을 밝히면서, '당신들은 하나님이 죽은 사람을 살리심을 어찌하여 못 믿을 것으로 여기나이까?'라고 반문하였습니다. 천지를 창조하신 하나님께서 인간을 죽음의 형벌에서 구원하시기 위해 당신의 독생

자로 하여금 십자가의 제물이 되게 하셨습니다. 그렇다면 그 전능하신 하나님께, 당신의 명령에 순종하여 십자가의 제물로 돌아가신 당신의 독생자를 죽음에서 일으키시는 것이 불가능하겠느냐는 반문이었습니다.

그리고 바울은, 자신이 청년 시절에 어떤 삶을 살았었는지를 밝혔습니다.

> 예루살렘에서 이런 일을 행하여, 대제사장들에게서 권한을 받아 가지고 많은 성도를 옥에 가두며, 또 죽일 때에 내가 찬성 투표를 하였고(10절).

예루살렘에서 당대 최고의 율법선생 가말리엘에게서 율법을 사사한 청년 바울은, 유대교 내에서 전도양양한 미래의 지도자감이었습니다. 그가 얼마나 걸출한 청년이었던지 대제사장들이 그를 눈여겨보고, 자신들이 이단으로 못박아 죽인 예수를 추종하는 그리스도인들을 제거하는 권한을 그에게 위임할 정도였습니다. 대제사장들로부터 합법적으로 권한을 위임받은 청년 바울은 교회를 짓밟는 선봉대장, 이를테면 행동대장 역할을 자임하였습니다. 그는 수많은 그리스도인들을 투옥시켰을 뿐 아니라, 그리스도인을 현장에서 쳐죽여야 할 필요가 있을 때에는 주저하지 않고 찬성표를 던졌습니다.

> 또 모든 회당에서 여러 번 형벌하여 강제로 모독하는 말을 하게 하고, 그들에 대하여 심히 격분하여 외국 성에까지 가서 박해하였고(11절).

청년 바울은 모든 회당을 샅샅이 뒤져, 마치 이를 잡듯이 그리스도인들을 색출해 내었습니다. 우리말 "형벌하여"로 번역된 헬라어 동사 '티모레오 τιμωρέω'는 성경에서 단 두 번만 사용된 단어로, '명예를 수호하기 위해 복수하다'는 의미입니다. 오늘날에도 이슬람 국가에서는 소위 '명예살인'이 종종 자행되고 있습니다. 가족 가운데 누군가가 이슬람의 율법을 심각하게 위반하여 가문의 명예가 실추했다고 생각될 경우, 부모 혹은 형제가 해당 가족을 살인하여 실추된 가문의 명예를 되찾는다는 것이, 소위 '명예살인'입니다. 본문의 동사 '티모레오'는 그와 유사한 의미입니다. 그리스도인들이 유대교의 명예를 더럽혔으므로, 바울이 유대교의 명예를 수호하기 위해 그리스도인들에게 복수한 것이었습니다.

그리스도인들에 대한 청년 바울의 복수 방법은, 그리스도인들로 하여금 "강제로 모독하는 말을 하게 하"는 것이었습니다. 청년 바울이 그리스도인들을 강압하여, 그들 스스로 예수 그리스도를 모독하는 말을 하게 하는 것이었습니다. 다시 말해 강압적으로라도 그리스도인들이 배교하게 하여, 그들에 의해 실추된 유대교의 명예를 그들의 배교로 수호하고 회복하고자 한 것입니다. 헬라어 원문에, '강제로 그렇게 하게 하였다'는 의미의 동사가 미완료형으로 기록되어 있습니다. 미완료형은 반복적인 동작을 나타냅니다. 청년 바울이 그리스도인들의 배교를 계속하여 강압적으로 시도하였지만, 당시 그리스도인들은 청년 바울의 강압에 굴복하지 않았다는 말입니다. 이에 격분한 청년 바울은 그리스도인들에 대한 박해의 범위를, 이스라엘의 경계를 넘어 외국 땅에 살고 있는 그리스도인들에게까지 확대하였습니다.

그 일로 대제사장들의 권한과 위임을 받고 다메섹으로 갔나이다(12절).

마침내 청년 바울은 대제사장들의 위임을 받아 다메섹 원정길에 나서기까지 하였습니다. 예루살렘에서 213킬로미터나 떨어진, 오늘날 시리아의 수도인 다마스쿠스의 그리스도인들마저 색출하여 예루살렘으로 연행해 오기 위함이었습니다.

이렇게 교회를 짓밟던 청년 바울이 유대교 내에서는 전도양양한 미래의 지도자감이었지만, 당시 그리스도인들의 입장에서 보자면, 그는 잔인하고 포악한 폭도에 지나지 않았습니다. 청년 바울은 지능이 모자라거나 교육 수준이 떨어지는 사람이 아니었습니다. 바울은 유대 사회에서 최고의 교육을 받은 청년이었고, 그것은 그가 남다른 지능의 소유자임을 의미했습니다. 한마디로 바울은 당시 유대 사회에서 뛰어난 청년 엘리트였습니다. 그 청년 엘리트 바울이 대체 왜, 무엇 때문에, 그토록 잔인하고도 포악하게 교회를 짓밟는 폭도가 되었겠습니까? 바울 자신이 이 질문에 대해 직접 답변하고 있습니다.

> 나도 나사렛 예수의 이름을 대적하여 많은 일을 행하여야 될 줄 스스로 생각하고 예루살렘에서 이런 일을 행하여(9-10절 상).

새번역 성경이 원문의 의미를 보다 이해하기 쉽게 번역하였습니다.

> 사실 나도 한때는, 나사렛 예수의 이름을 반대하는 데에, 할 수 있는 온갖 일을 다 해야 한다고 생각하였습니다. 그래서 나는 그런 일을 예루살렘에서 하였습니다.

정년 엘리트 바울이 비이성적이고도 비지성적으로, 무엇보다 비신잉직으로, 예수 그리스도를 부정하면서 그토록 잔인하고도 포악하게 교회를 짓밟는 폭도였던 것은, 당시의 유대교인들이 모두 그렇게 행동했기 때문이었습니다. 당시의 유대인들은 적어도 유대교인이라면, 유대교 지도자들이 못박아 죽인 예수의 추종자들을 지상에서 쓸어 버리는 것을 당연한 의무로 여기고 있었습니다. 그러므로 역시 유대인이었던 청년 바울이, 모든 유대교인들이 하는 대로 행동한 것은 조금도 이상한 일이 아니었습니다. 모든 유대교인들이 다 그렇게 하기에, 청년 바울 자신도 예수 그리스도를 부정하는 것은 지극히 당연한 일이었습니다. 모든 유대교인들이 다 그렇게 하기에, 청년 바울 자신도 교회를 짓밟는 것은 유대교를 수호하기 위한 정당한 신앙 행위였습니다. 모든 유대교인들이 다 그렇게 하기에, 청년 바울 자신도 그렇게 하는 것은 항상 옳고 바른 일이었습니다. 모든 유대교인들이 다 그렇게 하기에, 청년 바울도 그렇게 하는 자신의 행위에 대해 의문을 품거나 이의를 제기할 필요조차 없었습니다.

더욱이 매사에 열심이고 열정적이었던 엘리트 청년 바울은, 예수의 이름을 부정하고 교회를 짓밟기 위해 '할 수 있는 온갖 일을 다해야 한다고 생각하였습니다'. 헬라어 원문에는 '반드시 해야만 한다'는 의미의 동사 '데이δεῖ'가 기록되어 있습니다. 청년 바울은 자신이 엘리트인 만큼, 교회를 짓밟기 위해 자신이 할 수 있는 온갖 일을 반드시 '다해야만' 한다고 스스로 판단하였습니다. 교회를 짓밟는 일에 누구보다도 투철한 사명감을 지니고 있었던 것입니다. 그래서 청년 바울은 수많은 그리스도인들을 투옥하고, 그리스도인들을 죽이는 데 주저 없이 찬성표를 던지고, 강압적으로 그리스도인들의 배교를 시도하고, 그리스도인들을 색출하기 위해 다메섹 원정에까지 나서는 등, 잔인하고도 포악한 폭도로 살면서도 자신의 행동에 대해 전혀 양심의 가책을 느끼지 않았습니다. 모든 유대교인들이 그리스도인들을 쓸어 버리려 했기에, 자신은 단지 청년 엘리트로서 누구보다 그 일에 더 열심을 내었을 뿐이었습니다. 청년 바울은 자신의 그와 같은 행동에 대해 도리어 자부심을 느끼고 있었습니다.

그러나 예루살렘에서 213킬로미터나 떨어진 다메섹의 그리스도인들까지 색출하기 위해 다메섹으로 향하던 청년 바울은, 바로 그 길 위에서, 자신이 그동안 그토록 부정해 왔던 예수 그리스도의 부르심을 받았습니다. 주님께서 폭도였던 청년 바울을, 오직 당신의 은혜로 선택하여 주신 것이었습니다. 주님의 부르심을 받고서야 청년 바울은, 자신이 그동안 그토록 부정해 온 나사렛 예수님이 바로 하나님께서 약속하신 메시아이심을 알았습니다. 주님의 부르심을 받고서야 청년 바울은, 교회를 짓밟아온 자신이 흉측한 죄인임을 알았습니다. 주님의 부르심을 받고서야 청년 바울은, 모든 사람이 다 간다고 해서 그것이 반드시 바른길이 아니라는 사실을 알았습니다. 주님의 부르심을 받고서야 청년 바울은, 하나님을 좇는 사람은 모든 사람이 가는 길과 역행할 수도 있어야 함을 비로소 알았습니다.

그 이후 바울은 모든 사람이 가는 길을 좇지 않았습니다. 모든 사람이 다 외면해도, 그는 일평생 주님 안에서 반드시 가야 할 바른길을 좇았습니다. 그로 인해 그의 삶에는 모함과 박해와 시련과 고난이 그칠 날이 없었지만, 주님께서는 세상 사람들이 가는 길이 아니라 당신만을 좇는 그 바울의 삶을 통해, 늘 당신의 섭리를 이루셨습니다. 이것이 대림절 둘째 주일을 맞은 우리에게 주님께서 오늘의 본문을 통해 주시는 메시지입니다.

하나님의 은혜로 이집트의 노예살이에서 해방된 이스라엘 백성이 가데스 바네아에 이르렀을 때였습니다. 가데스 바네아는 하나님께서 약속하신 언약의 땅, 가나안으로 들어가는 길목이었습니다. 당시의 지도자였던 모세는 먼저 열두 명의 정탐꾼들을 가나안으로 보내어, 그곳의 지형과 정세를 살펴오게 하였습니다. 40일 만에 돌아온 열두 정탐꾼들의 보고는 일치하지 않았습니다. 열 명의 정탐꾼들은, 가나안 원주민은 장대하고 성벽도 높아 그들을 결코 이길 수 없다며, 거인 같은 가나안 원주민에 비하면 자신들은 메뚜기에 지나지 않는다고 보고하였습니다(민 13:33). 단지 두 명의 정탐꾼, 갈렙과 여호수아만 가나안 원주민을 이길 수 있다고 보고했습니다. 그 두 사람은, 가나안 원주민이 아무리 거인처럼 장대해도 하나님 앞에서는 가벼운 먹이에 불과할 뿐이라고 역설하였습니다(민 14:9).

이스라엘 백성은 서로 엇갈린 그 두 보고를 놓고, 당연하게도 다수결의 원칙을 따랐습니다. 가나안 원주민을 이길 수 있다는 정탐꾼 두 명의 보고를 묵살하고, 그보다 수적으로 다섯 배나 우세한, 가나안 원주민을 결코 이길 수 없다는 정탐꾼 열 명의 보고를 더 신뢰한 것이었습니다. 그리고 그들이 보인 반응을 민수기 14장 1-4절이 구체적으로 증언해 주고 있습니다.

> 온 회중이 소리를 높여 부르짖으며, 백성이 밤새도록 통곡하였더라. 이스라엘 자손이 다 모세와 아론을 원망하며 온 회중이 그들에게 이르되, 우리가 애굽 땅에서 죽었거나 이 광야에서 죽었으면 좋았을 것을, 어찌하여 여호와가 우리를 그 땅으로 인도하여 칼에 쓰러지게 하려 하는가? 우리 처자가 사로잡히리라. 애굽으로 돌아가는 것이 낫지 아니하랴? 이에 서로 말하되, 우리가 한 지휘관을 세우고 애굽으로 돌아가자 하매.

절망에 빠진 이스라엘 백성은 밤이 새도록 통곡하였습니다. 그들은 하나님께서 약속하신 언약의 땅 가나안과 지도자 모세를 버리고, 새로운 지도자를 내세워 이집트로 되돌아가려 하였습니다. 그들에게 이집트는 결코 생의 보금자리가 될 수 없었습니다. 이집트로 되돌아간들, 그들을 기다리는 것은 혹독한 노예살이일 뿐이었습니다. 하지만 그들은 사리를 따지려 하지 않고, 불문곡직 이집트로 되돌아가자면서, 가나안 입성을 주장하는 갈렙과 여호수아를 돌로 쳐죽이려 했습니다.

당시 모든 일의 결정권은 남자 장정, 즉 가장에게 있었습니다. 민수기 1장 46절에 의하면, 출애굽한 이스라엘 백성 가운데 여자와 아이를 제외한 남자 가장의 수는 60만 3,550명이었습니다. 그 많은 가장들 가운데 하나님께서 언약하신 가나안 입성에 찬성한 사람은 갈렙과 여호수아, 그리고 지도자인 모세와 아론, 이렇게 단 네 명밖에 없었습니다. 나머지 가장 60만 3,546명은 모두 이집트의 노예살이로 되돌아가자고 주장하였습니다. 60만 3,546 대 4, 비율로 따지자면 99.999337퍼센트 대 0.000663퍼센트입니다. 소수점 이하 네 번째 자리에서 반올림을 하면 99.999퍼센트 대 0.001 퍼센트입니다.

99.999퍼센트라면 100퍼센트와 마찬가지입니다. 하지만 이스라엘 백성 99.999퍼센트가 가기를 원했던 길은 바른길이 아니었습니다. 오히려 그 길은 하나님을 등지는 길이었습니다. 그들은 결국 40년 동안 광야를 방황하다가, 모두 광야에서 죽고 말았습니다. 반면에 0.001퍼센트라면 없는 것과 같습니다. 60만 3,550명 가운데 네 명이라면, 그 숫자는 얼마든지 묵살해도 좋을 숫자입니다. 하지만 없는 것과 같은 그 0.001퍼센트가 지향했던 길, 그 길이 하나님의 말씀을 좇아가야 할 바른길이었습니다.

예수님을 재판한 빌라도는 예수님께 죽일 죄가 없음을 확인하였습니다. 대제사장 무리가 시기로 예수님을 재판에 회부한 것을 빌라도 총독이 알아차린 것이었습니다. 그때는 유대인 최대의 명절인 유월절이 시작할 때였고, 명절이면 백성의 청원에 따라 죄수 한 명을 석방해 주는 관례가 있었습니다. 빌라도 총독은 재판정 뜰에 운집한 예루살렘의 유대인들을 향해, 예수와 강도 바라바 중에 누구를 석방해 주기를 원하는지 물었습니다. 빌라도 총독이 범죄 행위가 뚜렷한 강도 바라바와 함께 예수님을 내세운 것은, 내심으로 예수님을 풀어 주려 한 까닭이었습니다. 하지만 대제사장 무리의 사주를 받은 유대인들은, 일제히 강도 바라바를 석방하라고 빌라도 총독에게 소리쳤습니다. 빌라도 총독은 그 유대인들에게, 그러면 예수는 어떻게 하면 좋겠느냐고 다시 물었습니다. 유대인들은 모두 한목소리로, 예수를 십자가에 못박아 죽이라고 외쳤습니다.

  그 많은 유대인들 가운데 강도 바라바 대신에 예수님을 석방해 달라거나, 예수님을 십자가에 못박아 죽이지 말라고 외치는 사람은 단 한 사람도 없었습니다. 유대인들은 한 사람의 예외도 없이 모두 강도 바라바를 석방시키라고 소리쳤고, 예수님을 십자가에 못박아 죽이라고 외쳤습니다. 단 한 사람의 반대도 없는, 문자 그대로 만장일치였습니다. 하지만 만장일치라고 해서, 그것이 하나님 앞에서 바른 결정이었던 것은 아니었습니다. 그들은 만장일치로 하나님을 거역한, 인류 역사상 가장 어리석은 인간 군상일 뿐이었습니다.

  이처럼 성경은 절대다수의 사람들이 가는 길이라고 해서 반드시 바른길이 아님을, 누누이 일깨워 주고 있습니다.

  민주주의의 기본 원리는 인권, 자유권, 평등권, 법치주의 등과 함께 다수결의 원칙입니다. 민주주의 국가에서 대통령의 선출도, 국회의 의결도, 모두 다수결의 원칙에 의해 결정됩니다. 우리나라 국민이 5천만 명이라고 해서, 대한민국의 대통령이 되기 위해 5천만 명의 찬성을 모두 얻어야 하는 것은 아닙니다. 대통령 선거에서 단 한 표라도 더 많이 득표한 사람이 대통령이 됩니다. 대통령이 되었다고 해서 대통령직이 마냥 보장되는 것도 아닙니다. 지금 우리가 생생하게 목격하고 있듯이, 국민으로부터 위임받은 권력을 사유화하여 헌법의 정신과 가치를 심각하게 훼손한 대통령을 국민 절대다수가 물러나라고 하면, 대통령은 어떤 형식으로든 물러날 수밖에 없습니다. 이처럼 민주국가에서 중요한 정치적 결정은 모두 다수결의 원칙을 따르고,

다수결의 숫자가 많을수록 그에 따른 결정은 더 큰 무게를 지니게 됩니다.

그러나 믿음에는 다수결의 원칙이 통하지 않습니다. 죄성을 지닌 모든 인간이 다 가기 원하는 길이라고 해서 그 길을 좇는다면, 죄성을 지닌 모든 인간이 다 그렇게 살아간다고 해서 동일하게 살아간다면, 죄성을 지닌 모든 인간이 다 가지려 하는 것이라고 해서 그것을 삶의 목적으로 삼는다면, 그것은 참된 믿음일 수 없습니다. 참된 믿음은 대중성을 지니지 않습니다. 그 영혼이 늘 깨어 있는 사람, 이 세상 보이는 것 너머의 보이지 않는 영원을 바라보는 사람, 땅의 것이 아니라 하늘의 것을 지향하는 사람만 참된 믿음을 추구할 수 있고, 그런 사람은 언제나 소수이기 때문입니다. 그래서 청년 바울이 당시의 모든 유대교인들이 그랬던 것처럼 예수님을 부정하며 교회를 짓밟았던 것도, 가데스 바네아에서 이스라엘 백성 99.999퍼센트가 정탐꾼 열 명의 보고를 더 신뢰하여 이집트의 노예살이로 되돌아가려 했던 것도, 예루살렘의 유대인들이 빌라도의 법정에서 만장일치로 강도 바라바를 석방시키고 예수님을 십자가에 못박아 죽이라고 외친 것도, 모두 참된 믿음과는 거리가 멀어도 한참 멀었습니다. 참된 믿음은 다수결의 원칙과는 아무 상관이 없기 때문입니다.

이것이 예수님께서 다음과 같이 말씀하신 까닭입니다.

> 좁은 문으로 들어가라. 멸망으로 인도하는 문은 크고 그 길이 넓어 그리로 들어가는 자가 많고, 생명으로 인도하는 문은 좁고 길이 협착하여 찾는 자가 적음이라(마 7:13-14).

이 세상 모든 사람들이 원하는 것처럼, 예수님께서도 편하고 넓은 길을 원하셨더라면 어떻게 되었겠습니까? 예수님께서는 더러운 짐승의 외양간 구유가 아니라, 로마 황제의 황궁에 황제의 신분으로 오셨을 것입니다. 만약 그러셨더라면 그런 분이 인간을 위해 참혹한 십자가의 제물이 되실 리가 만무했을 것이요, 결과적으로 그런 분이 인간에게 영원한 생명의 길을 열어 주는 그리스도가 되실 수도 없었을 것입니다. 예수님께서 가장 더럽고 비천한 외양간에서 태어나시고, 당신 자신을 인간을 위한 십자가의 제물로 내어놓는, 아무도 가려 하지 않는 그 좁은 길을 선택하셨기에, 하나님 아버지께서 당신의 짧지 않은 손으로 그 예수님을 영원한 구원자로 우뚝 세워 주셨습니다. 예수님께서 언제나, 하나님의 뜻에 온전히 순종하는 참된 믿음의 길을 좇으신 결과였습니다. 만약 예수님께서 세상 사람들처럼 다수결의 원칙을 따르셨다면, 결코 불가능했을 생명과 구원의 대역사였습니다.

오늘은 바로 그 예수님의 성탄과 다시 오심을 대망하는 대림절 둘째 주일입니다. 믿음은, 여론의 눈치를 살피면서 대중을 만족시켜 주려는 정치가 아닙니다. 참된 믿음의 길은 다수결의 원칙으로 결정되지 않습니다. 우리가 주님을 인격적으로 만난 그리스도인이라면 지금 당장, 바울처럼 다수결을 좇던 삶을 과감하게 벗어던지십시다. 갈렙과 여호수아처럼, 99.999퍼센트가 이집트의 노예살이로 되돌아가자고 해도, 하나님께서 언약하신 가나안을 지향하는 0.001퍼센트가 되십시다. 모든 제자들이 만류해도 가야 할 십자가의 길을 고독하게 걸어가신 예수님을 본받아, 그 좁은 십자가의 길을 그분과 함께 동행하십시다. 그 길이 아무리 좁고 협착해도 주님과 동행하는 한, 그 길은 주님 안에서 영원한 생명과 사랑과 진리와 빛의 대로로 무진장 확장될 것입니다.

믿음을, 정치처럼 생각했습니다. 믿음에도, 다수결의 원칙이 작동한다고 오해했습니다. 다른 사람들이 다 그렇게 하기에, 나도 아무 거리낌 없이 하나님의 말씀을 나의 삶으로 짓밟아 왔습니다. 다른 사람들이 다 그렇게 하기에, 나도 나의 뜻을 성취하기 위해 하나님을 수단으로 삼아 왔습니다. 다른 사람들이 다 그렇게 하기에, 나도 말씀을 통해 당신을 계시해 주신 삼위일체 하나님이 아니라, 나의 욕망으로 빚어낸 하나님의 허상을 하나님이라 우겨 왔습니다. 다른 사람들이 다 그렇게 하기에, 나도 진리의 좁은 길은 안중에도 없이, 하나님과 무관한 쾌락의 넓은 길만 질주해 왔습니다. 오늘 대림절 둘째 주일을 맞아, 결코 믿음일 수 없는 내 믿음의 실체를 일깨워 주셔서 감사합니다.

바울처럼 다수결의 원칙을 맹신하던 삶을 과감하게 벗어던지게 해주십시오. 죄의 노예살이로 회귀하려는 99.999퍼센트가 아니라, 하나님께서 약속하신 미래를 향해 나아가는 0.001퍼센트의 갈렙과 여호수아가 되게 해주십시오. 예수님과 함께 좁고좁은 십자가의 길을 동행하게 해주십시오. 그 길을 걷는 우리를 통해 주님의 생명과 사랑과 빛과 진리가, 동서남북 사방으로 퍼져나가게 해주십시오. 그리하여 올해의 성탄절은 그 어느 해보다 더 의미 있는 성탄절이 되게 해주십시오. 아멘.

11. 정오가 되어 대림절 셋째 주일

사도행전 26장 13-15절

왕이여 **정오가 되어** 길에서 보니 하늘로부터 해보다 더 밝은 빛이 나와 내 동행
들을 둘러 비추는지라 우리가 다 땅에 엎드러지매 내가 소리를 들으니 히브리
말로 이르되 사울아 사울아 네가 어찌하여 나를 박해하느냐 가시채를 뒷발질
하기가 네게 고생이니라 내가 대답하되 주님 누구시니이까 주께서 이르시되 나
는 네가 박해하는 예수라

바울은 지금, 아그립바 왕의 요청으로 베스도 총독이 개최한 청문회장에
서 자기 변증을 하고 있습니다. 바울에게 자기 변증은 주님을 증언하는 것이
었습니다. 바울이 청년 시절에 예수 그리스도를 부인하고 교회를 짓밟는 선
봉대장 역할을 자임한 것은, 당시의 모든 유대교인들이 다 그렇게 하였기에,
단지 청년 엘리트로서 다른 사람보다 더 열심을 다한 결과였습니다. 그러므
로 청년 바울은 자신의 행동에 대해 양심의 가책은커녕, 도리어 자부심을
느끼고 있었습니다. 오늘의 본문은 그 청년 바울이 언제, 어디에서, 어떻게

주님의 부르심을 받았는지를 밝혀 주고 있습니다.

> 왕이여, 정오가 되어 길에서 보니, 하늘로부터 해보다 더 밝은 빛이 나와
> 내 동행들을 둘러 비추는지라(13절).

청년 바울은 예루살렘에서 213킬로미터나 떨어진 다메섹의 그리스도인들까지 색출하기 위해 다메섹으로 가다가, 바로 그 길 위에서 주님의 부르심을 받았습니다. 그 길은 특별한 자격을 갖춘 특권층만 통행이 가능한 특별도로가 아니었습니다. 누구든 마음대로 왕래할 수 있는 일반도로였습니다. 이를테면 일상의 삶의 길이었습니다. 그때의 시각은 정오, 낮 12시였습니다. 낮 12시라면 모든 사람들이 자기 일에 몰두하고 있을 때이기도 하고, 하늘의 햇빛이 가장 눈부실 때이기도 합니다. 그때 주님께서 하늘로부터 햇빛보다 더 밝은 빛으로 청년 바울과 그의 일행을 둘러 비추셨습니다. 그 빛으로 인해 모두 땅바닥에 고꾸라진 가운데, 주님께서 유독 청년 바울을 지목하여 당시의 이름인 '사울'로 부르시며 그에게 말씀하셨습니다.

> 우리가 다 땅에 엎드러지매 내가 소리를 들으니, 히브리 말로 이르되 사
> 울아, 사울아, 네가 어찌하여 나를 박해하느냐? 가시채를 뒷발질하기가
> 네게 고생이니라(14절).

우리말 "가시채"로 번역된 헬라어 명사 '켄트론κέντρον'은, 끝부분에 뾰족한 금속이나 뼈를 부착한 소몰이용 '막대기'를 의미합니다. 소가 말을 듣지 않으면, 농부는 그 막대기로 치면서 소를 부립니다. 그래도 소가 말을 듣지 않고 오히려 뒷발질로 반항하면 할수록, 소는 농부에게 더 심한 매를 맞아

고통만 가중됩니다. 주님께서 청년 바울에게 "네가 어찌하여 나를 박해하느냐?"는 질문과 함께, 네가 나에게 반항하면 할수록 너 자신의 고통만 더 심해질 뿐이라고 말씀하신 것이었습니다.

> 내가 대답하되 주님 누구시니이까? 주께서 이르시되, 나는 네가 박해하는 예수라(15절).

청년 바울은 주님의 그 말씀에 당신이 대체 누구시냐고 반문하였고, 주님께서는 "나는 네가 박해하는 예수라"고 대답하셨습니다.

주님께서 모든 사람이 잠든 한밤중이나 동트기 전 미명에, 아무도 모르게 청년 바울에게 임하신 것이 아니었습니다. 그때 청년 바울이 세상과 격리된, 깊은 산 속의 기도원이나 수도원에 있었던 것도 아닙니다. 주님께서는 누구나 볼 수 있는 정오의 길 위에서, 세상 모든 사람들이 자기 일에 몰두하고 있는 낮 12시에, 일행과 동행 중인 청년 바울에게 임하셨습니다. 한낮에 일상의 삶에 몰두하고 있는 청년 바울에게 주님께서 공개적으로 임하신 것이었습니다. 그때 청년 바울이 몰두한 일상의 삶이 어떤 삶이었습니까? 온갖 방법을 다해 그리스도인들을 짓밟는 것이었습니다. 주님께서 그 청년 바울에게 '나는 네가 박해하는 예수라'고 말씀하신 것이었습니다.

청년 바울에게 주님의 그 말씀은 충격이었습니다. 자신이 그동안 그토록 부정했던 나사렛 예수가 하나님께서 약속하신 메시아이신 것도 충격이었지만, 자신이 예수님을 박해해 왔다는 사실도 충격이었습니다. 그동안 청년 바울이 예수님을 직접 박해한 적은 한 번도 없었습니다. 청년 바울은 이 땅에 오셨던 예수님을 직접 뵌 적도 없었을 뿐더러, 그는 그동안 예수님의 존재 자체를 아예 부정해 왔기 때문입니다. 그의 박해의 대상은, 단지 예수님을 메시아라고 주장하는 사람들일 뿐이었습니다. 그러나 '나는 네가 박해하는 예수라'는 주님의 말씀을 듣고서야 바울은, 누군가를 해치는 것은 곧 그 사람을 사랑하시는 주님을 해치는 범죄 행위임을 비로소 깨달았습니다. 충격적인 깨달음이었습니다.

바울은 바로 그날 낮 12시 이후로, 다시는 사람을 해치는 삶을 살지 않았습니다. 그는 일평생 동안 "헬라인이나 야만인이나 지혜 있는 자나 어리석은 자에게 다 내가 빚진 자라"(롬 1:14)는 그의 고백처럼, 이 세상 모든 사람들에게 빚진 마음으로 밤낮 사람을 섬기는 삶에 몰두하였습니다. 사람을 섬기는 것이, 바로 그 사람을 사랑하시는 주님을 섬기는 길임을 알았기 때문입니다. 바울이 온갖 시련과 고난을 마다하지 않고 지중해 세계를 세 차례나 누비고 다닌 것도, 죽음의 환난이 도사린 예루살렘행을 위해 자신의 목숨마저 아까워하지 않았던 것도, 모두 복음으로 사람을 섬기기 위함이었습니다. 중요한 사실은 바울이 자신을 불러 주신 주님께 응답하기 위해 사람을 섬기는 삶에 몰두할 때, 주님께서 당신의 사랑과 생명으로 그를 더욱 강하게 붙들어 주셨다는 것입니다.

> 그리스도의 고난이 우리에게 넘친 것같이, 우리가 받는 위로도 그리스도로 말미암아 넘치는도다(고후 1:5).

바울이 온갖 고난을 무릅쓰고 복음으로 사람을 섬기면 섬길수록, 바울의 심령 속에서는 주님의 위로와 격려가 더욱 넘쳤습니다. 당연하지 않습니까? 바울이 온갖 고난 속에서도 사람을 섬긴 것은 그 사람을 사랑하시는 주님을 섬긴 것인데, 어떻게 주님께서 그 바울을 당신의 사랑과 생명으로 더 강하게 붙들어 주시지 않겠습니까?

사도행전 2장 15절에 의하면 오순절에 기도하던 제자들에게 주님의 영이 임하신 시각은 '제삼 시', 오늘날의 시간으로 아침 9시였습니다. 아침 9시라면, 하루의 일과가 시작되는 시각입니다. 바로 그 시각에 주님께서 제자들에게 임하셨고, 십자가에 못박히시는 주님을 버리고 줄행랑 칠 정도로 이기적이기만 했던 제자들도, 바로 그날 아침 9시부터 사람을 섬기는 삶을 시작하였습니다. 그리고 제자들이 사람들을 섬기는 삶을 살수록 주님께서 당신의 사랑과 생명으로 그들도 더욱 강하게 사로잡아 주셨음은 두말할 나위도 없습니다.

이처럼 예수님의 직계제자들도, 바울도, 주님께서 그들에게 임하심과 동시에 아침 9시에도, 낮 12시에도, 시간을 가리지 않고 밤낮 사람을 섬기는 삶을 살았습니다. 그때 주님께서 당신의 사랑과 생명으로 그들을 더욱 사로잡아 주셨고, 그들은 그 주님을 힘입어 더더욱 사람을 섬기는 삶을 살았습니다. 주님의 부르심, 인간의 응답, 주님의 격려, 인간 응답 확장의 선순환이 계속 이어진 것입니다. 바로 그 믿음의 선순환 속에서 그들은 세상을 새롭게 하는 주님의 통로가 될 수 있었습니다.

올 한 해 동안 교회를 위해 수고한 '봉사자 격려의 밤'이 지난 화요일에 열렸었습니다. 그날 모든 봉사자들을 대표하여 세 분의 교우님들이 간증을 하였습니다. 그 세 분들의 동의를 받아, 이 시간에 해당 동영상을 함께 시청하시겠습니다.

김아셀 형제 간증문
안녕하세요. 저는 4부 예배 전후로 주차 안내 봉사를 하고 있는 24교구의 김아셀이라고 합니다. 제가 오늘 이 자리에 나온 건, 그토록 기도하고 간절하게 바랬던 사람을 봉사하면서 만나고 결혼을 하게 되어 그 이야기를 하려고 합니다.

저는 지난 10월 3일 개천절에 결혼을 했는데, 결혼식이 끝나고 공항으로 가는 기차 안에서 정말 많이 울었어요. 사실 어머니가 저에게 "아셀아, 와줄 하객이 없는데, 결혼식하지 말자" 그랬었거든요. 그런데 결혼식에 300명, 400명 되시는 분들이 오셔서 저희 부모님, 그리고 아내 부모님께 축하한다는 인사를 해주셔서 너무 기뻤습니다. 그리고 사실 결혼식에 아버지가 올까 하는 염려가 있었거든요. 그런데 아버지가 결혼식 3시간 전부터 와서 기다리시고, 그 과정에 참여해 주시고, 끝날 때까지 자리를 떠나지 않으셔서 너무 감사했어요. 그리고 인천으로 가는 기차 안에서, 제가 30년 동안 기다렸던 한마디, 사랑한다는 말을 해주시더라고요. 제가 올해로 서른인데 20년 동안 부모님과 떨어져 살았어요. 부모님이랑 매일 교류했어야 하는 시기에 외롭게 지내서 관계를 맺는 게, 특히 연장자랑 관계를 맺는 게 너무 어려웠거든요. 그런데 그런 저에게 주차팀에 계신 분들이 쉽게 다가와 주셨어요. 그분들이 저를 무척 궁금해해 주셨고 관심 가져 주셨어요. 간식 있으면 간식 있다, 과일 있으면 과일 있다, 먹어라, 쉬어라, 더우면 덥다, 추우면 춥다, 이런 일로 많이 챙겨 주셨어요. 사실 이게 별 큰일은 아닌데 저에게는 굉장히 중요한 일이었습니다. 하나님의 모습을 닮아가려는 분들 때문에 제가 회복됐거든요. 교우님들의 수고와 노력이 없었으면 아마 저희 커플도 없었다고 생각해요. 주차팀뿐만 아니라 이 자리에 계신 모든 교우님들이 각자의 자리에서 자기가 맡은 봉사를 해오셨고, 그 봉사는 자신이 갖고 있는 믿음을 지켜 나가는 일이라고 생각합니다. 그걸 위해 지난 세월 동안 얼마나 애쓰셨을까 싶고, 그 모습 때문에 제가 하나님을 깊이 만나 변화되었다고 생각합니다. 이런 변화들은 부모님을 다시 이해하고, 특히 아버지의 마음을 이해하는 데 많은 도움이 되었어요. 그렇게 커 보이던 아버지도 서른 살 청년이었던 때가 있었고, 지금까지 저를 키워 오면서 그 고단한 세월을 믿음으로 버텨 오셨다는 게 얼마나 큰일인지, 얼마나 감사한 일인지 많이 깨달았던 것 같아요. 오늘 특히 감사를 드리고 싶은 건 믿음생활하는 교우님들을 만나게 된 것이에요. 이 자리를 통해 그것을 제 입으로 고백할 수 있는 것도 참 감사드립니다. 교우님들, 믿음을 지켜 주시고 그 믿음을 바탕으로 교회를 이끌어 주셔서 감사합니다.

송연하 집사 간증문

저는 신앙생활 시작한 지 2년 6개월 된 초신자입니다. 간증을 할 수 있는 귀한 시간을 허락해 주셔서 감사합니다.

저는 수요일 저녁에 주방에서 봉사하고 있습니다. 봉사 기간이 1년 6개월 남짓 되어, 주방 봉사계에서 그리 내세울 만한 경력은 아닙니다. 더구나 제 주된 직무는 주로 바닥 청소와 설거지, 콩나물 또는 파 다듬기… 간혹 고난이도의 임무, '간 보기' 정도가 주어지기도 하지만 여간해선 신경쓸 일 없이 힘만 쓰면 되기 때문에, 이보다 더 정신적 평안을 누리는 봉사가 있을까 싶습니다. 물론 이것은 저에게 국한된 이야기입니다. 수요일 저녁 주방에는 여덟 분이 더 계신데, 다른 분들은 메뉴 선택에서부터 '제 시간에 상차림이 완성될 때까지 세심하게 신경 쓰실 일이 참 많습니다.

제가 주방봉사를 하면서 매번 놀랍게 여기는 것이 바로 '시간 맞춤'입니다. 1년 6개월 동안, 횟수로는 일흔 번쯤 되는데 단 한 번도 늦거나 혹은 너무 이르지도 않게, 딱 제시간에 맞춰서 상차림이 완성되는 놀라운 역사를 경험하고 있습니다. 그다음 놀라운 것은 환상적인 팀워크인데, 다시 말해 어쩜 이렇게 딱 알맞게 인원이 구성되었나 하는 겁니다. 다섯 명은 음식 조리를 담당하고, 네 명은 설거지를 담당하는데, 음식 조리와 설거지도 다 같은 게 아닙니다. 각 역할별로 필요한 소질이 조금씩 다른데, 꼭 맞는 사람들로 채워져 있어서 '적재적소'라고 하는 말을 실감하고 있습니다. 언제나 상상 이상의 맛을 보여 주는 음식조의 손맛, 그리고 설거지조의 신속하고 깔끔한 처리 능력에 서로 경의를 표하며 매주 수요일 저녁 주방을 칭찬의 도가니로 만들어 가고 있습니다. 그 칭찬의 힘 때문일까요? 주방에 있을 때는 어떤 일도 전혀 힘들지 않습니다. 안타깝게 이것은 유통기한이 좀 짧습니다. 주방에 들어서면 생성되었다가 수요성경공부가 시작되면 곧 소멸되곤 해서요. 불시에 찾아온 피곤함이 제 눈꺼풀 위에 털썩 주저앉아 제가 이걸 여간해서 이겨내지 못하고 꾸벅꾸벅 할 때면, 내가 이러려고 주방봉사를 시작했나… 하는 자괴감에 빠지기도 합니다. 여기까지는 그동안 주방봉사를 하면서 느꼈던 가벼운 소회이고 이제부터 본론입니다. 어느 여름날이었습니다. 전등도, 에어컨도 켜지 못해서 어둡고 후덥지근한 식당 2층에서 식탁을 열심히 닦고 있는데, 권사님 한 분이 오셔서 이렇게 말씀하셨습니다. "막내가 혼자 여기서 하나님을 만나고 있었구나~"라고요. 그 순간 깨달았습니다. 주일예배 시간만큼이나 주방봉사가 좋았던 진짜 이유가 마음에 와닿았습니다. '주님께서 저에게 당신의 사랑을 가르쳐 주시기 위해 선택한 곳이 바로 이곳이구나'라는 생각을 하게 되었고요. 보잘것없는 저에게 천사와 같은 분들을 보내 주셔서 아낌없는 사랑을 받게 해주셨고, 가진 것 없는 제가 3일 동안 아무것도 먹지 못했다는 행인을 대접할 수 있게도 해주셨습니다. 교회를 위해 헌신하고 계신 분들을 매주 만날 수 있고, 그분들을 보필하는 일에 정성을 쏟을 수 있는 것 또한 크나큰 기쁨이었습니다.

뒤늦게 신앙을 갖게 되어 모든 것을 머리로 판단하려고 드는 저에게 마음속 신앙의 자리를 마련하게 해주셨고, 몸으로 행하는 신앙의 의미도 깨닫게 해주셔서, 그런 주님의 세심한 배려를 생각하면 지금도 마음이 뜨거워집니다. 매주 수요일 저녁에 여러분을 오래도록 만났으면 좋겠습니다. 감사합니다.

박동탁 집사 간증문

제가 주님의 은혜를 입고 우리 교회에 온 지도 벌써 5년이 되어 갑니다. 세상에서 허랑방탕하게 살아가던 저를, 주님께서 지방의 조그마한 교회에 다니는 친구를 통로로 하여 우리 교회로 인도해 주셨습니다. 뭐 하나 잘난 것 없이 완고하고 완악한 마음으로 죄와 사망의 구렁텅이에서 헤매고 있던 저를, 주님께서 육체의 시련을 통해 두 번의 은혜를 베푸셨습니다. 저의 몸은 죽을 뻔한 상황이었지만, 그 은혜로 말미암아 저의 마음이 누그러지고 돌아서는 계기가 되었습니다. 주님의 은혜는, 생각하면 생각할수록 신비롭고도 감사한 마음이 복받쳐 오릅니다.

제가 봉사를 시작한 건 2012년 연말이었습니다. 매 주일 설교를 통해 주시는 말씀은 저의 믿음의 양식이 되었으며, 9월에 시작된 〈사명자반〉은 그때까지 끊지 못했던 술을 끊는 계기가 되었고, 예수님이 그리스도이시고 살아 계신 하나님의 아들이시기에, 그분을 믿고 그분의 삶을 좇아 살아야 한다는 것을 분명히 알게 해주었습니다. 그 은혜로 말미암아 원예가꿈부에서 봉사를 시작하게 되었습니다. 저보다 먼저 수고해 오신 집사님, 권사님들을 통해 원예에 대해 알게 되었고, 묘원의 풀을 뽑고 청소하면서 선교사님들을 더욱 가까이에서 느낄 수 있었으며, 그 선교사님들을 통해 역사하신 주님을 만날 수 있었습니다. 2015년부터 팀장을 맡게 되었는데 그 즈음에 육체의 시련이 또 한 번 찾아왔습니다. 주님을 영접하고 믿음생활을 했지만, 너무나도 분주하고 바쁘게 살던 저에게 주님께서는 암 선고를 내려 저의 영혼을 연마시키셨습니다. 제 믿음생활을 돌아보고 점검할 수 있는 시간을 주셨습니다. 항암치료를 받으며 몸은 힘이 들었지만, 가쁜 숨을 내쉬면서도 화단에 물을 주고 주일에 주방에서 설거지하는 시간은 이제까지 살아왔던 어떤 시간보다 즐겁고 은혜로운 시간이었습니다.

지금까지 저를 도와주시고 사랑해 주시는 104구역, 109구역 식구들, 늘 한결같은 마음으로 함께하는 원예가꿈팀, 주일 주방봉사팀원 모두에게 감사드리며, 이 모든 것을 주관하시는 주님께 감사와 찬양을 올려드립니다.

차량안내봉사는 차를 몰고 오는 사람을 섬기는 봉사입니다. 주방봉사도 식사할 사람을 섬기는 봉사요, 양화진원예가꿈봉사 역시 양화진을 찾는 참배객들을 섬기는 봉사입니다. 차량안내봉사팀의 김아셀 형제는 4부 예배 시간을 전후하여 주일 오후에 사람을 섬깁니다. 주방봉사팀의 송연하 자매는 수요일 저녁에 주방에서 사람을 섬깁니다. 양화진원예가꿈팀의 박동탁 집사님은 시간이 나면 아침부터 양화진의 꽃에 물을 주면서 사람을 섬깁니다. 그 세 분들의 간증에는 한 가지 공통점이 있습니다. 주님의 부르심을 입은 그분들의 삶 속에는, 사람들을 섬기는 가운데 자신들을 강하게 붙들어 주시는 주님의 격려를 확인하고, 그 주님을 힘입어 더욱 사람을 섬기는 믿음의 선순환이 이어지고 있다는 것입니다.

주님의 성탄을 기리고 다시 오심을 대망하는 대림절 셋째 주일을 맞아 주님께서 주시는 교훈은, 믿음은 선순환이라는 것입니다. 2천 년 전 주님을 박해하던 청년 바울을 불러내신 주님께서, 주님을 부인하던 우리도 불러 주셨습니다. 주님께서는 우리 각자의 심령 속에 이미 영으로 임해 계십니다. 우리가 주님의 그 구원의 은혜를 정녕 믿는다면 우리 모두 아침 9시에도, 낮 12시에도, 저녁에도, 무슨 일을 하든 결과적으로 사람을 살리기 위해 밤낮으로 몰두하는 주님의 제자들이 되십시다. 그때 주님께서 당신의 짧지 않은 손으로 우리를 더욱 강하게 붙드시며 격려해 주실 것이요, 우리는 그 주님을 힘입어 더 많은 사람을 섬기는, 아름다운 믿음의 선순환이 우리의 삶 속에서 계속 이어질 것입니다. 그리고 우리 믿음의 그 선순환을 통해 어둠과 분노와 증오로 뒤덮인 이 세상은, 주님의 사랑과 생명으로 충만한 주님의 외양간으로 회복될 것입니다. 그래서 주님의 은혜에 기반한 믿음의 선순환은, 그 중요성을 아무리 강조해도 지나침이 없습니다.

내가 나의 욕망을 위해 그 사람을 해치고 짓밟을 때, 나는 실은 주님을 해치고 짓밟았습니다. 내가 그 사람을 모독함으로써, 나는 주님을 모독하였습니다. 내가 그 사람을 외면한 것은, 주님을 외면한 것이었습니다. 그래서 이미 내게 임해 계시는 주님을 깨닫지도, 느끼지도 못한 채, 나의 귀한 인생을 허송세월만 해온 나의 잘못을 회개합니다.

이제부터 우리 속에 이미 임해 계시는 주님을 의지하여 아침 9시에도, 낮 12시에도, 저녁에도, 무슨 일을 하든 결과적으로 밤낮 사람을 섬기는 참된 그리스도인이 되게 해주십시오. 그리하여 우리를 격려하시는 주님의 짧지 않은 손을 확인하고, 그 주님을 힘입어 더 많은 사람을 섬기는 믿음의 선순환이, 우리 모두의 삶 속에서 계속 이어지게 해주십시오.

그 믿음의 선순환을 통해, 이 어지러운 세상이 주님의 외양간으로 회복되게 해주십시오.

이틀 전, 박근혜 대통령에 대한 탄핵소추안이 국회에서 가결되었습니다. 이 참담한 국가적 진통이, 새로운 대한민국으로 거듭나기 위한 해산의 진통이 되게 해주십시오. 정치인들은 여야를 초월하여, 이 난국을 극복하고 대한민국의 새로운 미래를 구축하기 위한 슬기를 모으게 해주십시오. 국민들은 지연과 혈연을 떠나 아침 9시에도, 낮 12시에도, 저녁에도, 진정으로 국민을 섬기는 지도자를 바르게 분별하는 지혜를 갖게 해주십시오. 국민과 정치인이 함께 일구어 갈 새로운 대한민국이, 하나님의 마음에 합한 나라가 되게 해주십시오. 아멘.

12. 일어나 너의 발로 서라 성탄주일 / 송년주일

사도행전 26장 13-18절

왕이여 정오가 되어 길에서 보니 하늘로부터 해보다 더 밝은 빛이 나와 내 동행들을 둘러 비추는지라 우리가 다 땅에 엎드러지매 내가 소리를 들으니 히브리말로 이르되 사울아 사울아 네가 어찌하여 나를 박해하느냐 가시채를 뒷발질하기가 네게 고생이니라 내가 대답하되 주님 누구시니이까 주께서 이르시되 나는 네가 박해하는 예수라 **일어나 너의 발로 서라** 내가 네게 나타난 것은 곧 네가 나를 본 일과 장차 내가 네게 나타날 일에 너로 종과 증인을 삼으려 함이니 이스라엘과 이방인들에게서 내가 너를 구원하여 그들에게 보내어 그 눈을 뜨게 하여 어둠에서 빛으로, 사탄의 권세에서 하나님께로 돌아오게 하고 죄사함과 나를 믿어 거룩하게 된 무리 가운데서 기업을 얻게 하리라 하더이다

오늘은 올 한 해의 마지막 주일인 송년주일입니다. 이제 엿새만 지나면 올 한 해는, 영영 과거로 사라지고 맙니다. '하루는 생각보다 길고, 한 달은 생각보다 짧다'는 말이 있습니다. 사노라면, 하루는 확실히 생각보다 깁니다. 생각보다 긴 하루가 서른 날이나 쌓인 한 달이라면, 한 달 역시 생각보다 더

길어야 마땅합니다. 하지만 한 달을 살고 보면, 한 달은 생각보다 짧습니다. 그리고 오늘처럼 한 해가 다 지나가 버린 송년주일에는 이렇게 말하게 됩니다. '하루는 생각보다 길고, 한 달은 생각보다 짧고, 한 해는 생각보다 훨씬 짧다.' 만약 누군가에게는 오늘이 인생 최후의 날이라면, 그는 한마디를 더 덧붙일 것입니다. '하루는 생각보다 길고, 한 달은 생각보다 짧고, 한 해는 생각보다 훨씬 짧고, 일생은 그보다 더 짧다.'

표준 벽돌의 높이는 5.7센티미터밖에 되지 않습니다. 대수롭지 않은 높이입니다. 그러나 그 벽돌을 계속 쌓아올리면 하늘을 찌르는 바벨탑처럼 높아집니다. 성을 쌓을 때 사용되는 돌의 폭도 그리 넓지 않지만, 그 돌을 계속 이어 가면 만리장성만큼이나 길어집니다. 이처럼 무엇이든 계속 모으거나 쌓거나 이으면, 양과 높이와 길이가 확대 혹은 확장되기 마련입니다. 그러나 시간만은 예외입니다. 하루가 24시간인 것은 불변인데, 동일한 길이의 시간을 지닌 하루하루를 쌓으면 쌓을수록 시간의 총체적 길이는 도리어 점점 짧아집니다. 그래서 하루는 생각보다 길고, 한 달은 생각보다 짧고, 한 해는 생각보다 훨씬 짧고, 일생은 그보다 더 짧습니다. 그것이 사실임은, 인생 최후의 날을 맞아 자신의 일생이 만리장성만큼이나 길었다고 말하는 사람은 없고, 거의 대부분의 사람들이 순식간에 끝나 버렸다고 한탄하는 것으로 입증되고 있습니다.

동서고금을 막론하고 사람들은 인생무상을 탄식합니다. 하루하루 쌓을수록 길어지기는커녕 점점 짧아지다가, 급기야 한순간에 다시 못 올 과거로 영영 사라져 버리는 인생이라면, 얼마나 덧없고도 허무한 인생입니까? 그런 인생을 위해 구태여 애쓰고 힘쓸 까닭이 어디에 있겠습니까? 어떻습니까? 정말 인생은 덧없고 허무하기만 합니까? 그렇습니다. 지난 세월을 무의미하게 사라져 버린 과거로만 인식하는 사람에게 인생은, 필연적으로 덧없고 허무할 수밖에 없습니다. 그 사람의 인생 속에서는 현재도, 미래도, 순식간에 무의미한 과거로 증발해 버릴 것이기 때문입니다.

과거와 단절된 현재도, 현재와 무관한 미래도 있을 수 없습니다. 현재는 과거의 결과입니다. 따라서 과거의 연장선상에서 현재를, 새로운 미래를 일구기 위한 발판으로 삼는 사람에게는, 지나긴 과거의 시간들이 현재를 거쳐 미래 속에서 새로운 의미로 되살나게 됩니다. 과거, 현재, 미래가 각각 단절된 것이 아니라, 매일매일의 일상 속에서 한데 어우러져 지나간 모든 시간들이 인생 경륜으로, 삶의 지혜로, 뿌리 깊은 영성으로 되살아나는 것입니다. 그런 사람에게 인생은 결코 짧지도, 덧없거나 허무하지도 않습니다. 그 사람의 과거는 사라지지 않고 언제나, 현재를 거쳐 미래 속에서 새로운 의미로 계속 되살아나기 때문입니다.

오늘은 송년주일인 동시에 예수님의 성탄을 축하하는 성탄주일입니다. C. S. 루이스의 표현처럼, 성자 하나님께서 인간의 역사 속으로 몸소 침투해 들어오신 사건이 바로 예수님의 성탄입니다. 예수님의 성탄으로 인류의 기원紀元이 주전BC과 주후AD로, 다시 말해 예수님의 성탄 이전과 성탄 이후로 나뉘어졌습니다. 예수님께서 이 땅에 오시기 이전의 과거가, 이 땅에 강림하신 예수님 안에서 그 의미가 새로워진 것입니다. 예수님께서 오시기 이전의 구약성경이, 신약성경의 예수님 안에서 그 의미가 새로워진 것과 같습니다.

누가복음 4장에 의하면 공생애를 시작하신 예수님께서는, 당신이 자라나신 나사렛의 회당에서 구약성경 이사야서 61장을 읽으심으로 이 땅에 오신 목적을 친히 밝히셨습니다.

주의 성령이 내게 임하셨으니, 이는 가난한 자에게 복음을 전하게 하시려고 내게 기름을 부으시고, 나를 보내사 포로 된 자에게 자유를, 눈 먼 자에게 다시 보게 함을 전파하며, 눌린 자를 자유롭게 하고, 주의 은혜의 해를 전파하게 하려 하심이라(눅 4:18-19).

예수님께서 이 땅에 오신 목적은 영육 간에 핍절한 사람들에게 복음을 전하시는 것이었습니다. 그것은 단순히 복음에 대한 지식이나 정보의 전달을 의미하지 않았습니다. 예수님께 복음 전파는 죄와 악의 포로 된 인간에게 자유를 주시고, 세상의 보이는 것에만 시선이 고정된 근시안적 인간으로 하여금 보이는 것 너머의 보이지 않는 영원을 바라보게 하시며, 자기 욕망의 억압 속에 갇혀 있는 인간을 해방시켜 주시는 것이었습니다. 한마디로 말해, 하나님께서 구약성경 레위기 25장을 통해 명령하신 '희년'의 해방을 실행하시는 것이었습니다.

일평생 죄와 악의 사슬에 묶여, 목전의 것에만 시선을 고정시킨 근시안으로, 자기 욕망의 억압 속에 갇혀 살아가는 사람이라면, 설령 새해를 일백 번을 맞는다 한들, 그 모든 시간들은 순식간에 무의미한 과거로 증발해 버리고 말 것이요, 그보다 더 덧없고 허무한 인생은 없을 것입니다. 그 인생은 아무리 미화해도, 이스라엘 백성을 400년 동안이나 예속했던 이집트의 노예살이와 조금도 다를 바 없습니다. 그러나 그 사람이 자신을 예속하고 있는 유무형의 모든 억압에서 주님의 은혜로 출애굽하여, 보이는 광야 너머의 보이지 않는 약속의 땅―가나안을 지향한다면, 그 사람의 현재와 미래 속에서 지나간 이집트 노예살이의 시간마저 그 의미가 새롭게 되살아나지 않겠습니까?

예수님께서는 바로 그 살아 있는 복음을 우리에게 전해 주시고, 우리의 것으로 삼아 주시기 위해 2천 년 전 이 땅에 오셨습니다. 그리고 그 예수님께서, 오늘 성탄주일과 송년주일을 동시에 맞은 우리를 위해 2천 년 전부터 예배해 두신 말씀이 바로 오늘의 본문입니다.

바울은 지금, 아그립바 왕의 요청으로 베스도 총독이 개최한 청문회장에서 자기 변증을 하고 있습니다. 바울에게 자기 변증은 주님을 증언하는 것이었습니다. 바울은 그 청문회장에서, 예수님을 부정하면서 교회를 짓밟던 자신이 어떻게 예수님의 부르심을 받게 되었는지를 증언하고 있습니다. 예루살렘에서 213킬로미터나 떨어진 다메섹의 그리스도인들까지 색출하기 위해 다메섹으로 향하던 청년 바울에게, 예수님께서 정오의 태양보다 더 밝은 빛으로 임하셨습니다. 그 빛으로 인해 청년 바울과 그의 일행은 모두 땅바닥에 고꾸라지고 말았습니다. 예수님께서는 그들 가운데 유독 청년 바울을 지목하시어, 당시 그의 이름인 '사울'로 그를 부르시며 말씀하셨습니다.

> 우리가 다 땅에 엎드러지매, 내가 소리를 들으니 히브리 말로 이르되 사울아 사울아, 네가 어찌하여 나를 박해하느냐? 가시채를 뒷발질하기가 네게 고생이니라(14절).

예수님께서 하신 말씀의 의미에 대해서는 지난 시간에 생각해 보았습니다. 이 시간에 우리가 주목할 것은 예수님께서 청년 바울에게 히브리어로 말씀하셨다는 사실입니다. 청년 바울은 로마인이나 인도인이 아니었습니다. 그는 단지 로마 시민권 소지자였을 뿐, 엄연한 유대인이었습니다. 예수님께서도 이 땅에 유대인으로 오셨댔습니다. 유대인이셨던 예수님께서 유대인 청년 바울에게 유대인의 상용어인 히브리어로 말씀하신 것은 지극히 당연한 일일 뿐, 조금도 새삼스러울 것이 없습니다. 그런데도 본문은 예수님께서 청년 바울에게 히브리어로 말씀하셨음을 굳이 밝히고 있습니다. 지극히 당연한 일을, 마치 대단한 일처럼 특기한 것입니다. 대체 그 이유가 무엇이겠습니까? 성자 하나님이신 예수님께서 당신을 짓밟는 청년 폭도 바울에게 당신을 맞추어 주셨음을 강조하기 위함입니다.

신을 만나기 위해서는 끝도 모를 순례의 길을 헤매야 한다고 오해하던 인간들에게 하나님께서, 인간이 하나님께 자신을 맞추어 하나님을 찾아와야만 구원을 받을 수 있다고 하셨다면, 한낱 미물에 지나지 않는 인간 가운데 어느 인간이 자신을 하나님께 맞추어 하나님을 찾아 구원을 얻을 수 있겠습니까? 그것이 불가능하기에, 성자 하나님이신 예수님께서 인간에게 당신을 맞추어 주시기 위해 인간의 역사 속으로 몸소 침투해 들어오셨습니다. 예수님께서 짐승의 외양간 구유에서 태어나신 까닭이 거기에 있습니다. 구유는 짐승의 밥통입니다. 아무리 가난한 사람도 더러운 짐승의 밥통을, 갓 태어난 자기 자식의 침대로 삼지는 않습니다. 반면에 예수님께서는 성자 하나님이셨습니다. 이 세상에서 아무리 지체가 높은 사람도, 당시 절대 권력을 휘두르던 로마제국의 황제조차도, 감히 성자 하나님께는 그 발치에도 미칠 수 없었습니다.

이처럼 예수님께서 이 세상에서 가장 가난하고 비천한 사람보다 더 낮은 지체로 이 땅에 오셨고, 이 세상에서 가장 높은 지체보다 더 높은 분이셨기에, 이 세상 모든 사람에게 당신을 맞추어 주실 수 있었습니다. 가난한 사람에게도, 부요한 사람에게도, 비천한 사람에게도, 지체가 높은 사람에게도, 배우지 못한 사람에게도, 학식에 뛰어난 사람에게도, 죄와 악의 사슬에 묶여 있는 사람에게도, 보이는 것 너머를 보지 못하는 근시안적인 사람에게도, 자기 욕망의 억압에 갇혀 있는 사람에게도, 당신을 온전히 맞추어 주실 수 있었습니다. 그래서 예수님께서는 당신을 짓밟는 청년 폭도 바울에게도 당신을 맞추어 히브리어로 그에게 말씀하셨습니다. 만약 청년 바울이 한국인이었다면, 예수님께서는 한국인 청년 바울에게 당신을 맞추어 한국어로 말씀하셨을 것입니다.

예수님께서 이 세상 모든 사람에게 당신을 맞추어 주시는 것은, 낮고 낮은 인간의 수준에 머물러 정착하시고자 함이 아닙니다. 인간에게 당신을 맞추어 먼저 찾아가셔서, 그를 붙잡아 당신과 동행하는 새로운 존재로 일으켜 세워 주시기 위함입니다. 히브리어로 청년 바울을 부르신 예수님께서 역시 히브리어로 그에게 명령하셨습니다.

> 일어나 너의 발로 서라. 내가 네가 나타난 것은, 곧 네가 나를 본 일과 장차 내가 네게 나타날 일에 너로 종과 증인을 삼으려 함이니, 이스라엘과 이방인들에게서 내가 너를 구원하여 그들에게 보내어, 그 눈을 뜨게 하여 어둠에서 빛으로, 사탄의 권세에서 하나님께로 돌아오게 하고, 죄 사함과 나를 믿어 거룩하게 된 무리 가운데서 기업을 얻게 하리라 하더이다(16-18절).

예수님께서 땅바닥에 고꾸라져 있는 청년 바울에게 "일어나 너의 발로 서라"고 명령하셨습니다. 다시 일어나, 교회를 짓밟던 옛 삶을 계속하라는 말씀이 아니었습니다. 그릇된 옛 삶을 벗어나, 죄와 욕망과 어둠과 죽음의 억압에 갇혀 있는 세상 사람들을 구해 내는 예수님의 증인으로, 새로운 삶을 시작하라는 명령이었습니다. 예수님을 부정하던 청년 폭도 바울이, 어떻게 그렇게 새로운 삶을 살아갈 수 있겠습니까? 예수님께서 그렇게 명령만 하시면 가능해지는 것입니까? 청년 폭도 바울을 죄와 죽음의 그릇된 삶에서 일으켜 세우신 예수님께서, 그가 당신의 증인으로 살 수 있게끔 당신의 짧지 않은 손으로 계속 붙드시고 이끌어 주실 것인즉, 그렇게 살아가라는 명령이셨습니다.

예수님께서 청년 폭도 바울에게 당신을 맞추어 먼저 찾아가시고, 그를 새롭게 일으켜 세워 주시지 않았다면 어떻게 되었겠습니까? 유대교의 엘리트였던 청년 바울은 누구보다 투철한 사명감으로 일생토록, 예수님을 부정하고 교회 짓밟기를 천직으로 삼고 살았을 것입니다. 그 열심으로 바울은 분명히 유대교 최고 지도자 자리를 꿰찼을 것이요, 대제사장들처럼 하나님의 이름을 빙자하여 부귀영화를 누렸을 것입니다. 하지만 그것은 죄악의 사슬에 얽매인 길이요, 사리를 분별치 못하는 근시안의 길이요, 자기 욕망의 억압에 갇힌 길이요, 결국엔 죽음의 형벌로 이어지는 절망과 좌절의 길일 뿐이었습니다.

예수님께서 그 빗나간 길 위의 청년 바울에게 당신을 맞추어 그를 먼저 찾아가서서, 그를 붙들어 당신의 증인으로 일으켜 세우시고, 그가 그렇게 살 수 있도록 그와 동행해 주셨습니다. 그 결과 무의미하게 사라져 버릴 뻔했던 바울의 과거마저 그에게 주어진 새로운 현재와 미래 속에서, 모두 새로운 의미로 되살아났습니다. 누구보다 앞장서서 예수님을 부정했던 바울이었기에, 자신을 구원해 주신 예수님을 위해 누구보다 치열하게 살 수 있었고, 심지어 예수님을 위해서라면 자신의 생명조차 조금도 아까워하지 않을 수 있었습니다. 이처럼 예수님의 은혜 속에서 바울의 과거와 현재와 미래가 단절되지 않고 한데 어우러짐으로, 바울은 우리가 성경을 통해 아는 바대로의 위대한 사도 바울이 될 수 있었습니다.

예수님께서 청년 바울처럼 젊고 유능한 엘리트에게만 당신을 맞추어 새로운 존재로 일으켜 세워 주시는 것은 아닙니다.

예루살렘성전 동쪽 출입문인 '니카노르 문'은 성전 출입문 가운데 가장 아름다워. 사람들은 그 출입문을 '미문Beautiful Gate'이라 불렀습니다. 사도행전 3장에 의하면, 그 미문 앞에는 매일 구걸로 연명하는 걸인이 앉아 있었습니다. 사도행전 4장 22절은, 선천성 하반신 마비자였던 그 걸인의 나이가 '사십여 세'였음을 밝혀 주고 있습니다. 2천 년 전 당시의 평균수명으로 사십여 세라면, 이미 인생 말년에 접어든 나이였습니다. 특히 걸인이라면, 죽음을 앞둔 노인이나 마찬가지였습니다. 선천성 하반신 마비자로 태어나 인생 말년에 접어들기까지 일평생 구걸로 연명해야 하는 걸인이라면, 그 걸인은 가장 비천하고 불쌍한 인간의 표상이었습니다. 그 걸인이 예루살렘성전에서 가장 아름다운 미문 앞에서 구걸하기에, 아름다운 미문과 대조적인 그의 몰골은 더 비천하고 불쌍해 보였을 것입니다.

베드로가 요한과 함께 성전에서 기도하기 위해 미문으로 들어가려다가, 자기에게 적선을 요청하는 그 걸인을 응시하였습니다. 베드로는 그 걸인에게 자신을 주목할 것을 요구하였고, 걸인은 베드로에게 무엇을 얻을까 하고 베드로에게 자신의 온 시선을 집중하였습니다. 선 채로 선천성 하반신 마비자를 내려다보는 베드로의 시선과, 땅바닥에 앉아 베드로를 올려다보는 선천성 하반신 마비자의 시선이 맞부딪혔습니다. 베드로가 걸인의 눈을 들여다보며 말했습니다. '형제여, 나에게는 그대가 요구하는 금과 은은 없습니다. 그러나 그보다 더 귀한 것을 그대에게 드리겠습니다. 나사렛 예수 그리스도의 이름으로 일어나 걸으십시오' 하고, 베드로가 걸인의 오른손을 붙잡아 일으켰습니다.

겉으로는 분명히 베드로가 걸인의 손을 붙잡아 일으켰습니다. 그러나 사실은 태어난 이래 단 한 번도 일어나 걸어 본 적이 없는, 그 비천하고 불쌍한 선천성 하반신 마비자를, 예수님께서 베드로를 통해 먼저 찾아가 주신 것이었습니다. 그리고 그 걸인에게 당신을 맞추어, 당신의 짧지 않은 손으로 걸인을 붙잡아 일으켜 주셨습니다. 그 순간 선천성 하반신 마비자 걸인의 발과 발목이 힘을 얻어, 그가 벌떡 일어섰습니다. 인생 말년에 접어들어서야, 난생처음 자기 발로 일어선 것이었습니다. 그는 걷기도 하고 뛰기도 하며, 한 번도 통과해 본 적이 없는 미문을 통과하여 성전에서 하나님을 찬양하였습니다.

그가 선천성 하반신 마비자로 성전 미문 앞에서 구걸하던 40여 년은, 절망과 좌절과 자포자기에 갇힌 형극의 세월이었습니다. 그가 보잘것없는 자기에게 당신을 맞추어 일으켜 세워 주신 예수님에 의해 걷기도 하고 뛰기도 한 것은, 그동안 그를 짓눌렀던 절망과 좌절과 자포자기의 억압에서 해방되었음을 의미했습니다. 예수님에 의해, 예수님 안에서 전혀 새로운 현재와 미래를 누리게 된 것이었습니다. 그 새로운 현재와 미래 속에서, 선천성 하반신 마비자 걸인으로 살아온 그의 지난 40여 년도 새로운 의미로 되살아나지 않을 수 없었습니다. 40여 년 동안이나 선천성 하반신 마비자로 살아온 만큼 누구보다 더 온 마음을 다해, 자신을 일으켜 세워 주신 예수님과 동행하는 삶을 살았을 것이기 때문입니다.

그 예수님께서 지금, 성탄주일과 송년주일을 동시에 맞은 우리 가운데 임해 계십니다. 그리고 당신을 우리 각자의 수준에 맞게 맞추어 주시며, 우리를 붙들어 일으켜 세워 주시기 위해 당신의 짧지 않은 손을 우리에게 내밀고 계십니다. 우리 모두 그 예수님의 손을 붙잡고, 죄와 죽음의 속박에서 일어서십시다. 자기 근시안과 자기 욕망의 억압에서 일어서십시다. 절망과 좌절과 자포자기의 나락에서 일어서십시다. 예수님의 짧지 않은 손을 꼭 붙잡고, 새로운 현재와 미래가 활짝 펼쳐진 새해의 미문으로 들어가십시다. 예수님 안에서 누리는 새로운 현재와 미래 속에서, 무의미하게 흘려보낸 우리의 과거마저 그 의미가 새롭게 되살아날 것입니다.

그래서 예수님과 동행하는 우리의 인생은 결코 덧없거나 허무할 수 없습니다. 예수님 안에서 과거와 현재와 미래가 한데 어우러져 매일 새로운 의미로 되살아나는 우리의 인생은, 날마다 새날과 새해로 엮어질 것입니다. 이 모든 것이 예수님의 성탄으로 비로소 가능해졌기에, 우리는 온 마음을 다해 예수님의 성탄을 찬양하지 않을 수 없습니다. 메리 크리스마스!

이 기쁜 성탄절, 우리에게 당신을 맞추어 우리를 찾아와 주시고, 우리를 붙잡아 일으켜 세워 주시기 위해 당신의 짧지 않은 손을 우리에게 내밀고 계시는 예수님! 송년주일을 맞아 우리 모두 예수님의 손을 의지하여, 죄와 죽음의 속박에서 일어서게 해주십시오. 자기 근시안과 자기 욕망의 억압에서 일어서게 해주십시오. 절망과 좌절과 자포자기의 나락에서 일어서게 해주십시오. 예수님의 손을 꼭 붙잡고, 우리 앞에 활짝 펼쳐져 있는 새로운 현재와 미래의 미문으로 들어가게 해주십시오. 그 현재와 미래 속에서 무의미했던 우리의 과거마저 새로운 의미로 되살아나게 해주셔서, 덧없거나 허무한 인생이 아니라, 매일매일 예수님의 증인으로 살아가는 진정한 새해를 누리게 해주십시오.

*특별찬양 〈금과 은 나 없어도〉 이지수

베드로와 요한이 기도하러 올라갈새
성전 미문에 앉은 앉은뱅이 구걸을 하였네

금과 은 나 없어도 내게 있는 것 네게 주니

곧 나사렛 예수 이름으로 일어나 걸으라

그는 걸었네 뛰었네 찬양했네

그는 걸었네 뛰었네 찬양했네

곧 나사렛 예수 이름으로 일어나 걸으라

그는 걸었네 뛰었네 찬양했네

그는 걸었네 뛰었네 찬양했네

곧 나사렛 예수 이름으로 일어나 걸으라

예수님의 이름으로 기도드립니다. 아멘.

13. 그 눈을 뜨게 하여

사도행전 26장 16-18절

일어나 너의 발로 서라 내가 네게 나타난 것은 곧 네가 나를 본 일과 장차 내가 네게 나타날 일에 너로 종과 증인을 삼으려 함이니 이스라엘과 이방인들에게서 내가 너를 구원하여 그들에게 보내어 **그 눈을 뜨게 하여** 어둠에서 빛으로, 사탄의 권세에서 하나님께로 돌아오게 하고 죄사함과 나를 믿어 거룩하게 된 무리 가운데서 기업을 얻게 하리라 하더이다

바울은 지금, 아그립바 왕의 요청으로 베스도 총독이 개최한 청문회장에서 자기 변증을 하고 있습니다. 바울에게 자기 변증은 주님을 증언하는 것이었습니다. 바울은 그 청문회장에서, 예수님을 부정하며 교회를 짓밟던 자신이 어떻게 예수님의 부르심을 받게 되었는지를 증언하고 있습니다. 예루살렘에서 213킬로미터나 떨어진 다메섹의 그리스도인들까지 색출하기 위해 다메섹으로 향하던 청년 바울에게, 예수님께서 정오의 태양보다 더 밝은 빛으로 임하셨습니다. 그 빛으로 인해 청년 바울과 그의 일행은 모두 땅바닥

에 고꾸라지고 말았습니다. 예수님께서는 그들 가운데 유독 청년 바울을 지목하시어, 당시 그의 이름인 사울로 그를 부르셨습니다. 그리고 땅바닥에 고꾸라져 있는 청년 바울에게 예수님께서 내리신 첫 번째 명령은 '일어나 너의 발로 서라'는 것이었습니다.

그것은 다시 일어나, 교회를 짓밟던 옛 삶을 그대로 답습하라는 말씀이 아니었습니다. 죄와 욕망과 어둠과 죽음의 억압에 갇혀 있는 세상 사람들을 구해 내는 예수님의 도구로, 새로운 삶을 시작하라는 명령이었습니다. 예수님의 빛에 사로잡혀 청년 바울이 땅바닥에 고꾸라지는 순간, 그의 옛 사람은 예수님 안에서 죽었습니다. 그리고 예수님의 명령에 의지하여 그의 발로 다시 일어서는 순간부터, 그에게는 예수님에 의해 새로운 현재와 미래가 주어졌습니다.

그 결과 무의미하게 사라져 버릴 뻔했던 바울의 과거마저 그에게 주어진 새로운 현재와 미래 속에서, 모두 새로운 의미로 되살아났습니다. 누구보다 앞장서서 예수님을 부정했던 바울이었기에, 자신을 구원해 주신 예수님을 위해 누구보다 치열하게 살 수 있었고, 심지어 예수님을 위해서라면 자신의 생명조차 조금도 아까워하지 않을 수 있었습니다. 이처럼 예수님의 은혜 속에서 바울의 과거와 현재와 미래가 각각 단절되지 않고 한데 어우러짐으로, 바울은 우리가 성경을 통해 아는 바대로의 위대한 사도 바울이 될 수 있었습니다.

그리고 오늘의 본문은 바울에게 주어진 새로운 현재와 미래, 다시 말해 그가 예수님 안에서 살아갈 새로운 삶에 대해 구체적으로 밝혀 주고 있습니다.

일어나 너의 발로 서라. 내가 네게 나타난 것은 곧 네가 나를 본 일과 장차 내가 네게 나타날 일에 너로 종과 증인을 삼으려 함이니(16절).

예수님께서는 당신의 "종"과 "증인"으로 삼기 위해 바울을 부르셨습니다. 우리말 '종'으로 번역된 헬라어 명사 '휘페레테스ύπηρέτης'는, 배 밑장에서 노를 젓는 노예를 일컫습니다. 배 밑창에는 바깥을 내다볼 수 있는 창문이 없습니다. 휘페레테스는 자신이 노를 젓는 배가 어느 방향으로 가는지 알지 못합니다. 그에게는 자기 결정권이 없습니다. 그는 단지 고수가 치는 북의 속도에 맞추어, 모든 힘과 의지를 다해 노를 저을 뿐입니다. 그 배가 어느 방향으로 어느 정도의 속도로 항해할 것인가, 어디에서 멈출 것인가는 전적으로 함장의 소관입니다. 바울은 그런 휘페레테스로 예수님의 부르심을 받았습니다.

또 우리말 '증인'으로 번역된 헬라어 명사 '마르튀스μάρτυς'에서 '순교자'를 뜻하는 라틴어 '마르티르'가 유래하였습니다. 증인은 자신의 증언에 대해 목숨을 거는 사람입니다. 요즈음 법정이나 청문회장에서 위증 문제가 대두되고 있습니다. 위증은 진실을 은폐하려는 거짓일 뿐, 증인의 증언일 수 없습니다. 증인은 자신이 알고 있는 진실에 대해 자기 생명을 거는 사람이기에, 어떤 경우에도 위증할 수 없습니다. 바울은 이미 본 것과 앞으로 보게 될 것을 증언하기 위해 자신의 생명을 걸어야 하는 마르튀스로 부르심을 받았습니다.

바울은 그 이후 일평생 동안 예수님의 휘페레테스와 마르튀스로 살았습니다. 자신의 의지를 다해 예수님의 이끄심에 자신을 맡기고, 예수님의 휘페레테스와 마르튀스로 살기 위해 자신의 생명을 걸었습니다. 예수님께서 자신의 죗값을 대신 치러 주시기 위해 십자가의 제물로 돌아가셨다가, 죽음의 권세를 깨뜨리고 삼 일 만에 다시 살아나신 메시아이심을 알았기 때문입니다. 그 메시아에게 자신의 인생을 맡기고, 의지를 다해 그분의 이끄심을 좇아 목숨을 걸고 그분의 휘페레테스와 마르튀스로 살아가는 것은, 바로 자신의 인생에 영원한 의미와 가치를 부여하는 것이었습니다.

청년 바울을 다시 일으켜 세우신 예수님께서 그에게 계속 말씀하셨습니다.

이스라엘과 이방인들에게서 내가 너를 구원하여 그들에게 보내어(17절).

"이스라엘과 이방인들"이라면 세상의 모든 사람들을 일컫습니다. 예수님께서 세상 모든 사람들 가운데 교회를 짓밟던 바울을 먼저 구원하여 주신 것은, 바울 홀로 잘 먹고 잘 살라 하심이 아니었습니다. 그 바울을 세상 사람들에게 당신의 휘페레테스와 마르튀스로 보내시기 위함이었습니다. 세상 사람들보다 먼저 예수님의 구원의 은총을 입은 우리가 올 한 해 동안 우리 자신의 유익만을 위해 살려 한다면, 올 한 해 동안 아무리 많은 것을 얻고 누린다 해도, 우리의 인생은 올 한 해의 길이만큼 무의미하게 쇠퇴하고 말 것입니다. 하지만 우리가 올 한 해 동안 무엇을 하든지 세상 사람들을 위해 예수님의 휘페레테스와 마르튀스로 살아간다면, 우리의 인생에서 올 한 해는 사라지지 않고, 돈으로 살 수 없는 소중한 인생 경륜과 신앙 경륜으로 축적될 것입니다.

그 눈을 뜨게 하여 어둠에서 빛으로, 사탄의 권세에서 하나님께로 돌아오게 하고(18절 상).

예수님께서 바울을 세상 사람들에게 당신의 휘페레테스와 마르투스로 보내시는 것은, 세상 사람들의 "눈을 뜨게" 해주시기 위함이었습니다. 2천 년 전 바울 당시의 사람들이 모두 앞을 보지 못하는 맹인이었다는 말이 아닙니다. 사람들은 분명히 사물을 인식할 수 있는 두 눈들을 지니고 있었습니다. 하지만 그들은 정작 중요한 것은 전혀 보지 못했습니다. 그들은 어둠 속에서 살면서도 그들이 어둠 속에 갇혀 있다는 사실조차 인식하지 못했습니다. 사탄의 속박 속에 살면서도 사탄의 노예라는 사실을 자각하지도 못했습니다. 그래서 예수님께서 바울을 세상 사람들에게 보내어 "그 눈을 뜨게 하여 어둠에서 빛으로, 사탄의 권세에서 하나님께로 돌아오게" 하셨습니다. 어둠에 갇힌 사람이 눈을 떠 빛을 보아야 자신을 속박하고 있는 어둠을 볼 수 있고, 사탄의 권세에 매여 사는 사람이 눈을 떠 하나님을 보아야 자신이 사탄의 노예임을 알 수 있습니다.

예수님께서 세상 사람들의 '눈을 뜨게' 하신다는 말씀의 의미를 보다 구체적으로 바울에게 설명해 주셨습니다.

> 죄사함과 나를 믿어 거룩하게 된 무리 가운데서 기업을 얻게 하리라 하더이다(18절 하).

세상 사람들로 하여금 예수님을 믿어 죄사함을 얻고 하나님의 거룩한 자녀들 무리 가운데 속하게 해주시는 것, 그것이 예수님께서 세상 사람들의 '눈을 뜨게' 해주시는 것이었습니다. 한마디로 말해 메시아이신 예수님 당신께 '눈을 뜨게' 해주시는 것이었습니다.

의인이 아니라 죄인을 구원하러 오신 예수님께 눈을 뜨면, 자신이 죄인임을 인식하게 됩니다. 인간의 죗값을 대신 치러 주시기 위해 십자가의 제물로 죽으셨다가 삼 일 만에 다시 살아나신 예수님께 눈을 뜨면, 그 예수님만 자신을 위한 메시아이심을 알게 됩니다. 빛이신 예수님께 눈을 뜨면, 자신이 그동안 어둠의 감옥에 갇혀 있었음을 자각하게 됩니다. 진리이신 예수님께 눈을 뜨면, 자신이 사탄의 노예였음을 깨닫게 됩니다. 성자 하나님이신 예수님께 눈을 뜨면, 자신이 예수님 안에서 하나님 아버지의 거룩한 자녀가 되었음을 분별하게 됩니다. 모든 것을 소멸시키는 죽음의 권세를 깨뜨리고 삼 일 만에 다시 살아나신 예수님께 눈을 뜨면, 어떤 상황 속에서도 예수님의 휘페레테스와 마르튀스로 살아갈 수 있습니다. 삼 일 만에 다시 살아나신 예수님의 시선으로 자신을 객관화시켜 봄으로, 예수님의 휘페레테스와 마르튀스로 살다가 죽어도 삼 일 만에 다시 살아날 것이요, 죽으면 반드시 삼 일 만에 보다 새로운 존재로 정말 다시 살아날 것을 분명히 확인할 수 있기 때문입니다. 지난 주일에 살펴보았던 것처럼 예수님께서 메시아이신 당신을 하나님의 시선으로 객관화시켜 보심으로, 제자들은 생각으로도 받아들이려 하지 않았던 그 참혹한 십자가의 죽음을 당신의 온몸으로 기꺼이 감수하셨던 것과 같은 이치입니다.

예수님께서 세상 사람들의 눈을 뜨게 하는 그 귀한 소명을, 다메섹 도상에서 오직 당신의 은혜로 불러내신 바울에게 그렇게 부여하셨습니다.

예수님께서 비유로 말씀하셨습니다.

맹인이 맹인을 인도할 수 있느냐 둘이 다 구덩이에 빠지지 아니하겠느냐
(눅 6:39).

백 번 옳으신 말씀입니다. 맹인은 맹인을 인도할 수 없습니다. 맹인을 인도하는 사람은 맹인이 아니라, 반드시 눈 뜬 사람이어야 합니다. 바울이 세상

사람들의 눈을 뜨게 하는 거룩한 소명을 완수하기 위해서는, 그 자신이 먼저 눈 뜬 사람이어야만 했습니다. 다시 말해 예수님께서 바울을 당신의 휘페레테스와 마르튀스로 사용하시어 세상 사람들의 눈을 뜨게 해주시기 위해서는, 바울의 눈을 먼저 뜨게 해주셔야 했습니다.

다메섹 도상에서 예수님의 빛에 휩싸여 땅바닥에 고꾸라진 바울이 '일어나 너의 발로 서라'는 예수님의 명령에 의지하여 다시 일어서긴 했지만, 더 이상 앞을 볼 수는 없었습니다. 시력을 상실한 것이었습니다. 조금 전까지 다메섹을 향해 보무도 당당하게 나아가던 바울은 앞을 보지 못해, 일행의 손에 이끌려서야 겨우 다메섹에 입성할 수 있었습니다. 그리고 다메섹의 직가에 있는 유다의 집을 숙소로 삼은 바울은 사흘 동안 앞을 보지도, 무엇을 먹지도, 마시지도 못했습니다. 사흘이 지나 예수님께서 다메섹의 아나니아로 하여금 바울을 찾아가 기도하게 하셨습니다.

> 아나니아가 떠나 그 집에 들어가서 그에게 안수하여 이르되, 형제 사울아, 주 곧 네가 오는 길에서 나타나셨던 예수께서 나를 보내어 너로 다시 보게 하시고 성령으로 충만하게 하신다 하니, 즉시 사울의 눈에서 비늘 같은 것이 벗어져 다시 보게 된지라, 일어나 세례를 받고 음식을 먹으매 강건하여지니라(행 9:17-19상).

앞에서 말씀드린 것처럼 사울은 바울의 옛 이름입니다. 아나니아가 바울의 머리에 손을 얹고 기도하자 바울이 다시 보게 되었고, 음식을 먹을 수도 있었습니다. 중요한 사실은 그 순간에 바울의 눈에서 "비늘 같은 것이 벗어"졌다는 것입니다. 바울의 눈에는 그동안 생선 비늘 같은 것이 덮여 있었지만, 바울은 그 사실을 전혀 자각하지 못했습니다. 생각해 보십시오. 생선 비늘 같은 것이 뒤덮인 눈으로 무엇인들 제대로 볼 수 있었겠습니까? 그것은 예수님과 바울 사이를 차단시키는 죄의 비늘이었습니다. 그 죄의 비늘을 뒤집어 쓴 눈으로는, 바울은 예수님을 볼 수도 알 수도 없었습니다. 그 눈으로 바울이 한 것이라고는 예수님을 부정하면서, 교회를 짓밟는 것뿐이었습니다.

그러므로 아나니아의 기도로 바울이 다시 보게 된 것은, 단순히 다메섹 도상에서 잃었던 시력의 회복만을 의미하지 않았습니다. 예수님의 은혜로 눈에서 죄의 비늘이 벗겨진 바울이, 메시아이신 예수님에 대해 비로소 눈 뜨게 되었음을 의미했습니다. 우리말 '다시 보다'로 번역된 헬라어 동사 '아나블레포ἀναβλέπω'는 '위'를 뜻하는 전치사 '아나ἀνά'와 '보다'는 의미의 동사 '블레포βλέπω'가 합쳐진 합성어로, '위로 보다', '우러러보다'는 의미이기도 합니다. 바울이 눈을 들어, 자신의 죗값을 대신 치르시려 십자가의 제물로 죽으셨다가 죽음을 깨뜨리고 삼 일 만에 다시 살아나신 예수님에 대해 눈을 뜨게 된 것이었습니다. 나아가 예수님의 시선으로 자신을 객관화시켜 볼 수 있게 되었습니다. 예수님을 좇다 죽어도 삼 일 만에 다시 살 것이요, 죽으면 반드시 삼 일 만에 정말 새롭게 다시 살아날 것을 확신하게 된 것이었습니다.

예수님에 대해 눈을 뜬 바울은, 세상 사람들의 눈을 뜨게 해주는 예수님의 휘페레테스와 마르튀스로 살기 위해 자신의 생명을 걸었습니다. 삼 일 만에 다시 살아나신 예수님에 대해 눈을 뜨고 보니, 세상 사람들의 눈을 뜨게 해주는 것보다 자신의 인생을 더 존귀하게 하는 길은 없었습니다.

저 자신의 경험을 말씀드리는 것을 양해해 주시기 바랍니다. 혹 수면제를 복용하는 분들은, 제 이야기에 오해 없으시기 바랍니다. 제가 말씀드리는 것은 전적으로, 저 자신에게 국한된 이야기입니다. 우리 교회가 창립된 이후부터 양화진을 사유화했거나 우리 교회를 시기하는 개인과 단체로부터 심한 모함을 받으면서, 저는 밤마다 불면에 시달리게 되었습니다. 시간이 흘러도 상태가 호전되지 않아, 저는 평생 손을 대본 적도 없었던 수면제를 복용하기 시작했습니다. 처음에는 주일예배를 위해 주말이라도 제대로 잠을 자려 주말에만 수면제를 복용하였습니다. 그러다가 4년 전 암수술을 받으면서 방광의 일부를 절제한 탓에, 하룻밤에 일곱 번씩 화장실을 가느라 도무지 잠을 잘 수 없어 매일 밤 수면제를 복용하기에 이르렀습니다. 그러다 보니 수면제 없이는 하루도 잠을 잘 수 없게 되었습니다. 밤마다 수면제에 의존하여 잠을 자는 것이 대단히 꺼림칙했지만 현실적으로 그 이외의 다른 길이 없어, 매일 밤 수면제 복용은 제 일상이 되었습니다.

2015년 9월 29일 밤이었습니다. 잠자리에 들기 직전, 갑자기 집이 빙그르르 돌아가는 현기증이 저를 괴롭혔습니다. 제게 아주 드물게 나타나는 현상으로, 그럴 경우에 현기증에서 벗어나는 데 적잖은 시간이 필요했습니다. 그런 상황에서 최면 작용을 일으키는 수면제를 복용하는 것은 적절하지 않다는 생각에, 그날 밤 처음으로 수면제를 복용하지 않고 잠자리에 들었습니다. 잠이 올 리가 없었습니다. 새벽 2시가 훌쩍 넘어서까지 불면에 시달리던 저는 그만 잠자리에서 일어났습니다. 수면제를 복용하기 위해서였습니다. 불을 켜지 않아 캄캄했지만, 방 구조에 익숙한 저는 어둠 속에서 수면제가 들어 있는 서랍장으로 가서 서랍을 열었습니다. 그리고 약통에서 막 수면제를 꺼내려는 순간이었습니다. 바로 그 순간에 우연히, 제가 제 밖에서 제3자의 시선으로 저 자신을 바라보게 되었습니다. 제가 제 밖에서 제3자의 시선으로 바라본 제 모습, 한밤중에 잠자리를 박차고 일어나 칠흑 같은 어둠 속에서 서랍을 열고 마약류로 분류되는 수면제를 꺼내려는 제 모습, 그것은 영락없는 약물중독자의 모습이었습니다. 한때 알코올중독자처럼 살았을 때의 제 모습과 조금도 다르지 않았습니다. 저는 수면제 약통을 그대로 내려놓고 서랍을 닫은 후, 다시 잠자리에 누웠습니다. 그리고 그날 밤부터 저는 수면 제와 불면의 속박에서 해방되었습니다. 그날 이후 저는 지금까지 1년 4개월째 단 한 정의 수면제도 복용하지 않고, 언제 불면에 시달렸냐는 듯, 매일 밤 정상적으로 잠을 자고 있습니다.

하찮은 인간인 제가 제3자의 시선으로 저를 객관화시켜 보는 것만으로도, 매일 밤 수면제를 의존하지 않고서는 잠을 자지 못하던 제 삶이 교정되었습니다. 하물며 우리가 삼 일 만에 다시 살아나신 예수님에 대해 뜬 눈으로 살아간다면, 삼 일 만에 다시 살아나신 예수님의 시선으로 우리 자신을 객관화시켜 보며 살아간다면, 우리의 삶이 삼 일 만에 다시 살아나신 예수님 안에서 어찌 본질적으로 새로워지지 않겠습니까? 말씀과 기도를 통한 경건 훈련 역시, 삼 일 만에 다시 살아나신 예수님의 시선으로 우리 자신을 날마다 객관화시켜 보며 살아가기 위함입니다.

삼 일 만에 다시 살아나신 예수님의 시선으로 자신을 객관화시키며 살아가는 사람만, 삶은 죽음일 뿐이요 죽음이 도리어 삶임을 알게 됩니다. 삼 일 만에 다시 살아나신 예수님의 시선으로 자신을 객관화시키며 살아가는 사람만, 매 순간 어둠에서 탈피하여 빛을 지향할 수 있습니다. 삼 일 만에 다시 살아나신 예수님의 시선으로 자신을 객관화시키며 살아가는 사람만, 더 이상 사탄의 노예가 아니라 하나님의 거룩한 자녀로 살아갈 수 있습니다. 삼 일 만에 다시 살아나신 예수님의 시선으로 자신을 객관화시키며 살아가는 사람만, 세상 사람들의 눈을 뜨게 해주는 예수님의 휘페레테스와 마르튀스로 살기 위해 자신의 생명을 걸 수 있습니다. 삼 일 만에 다시 살아나신 예수님의 시선으로 자신을 객관화시키며 살아가는 사람만 죽어도 삼 일 만에 다시 살고, 죽으면 반드시 삼 일 만에 정말 새롭게 다시 살아남을 확실하게 알기 때문입니다.

바울의 눈에서 죄의 비늘을 벗겨 메시아이신 당신께 눈을 뜨게 해주신 예수님께서 지금 이 시간, 우리 가운데 임해 계십니다. 십자가의 예수님께서 우리의 눈에서, 당신과 우리 사이를 가로막고 있던 죄의 비늘을 이미 거두어 주셨습니다. 우리 모두 비늘 벗은 눈으로, 삼 일 만에 다시 살아나신 예수님을 향해 똑바로 눈을 뜨십시다. 삼 일 만에 다시 살아나신 예수님의 시선으로 우리를 객관화시키며, 어둠을 어둠인 줄 알지 못하는 세상 사람들의 눈을 뜨게 해주는 예수님의 휘페레테스와 마르튀스로 살아가십시다. 삼 일 만에 다시 살아나신 예수님에 대해 뜬 눈으로, 세상 사람들의 눈을 뜨게 해주는 삶보다 더 새로운 삶은 없습니다. 새날 새해는 절로 주어지지 않습니다. 삼 일 만에 다시 살아나신 예수님에 대해 눈을 뜨는 순간부터, 우리의 새날 새해는 그분 안에서 비로소 시작됩니다.

예수님께서 우리를 위한 십자가의 제물이 되셔서, 우리의 눈을 뒤덮고 있던 죄의 비늘을 이미 거두어 주셨습니다. 그런데도 우리는 영적 맹인처럼 어둠 속에 있으면서 어둠을 자각하지 못하고, 사탄의 속박 속에 살면서도 사탄의 노예인 줄 인식조차 못했습니다. 우리의 이 어리석음과 무지를, 예수님께서 오늘 말씀을 통해 깨우쳐주셔서 진심으로 감사합니다. 우리 모두 십자가의 보혈로 구원 받은 그리스도인답게 죄의 비늘 벗은 눈으로, 삼 일 만에 다시 살아나신 예수님을 향해 똑바로 눈을 뜨게 해주십시오. 날마다, 삼 일 만에 다시 살아나신 예수님의 시선으로 우리 자신을 객관화시켜 보며 살아가게 해주십시오. 삼 일 만에 다시 살아나신 예수님 안에서, 여전히 어둠 속에 갇혀 있는 세상 사람들의 눈을 뜨게 해

주는 예수님의 휘페레테스와 마르튀스로 살아가게 해주십시오. 삼 일 만에 다시 살아나신 예수님에 대해 똑바로 눈을 뜨고 살아가는 우리의 하루하루가, 결코 사라지거나 낡아지지 않는, 영원한 새날들로 엮어지게 해주십시오. 아멘.

14. 어둠에서 빛으로

사도행전 26장 16-18절

일어나 너의 발로 서라 내가 네게 나타난 것은 곧 네가 나를 본 일과 장차 내가 네게 나타날 일에 너로 종과 증인을 삼으려 함이니 이스라엘과 이방인들에게서 내가 너를 구원하여 그들에게 보내어 그 눈을 뜨게 하여 **어둠에서 빛으로**, 사 탄의 권세에서 하나님께로 돌아오게 하고 죄사함과 나를 믿어 거룩하게 된 무 리 가운데서 기업을 얻게 하리라 하더이다

사람들은 빛의 부재를 어둠이라고 생각합니다. 그것도 맞는 말이긴 합니 다. 빛이 없는 곳에서는, 어둠이 모든 것을 지배합니다. 하지만 빛의 부재가 어둠이기만 한 것은 아닙니다. 빛이 없는 곳은 늘 음습하기도 합니다. '음습 하다'는 것은, 빛의 부재로 인한 습한 상태를 의미합니다. 그러므로 빛과 어 둠이 주기적으로 교차하지 않고 어둠이 고착화되어 있는 곳에서는, 어둠은 곧 음습과 동의어이기도 합니다. 음습이 무서운 것은, 음습한 곳은 온갖 바 이러스의 서식처인 까닭입니다. 그래서 음습한 곳에서는 무엇이든, 결국엔

다 썩어 버리고 맙니다.

인간의 마음도 이와 똑같습니다. 인간의 마음에 생명과 진리의 빛이 비추어지지 않으면, 음습한 어둠이 지배하는 인간의 마음은 온갖 죄와 욕망의 바이러스로 이내 썩어 버리고 맙니다. 한순간이라도 자기 파멸을 겪었던 성경 속 인물 가운데, 그 마음이 음습한 어둠의 지배를 당하지 않았던 인물은 한 사람도 없었습니다. 성경은 멀쩡했던 사람들이 나이 들어 눈이 어두워졌을 때, 혹은 해가 진 뒤에, 어이없이 자멸한 예를 수없이 소개하고 있습니다. 그것은 단순히 고령으로 인한 시력의 퇴화나, 낮과 상반된 개념의 밤을 뜻하지 않습니다. 그것은 해당 인물들의 영안이 어두워져, 음습한 어둠이 그들의 마음을 지배하기 시작했다는 성경적 표현입니다.

이삭은, 믿음의 조상인 아브라함의 아들이었습니다. 아브라함이 믿음의 조상인 것은, 그의 아들 이삭이 믿음의 아들이었기 때문입니다. 만약 이삭이 믿음과 동떨어진 사람이었다면, 그의 아버지 아브라함이 믿음의 조상으로 불릴 수는 없었을 것입니다. 이삭의 나이 60세 때에 아내 리브가가 쌍둥이 아들을 임신하였습니다. 하나님께서 임신한 리브가 부부에게 '큰 자가 어린 자를 섬길 것'(창 25:23)이라고 예고하셨습니다. 쌍둥이 중에서 먼저 태어날 형 에서가 아니라, 동생으로 태어날 야곱을 통해 당신의 백성을 이루시겠다는 말씀이었습니다. 당신의 정통성을 동생으로 태어날 야곱에게 부여하신 것입니다.

세월이 흘러가면서 이삭은 큰아들 에서를 편애하였습니다. 까닭인즉 집 안에서만 맴도는 둘째 아들 야곱과는 달리 큰아들 에서는 유능한 사냥꾼이어서, 육식을 좋아하는 아버지 이삭의 식탁에 고기가 끊어지지 않게 해주었기 때문입니다. 어느 날 이삭이 큰아들 에서에게 사냥을 나가, 자신이 좋아하는 고기 요리를 만들어 오게 하였습니다. 그 고기 요리를 먹고, 큰아들 에서에게 하나님의 정통성을 부여하는 축복 기도를 해주기 위함이었습니다. 하지만 아내 리브가는 '큰 자가 작은 자를 섬길 것'이라는 하나님의 말씀과 는 어긋나게 행동을 하는 남편을 저지하기 위해, 둘째 아들 야곱으로 하여 금 큰아들 에서인 것처럼 아버지를 속이고 아버지의 축복기도를 가로채게 하였습니다. 그로 인해 큰아들 에서와 둘째 아들 야곱은 원수가 되었고, 야 곱은 자신을 죽이려는 형의 칼날을 피해 무려 20년 동안이나 가족과 생이별 한 채, 어머니의 친정이 있는 외가에서 살아야만 했습니다. 한순간 하나님 의 말씀을 경홀히 여긴 아버지 이삭 때문에, 평온하던 그의 가정이 순식간 에 평지풍파에 휩싸이고 말았습니다. 믿음의 아들이었던 이삭이 그렇듯 어 처구니없는 실수를 저지른 까닭을, 성경은 다음과 같이 밝혀 주고 있습니다.

이삭이 나이가 많아 눈이 어두워 잘 보지 못하더니(창 27:1상).

이삭이 나이가 들면서, 그만 하나님에 대한 영안이 어두워져 버렸습니다. 그 결과 음습한 어둠이 지배하는 그의 마음이 식탐의 바이러스로 썩어 버 리고 말았습니다. 어리석게도 자신이 좋아하는 육식으로 육체의 배를 채우 려는 식탐과 하나님의 말씀을 맞바꾸어 버린 것입니다. 그와 동시에 평온하 던 그의 집은 평지풍파로 고통당해야 했습니다.

엘리 제사장의 두 아들 홉니와 비느하스는 아버지의 권세를 믿고 안하무 인으로 행동하였습니다. 하나님께 바쳐진 제물을 중간에서 가로채는가 하 면(삼상 2:17), 성막에서 하나님께 봉사하는 여인들을 범하기도 하는 등(삼상 2:22), 신성해야 할 제사를 마구 농락하였습니다. 하지만 아버지 엘리 제사 장은 두 아들을 제지하기는커녕 더욱 중용하였습니다. 그 결과 이스라엘은

블레셋과의 전투에서 대패하여 하나님의 법궤마저 빼앗겨 버렸고, 그 와중에 엘리 집안은 파멸하고 말았습니다. 그 파멸의 원인이 다음과 같았습니다.

> 그때에 엘리의 나이가 구십팔 세라. 그의 눈이 어두워 보지 못하더라
>
> (삼상 4:15).

하나님에 대한 영안을 상실해 버린 엘리 제사장의 마음도 음습한 어둠의 지배 속에서, 과욕의 바이러스로 썩어 버리고 말았습니다. 거룩한 제사장의 소명을, 자기 가문의 부귀영화를 꾀하려는 과도한 욕망과 맞바꾸어 버린 것이었습니다. 그러나 그에게 되돌아간 것은 가문의 부귀영화가 아니라, 비참한 파멸이었습니다.

요한복음 13장 30절에 의하면, 배신자 가룟 유다가 예수님을 팔아넘기기 위해 대제사장 무리를 찾아나선 때도 '밤'이었습니다. 가룟 유다의 마음 역시 음습한 어둠에 휩싸여, 물욕의 바이러스로 썩어 빠져 있었습니다. 그는 예수님을 은 삼십 냥과 맞바꾸었고, 그 결과는 목을 매고 자기 생을 스스로 마감하는 것이었습니다.

신앙의 자리에서 한순간에 흉측한 범죄의 나락으로 떨어졌던 대표적인 인물은 다윗이었습니다. 그는 신하 우리아의 아내 밧세바를 왕궁으로 끌어들여 간통을 저질렀습니다. 그 불륜의 결과로 밧세바가 임신하자, 태 속의 아이가 자신의 아이가 아닌 것처럼 거짓 알리바이를 시도하다가 실패하자, 충복을 시켜 그녀의 남편 우리아를 아예 죽여 버렸습니다. 대부분의 사람들은 다윗의 범죄 행위가 이것만인 것으로 생각합니다. 그러나 그것은 사실이 아닙니다.

다윗은 왕궁 베란다를 거닐다가 목욕하는 밧세바를 보았습니다. 한번 스쳐보고 지나친 것이 아니라, 다윗은 즉각 밧세바에 대해 탐심을 품었습니다. '네 이웃의 집을 탐내지 말라'는 제10계명을 범한 것이었습니다. 그 계명의 내용이 이렇습니다.

네 이웃의 집을 탐내지 말지니라. 네 이웃의 아내나, 그의 남종이나 그의 여종이나 그의 소나 그의 나귀나 무릇 네 이웃의 소유를 탐내지 말지니라(출 20:17).

탐내지 말아야 할 구체적인 대상 가운데 첫 번째가 이웃집 아내입니다. 하나님께서 그 정도로 엄금하신 탐심의 대상이었지만, 다윗은 그 계명을 가볍게 짓밟아 버렸습니다. 다윗은 밧세바가 신하 우리아의 아내인 줄 알면서도, 부하를 시켜 그녀를 자기 침실로 데려오게 하였습니다. 자기 권력으로 남의 아내를 남편 몰래 도둑질해 온 것이었습니다. '도둑질하지 말라'는 제8계명의 위반이었습니다. 그리고 다윗은 그날 밤 밧세바와의 통간으로, '간음하지 말라'는 제7계명을 범했습니다. 그 한 번의 불륜으로 밧세바가 잉태하자, 다윗은 그 아이가 밧세바 남편의 씨인 것처럼 거짓 알리바이를 시도하면서, '거짓증거하지 말라'는 제9계명을 모독했습니다. 그리고 거짓증거 시도가 무산되자 우리아를 간접 살해함으로, '살인하지 말라'는 제6계명을 유린했습니다.

다윗은 믿음의 여인 룻의 증손자요, 조부 오벳과 부친 이새를 통해 믿음의 조상인 아브라함의 믿음을 계승한 믿음의 후손이었습니다. 그러나 도둑질과 간음에 살인까지 저지르면서 부모와 조상의 명예에 먹칠한 다윗은, '부모를 공경하라'는 제5계명도 도외시해 버리고 말았습니다. 부모를 가리키는 히브리어 '아브אָב'와 '엠אֵם'은 조상을 의미하기도 합니다. 다윗은 이처럼 하나님의 계명을 마구 유린하면서도, 안식일이면 성소에서 거룩하게 제사를 드렸습니다. 안식일을 거룩하게 지키는 것은 외적 형식을 거룩하게 추구하는 것이 아니라, 거룩하신 하나님 앞에서 자신의 중심을 거룩하게 구별하는 것입니다. 다윗의 중심은 추악한 욕정으로 가득 차 있으면서도, 그는 거룩하게 위장한 겉모습만으로 안식일을 지켰습니다. '안식일을 거룩하게 지키라'는 하나님의 제4계명도 짓밟아버린 것이었습니다. 유대인들은 하루에도 몇 번씩이나 여호와 하나님의 이름을 불렀습니다. 흉측한 범죄자 다윗도 입으로는, 기회 있을 때마다 거룩하신 여호와 하나님의 이름을 불렀습니다. '하나님 여호와의 이름을 망령되이 일컫지 말라'는 제3계명도 멸시해버린 것이었습니다.

하나님을 믿는 사람에게 하나님보다 더 소중하게 여기는 것이 있다면, 그 사람은 실제로는 하나님을 믿는 것이 아닙니다. 다윗은 안식일이면 성소에서 거룩하게 하나님께 제사도 드리고, 하루에도 몇 번씩이나 여호와 하나님의 이름을 불렀지만, 자신의 욕정을 위하여 하나님의 계명을 헌신짝처럼 내팽개쳐 버렸습니다. 당시의 다윗에게는, 자신의 욕정이 신성불가침의 우상이었습니다. 그는 자신의 욕정이라는 우상을 고수하느라 '우상을 만들지 말라'는 제2계명도, 심지어는 '나 외에는 다른 신들을 네게 두지 말라'는 제1계명도 능멸하고 말았습니다. 목욕하는 밧세바에게 탐심을 품었던 다윗은, 결과적으로 십계명 전 계명을 모두 유린하고 말았습니다.

중요한 것은 다윗의 그 어이없는 범죄 행각이 언제, 어떻게 시작되었느냐는 사실입니다.

저녁 때에, 다윗이 그의 침상에서 일어나 왕궁 옥상에서 거닐다가 그곳에서 보니, 한 여인이 목욕을 하는데 심히 아름다워 보이는지라(삼하 11:2).

그때는 '저녁 때'였습니다. '밤'을 뜻하기도 하는 히브리어 '에레브ברע'는 땅거미가 내리기 시작한 이후의 어둠의 시각을 가리킵니다. 즉 음습한 어둠이 다윗의 마음을 뒤덮기 시작했습니다. 바로 그 순간, 다윗의 눈에 목욕하는 여인이 보였습니다. 다윗의 왕궁과 여염집 마당이 붙어 있을 리가 없었습니다. 어둠 속 저 멀리서 목욕하는 여인의 모습이 제대로 보일 리도 없었고, 어둠 속에서 그 여인의 미추를 분간하는 것도 가능할 리 만무하였습니다. 그것이 가능할 정도로 사방이 훤히 밝았다면, 밧세바가 정신이 나가지 않고서야 그 시간에 자기 집 우물가에서 목욕하지도 않았을 것입니다. 그렇지만 어둠 속에서 제대로 보이지도 않는 그 여인이, 다윗의 눈에는 '심히 아름다워' 보였습니다. 이미 음습한 어둠에 지배당하기 시작한 다윗의 마음이 욕정의 바이러스로 썩어 문드러지고 있었던 것입니다. 그 마음으로는, 그날 밤 그 어둠 속에 어떤 여인이 있었더라도, 다윗은 자신의 권력으로 그 여인을 반드시 범하고 말았을 것입니다. 그와 동시에 다윗이 십계명의 모든 계명을 연이어 송두리째 유린한 것 역시, 음습한 어둠의 지배 속에서 욕정의 바이러스로 썩어 문드러진 그의 마음이 초래한 당연한 육적 결과였습니다.

하지만 다윗은, 자신의 마음이 음습한 어둠의 바이러스에 그렇게 썩어 문드러지고 있다는 사실을 전혀 자각하지 못했습니다. 어둠은 어둠을 당연한 것으로 수용할 뿐, 어둠은 어둠을 어둠으로 인식할 수 없습니다. 하나님께서는 음습한 어둠의 노예로 전락한 가련한 다윗을 그냥 내버려 두시지 않았습니다. 나단 선지자를 다윗에게 보내셔서 당신의 말씀으로 그의 잘못을 깨우쳐 주셨습니다. 당신의 말씀의 빛으로 다윗의 마음 구석구석을 비추어 주신 것입니다. 그 말씀의 빛 속에서 다윗은, 자신의 마음이 음습한 어둠의 바이러스로 썩어 문드러져 있음을 비로소 깨달았습니다. 다윗은 하나님 앞에서 자신의 죄악을 처절하게 회개하면서, 이렇게 간구하였습니다.

> 하나님이여, 내 속에 정한 마음을 창조하시고, 내 안에 정직한 영을 새롭게 하소서. 나를 주 앞에서 쫓아내지 마시며, 주의 성령을 내게서 거두지 마소서(시 51:10).

정결한 마음도, 정직한 영도, 거룩한 영이신 하나님의 조명 아래에 있을 때에만 가능함을 다윗이 분명하게 깨달은 것이었습니다. 그 이후 다윗은 동일한 범죄를 다시는 되풀이하지 않았습니다. 자신의 마음이 음습한 어둠의 바이러스에 감염되어 다시는 썩지 않도록, 언제나 하나님의 말씀의 빛 속에 거한 덕분이었습니다. 그리고 다윗은 마침내 하나님의 은혜 속에서 족보상으로 예수님의 영원한 조상이 되었고, 이스라엘의 지지 않는 별이 되었습니다.

우리는 오늘로 9주째, 아그립바 왕의 요청으로 베스도 총독이 개최한 청문회장에서 바울이 전한 자기 변증을 살펴보고 있습니다. 바울에게 자기 변증은 예수님을 증언하는 것이었습니다. 예수님께서 다메섹 도상의 바울을, 핀셋으로 집어내듯 불러내셨습니다. 바울 홀로 잘 먹고, 잘 살라 하심이 아니었습니다. 지난 시간에 확인한 것처럼, 예수님께서 바울을 당신의 휘페레테스와 마르튀스로 삼아, 세상 사람들로 하여금 당신에 대해 눈을 뜨게 해 주시기 위함이었습니다. 예수님께서 바울에게 그 말씀의 보다 구체적인 의미를, 다음과 같이 설명해 주셨습니다.

그 눈을 뜨게 하여 어둠에서 빛으로, 사탄의 권세에서 하나님께로 돌아
오게 하고, 죄사함과 나를 믿어 거룩하게 된 무리 가운데서 기업을 얻게
하리라 하더이다(18절).

예수님께서 세상 사람들로 하여금 당신께 눈을 뜨게 해주시는 것은, 어둠
에서 빛으로 돌아서게 하시는 것이었습니다. 당신의 빛으로, 인간의 마음을
지배하는 음습한 어둠을 물리쳐 주시기 위함이었습니다. 다시 말해 음습한
어둠의 바이러스로 썩어져 내리는 인간의 마음을 당신의 빛으로, 다시는 썩
지 않는 정결한 마음으로 새롭게 회생시켜 주시기 위함이었습니다. 바울이
예수님을 부정하며 교회 짓밟기를 천직으로 삼았던 것은, 음습한 어둠의 바
이러스에 그의 마음이 썩어 문드러지고 있었기 때문입니다. 예수님께서 그
바울을 당신의 빛으로 불러내셨습니다. 당신의 빛으로 바울의 마음 구석구
석을 비추시어, 음습한 어둠의 바이러스를 박멸하시고, 다시는 썩지 않는 정
결한 마음으로 새롭게 회생시켜 주신 것이었습니다.

바울은 그 빛의 의미를 누구보다도 정확하게 이해하였습니다. 예수님의
부르심을 받고 보니, 자신이 그동안 그토록 부정해 왔던 예수님께서 자신의
죗값을 대신 치르시기 위해 십자가의 제물로 죽으셨다가, 삼 일 만에 다시
살아나신 메시아셨습니다. 예수님께서 삼 일 만에 다시 살아나셨다는 것은,
모든 것을 썩어 문드러지게 하는 죽음의 권세를 완전 분쇄하셨다는 말이었
습니다. 예수님 당신은 결코 썩지 않으셨고, 앞으로도 결코 썩지 않으실 것
이라는 뜻이었습니다. 예수님께서 이처럼 어떤 경우에도 썩지 않는 분이시
기에 예수님의 말씀도, 예수님의 생명도, 예수님의 빛도, 결코 썩을 수 없었
습니다. 그 썩지 않는 예수님의 빛이 자신의 마음속에 임해 계시는 한, 바울
의 마음은 다시는 음습한 어둠의 바이러스로 썩어 문드러질 수 없었습니다.

삼 일 만에 다시 살아나신 예수님의 빛은, 음습한 죽음의 어둠을 완전무결하게 분쇄하신 영원한 생명과 진리의 빛이시기 때문이었습니다.

그 사실을 깨달은 바울은 세상 사람들로 하여금 예수님께 눈을 뜨게 해 주는 예수님의 휘페레테스와 마르튀스로 살기 위해, 지중해 세계를 누비고 다니는 전도 여행에 나섰습니다. 그리고 바울은 2천 년 전 비시디아 안디옥 사람들에게, 아니 2천 년의 시간과 공간을 초월하여 21세기를 살고 있는 우리 모두에게 이렇게 증언하고 있습니다.

> 다윗은 당시에 하나님의 뜻을 따라 섬기다가 잠들어 그 조상들과 함께 묻혀 썩음을 당하였으되, 하나님께서 살리신 이는 썩음을 당하지 아니하였나니 그러므로 형제들아, 너희가 알 것은 이 사람을 힘입어 죄사함을 너희에게 전하는 이것이며, 또 모세의 율법으로 너희가 의롭다 하심을 얻지 못하던 모든 일에도 이 사람을 힘입어 믿는 자마다 의롭다 하심을 얻는 이것이라(행 13:36-39).

다윗을 포함하여 노아도, 아브라함도, 모세도, 베드로도, 그들의 육체는 죽음과 함께 모두 썩어 흔적도 없이 사라졌습니다. 그래서 그들의 말도, 행동도, 모두 과거의 유산일 뿐입니다. 하지만 십자가의 제물로 죽으셨던 예수님께서는 삼 일 만에 다시 살아나셨습니다. 바울은 예수님의 그 다시 사심을 '썩음을 당하지 아니하신 것'으로 정확하게 표현하였습니다. 삼 일 만에 다시 살아나신 예수님께서는 썩음을 당하지 않는 분이시기에, 그분의 말씀은 언제나 현재진행형의 능력으로 살아 있습니다. 삼 일 만에 다시 살아나신 예수님께서 썩음을 당하지 않는 분이시기에, 그분의 빛은 음습한 어둠의 바이러스로 썩어 문드러진 인간의 마음을 다시는 썩지 않도록 죄사함을 통해 새롭게 회생시켜 주실 수 있습니다. 삼 일 만에 다시 살아나신 예수님께서 썩음을 당하지 않는 분이시기에, 인간의 죗값을 대신 치러 주신 예수님의 십자가 보혈은 불의한 인간을 온전히 의롭게 세워 주실 수 있습니다. 삼 일 만에 다시 살아나신 예수님께서 썩음을 당하지 않는 분이시기에, 그분 안에서는 누구든지 죽어도 반드시 삼 일 만에 다시 살아납니다.

그 예수님께서 말씀하셨습니다.

> 나는 빛으로 세상에 왔나니, 무릇 나를 믿는 자로 어둠에 거하지 않게
> 하려 함이니라(요 12:46).

삼 일 만에 다시 살아나시어, 결코 썩음을 당하지 않는 예수님께서 지금 우리에게 빛으로 임해 계십니다. 우리 모두 예수님의 빛을, 빛이신 예수님을, 우리의 마음속으로 모시어 들이십시다. 말씀과 기도를 통해, 그 빛 속에서 살아가십시다. 그 빛을 힘입어서만, 우리의 마음은 음습한 어둠의 지배에서 벗어날 수 있습니다. 그 빛 속에서만 우리의 마음도, 생각도, 뜻도, 영원히 썩지 않습니다. 그 빛 속에서는 죽어도 삼 일 만에 다시 살고, 죽으면 반드시 삼 일 만에 보다 새로운 존재로 정말 다시 살아나기 때문입니다.

> 그동안 나도 내 마음을 어떻게 하지 못한 까닭을, 그동안 내 마음이 내
> 생각과는 전혀 다르게 격동당해 온 까닭을, 이제 깨닫게 해주셔서 감사
> 합니다. 이 시간 말씀의 거울을 통해, 내 마음의 실상을 비춰 주신 것도
> 감사합니다. 내 마음은 음습한 어둠의 노예였습니다. 음습한 어둠의 지
> 배 속에서 내 마음은 때로는 물욕의 바이러스로, 때로는 욕정의 바이러

스로, 때로는 식탐의 바이러스로, 때로는 온갖 죄악과 욕망의 바이러스로, 형체도 없이 썩어 문드러져 버렸습니다. 이 세상이 이다지도 어두운 것은 태양이 뜨지 않기 때문이 아니라, 내 마음이 이렇게 음습한 어둠의 지배 속에 있었기 때문입니다.

그럼에도 우리 같은 죄인을 버리지 않으시고, 예수님께서 이 시간 빛으로 우리를 찾아와주셔서 감사합니다. 모든 것을 썩어 문드러지게 하는 죽음을 완전 분쇄하시고 삼 일 만에 다시 살아나신 예수님께서는, 결코 썩음을 당하지 않는 분이시기에 예수님의 말씀도, 생명도, 빛도, 언제나 현재진행형으로 영원하심을 확인시켜 주심도 감사합니다. 우리 모두 빛이신 예수님을, 예수님의 빛을, 우리의 마음속에 모셔들입니다. 우리의 마음이 다시는 썩지 않는 정결한 새 마음으로 회생되게 해주십시오. 예수님의 빛 속에서 우리의 생각도, 뜻도, 계획도, 썩지 않게 해주십시오. 그리하여 우리 모두 이 세상의 음습한 어둠을 물리치는, 빛의 자녀로 살아가게 해주십시오. 아멘.

15. 사탄의 권세에서 하나님께로

사도행전 26장 16-18절

일어나 너의 발로 서라 내가 네게 나타난 것은 곧 네가 나를 본 일과 장차 내가 네게 나타날 일에 너로 종과 증인을 삼으려 함이니 이스라엘과 이방인들에게서 내가 너를 구원하여 그들에게 보내어 그 눈을 뜨게 하여 어둠에서 빛으로, **사탄의 권세에서 하나님께로** 돌아오게 하고 죄사함과 나를 믿어 거룩하게 된 무리 가운데서 기업을 얻게 하리라 하더이다

바울은 지금, 아그립바 왕의 요청으로 베스도 총독이 개최한 청문회장에서 자기 변증을 하고 있습니다. 바울에게 자기 변증은 예수님을 증언하는 것이었습니다. 예수님께서 다메섹 도상의 바울을, 핀셋으로 집어내듯 불러내셨습니다. 바울 홀로 잘 먹고, 잘 살라 하심이 아니었습니다. 예수님께서 바울을 당신의 휘페레테스와 마르튀스로 삼아, 세상 사람들로 하여금 당신에 대해 눈을 뜨게 해주시기 위함이었습니다. 그것은 먼저, 세상 사람들을 어둠에서 빛으로 돌아서게 하시는 것을 의미하였습니다. 당신의 빛으로, 인

간의 마음을 지배하는 음습한 어둠을 물리쳐 주시기 위함이었습니다. 지난 시간에 말씀드린 것처럼, 음습한 어둠의 바이러스로 썩어져 내리는 인간의 마음을 당신의 빛으로, 다시는 썩지 않는 정결한 마음으로 새롭게 회생시켜 주시기 위함이었습니다.

본문 18절을 다시 보시겠습니다.

> 그 눈을 뜨게 하여 어둠에서 빛으로, 사탄의 권세에서 하나님께로 돌아 오게 하고, 죄사함과 나를 믿어 거룩하게 된 무리 가운데서 기업을 얻게 하리라 하더이다.

예수님께서 세상 사람들로 하여금 당신께 눈을 뜨게 해주시겠다는 말씀 의 또 다른 의미는, 세상 사람들을 "사탄의 권세에서 하나님께로 돌아오게" 하시는 것이었습니다. 사람들은 사탄의 권세에 억눌려 살면서도, 그 사실 을 자각조차 못한 채 살아갑니다. 사탄의 권세가 얼마나 실체적인지는, 예 수님의 공생애가 사탄의 유혹을 물리치시는 것으로부터 시작되었다는 사실 로 입증됩니다.

아무것도 없는 광야에서 사탄이 예수님께 던진 첫 번째 유혹은, 네가 정 말 하나님의 아들이라면 돌로 빵이 되게 해보라는 것이었습니다. 그 시점은, 무려 사십 일에 걸친 예수님의 금식이 막 끝났을 때였습니다. 끝도 없이 펼 쳐진 광야에는 물 한 방울, 빵 한 조각도 없었습니다. 무엇이든 먹고 마시려 면 수단과 방법을 가리지 말아야 할 시점이요, 상황이었습니다. 하지만 예 수님께서는 사탄의 그 유혹을 구약성경 신명기 8장 3절 말씀을 인용하여 " 기록되었으되 사람이 떡으로만 살 것이 아니요, 하나님의 입으로부터 나오 는 모든 말씀으로 살 것이라 하였느니라"(마 4:40) 하고 일축하셨습니다. 사람은 육적 양식만으로 살아가는 고깃덩어리가 아니라, 하나님의 말씀을 먹고 살아야 할 영적 존재임을 천명하신 것입니다.

예수님에 대한 사탄의 두 번째 유혹은, 네가 정말 하나님의 아들이라면 성전 꼭대기에서 뛰어내려 보라는 것이었습니다. 당시 예루살렘성전의 높이는 약 14미터였습니다. 뛰어내려서는 치명상을 입을 높이였습니다. 하지만 사탄은 예수님께, 네가 정말 하나님의 아들이라면 그 높은 곳에서 뛰어내려도 네 하나님 아버지가 천사들을 시켜 너를 받아줄 것인즉, 네가 하나님의 아들임을 공개적으로 증명해 보이라고 유혹한 것입니다. 예수님께서는 사탄의 그 두 번째 유혹도 신명기 6장 16절 말씀을 인용하여 "기록되었으되, 주 너의 하나님을 시험하지 말라 하였느니라"(마 4:7)라고 묵살하셨습니다.

예수님에 대한 사탄의 마지막 세 번째 유혹은, 자기에게 엎드려 경배하면 천하만국의 권세와 영광을 모두 갖게 해주겠다는 것이었습니다. 네 영혼을 팔아서라도 천하만국의 권세와 영광을 마음껏 누리라는 유혹이었습니다. 예수님께서는 사탄의 그 마지막 유혹마저 신명기 6장 13절 말씀을 인용하여 "사탄아 물러가라. 기록되었으되, 주 너의 하나님께 경배하고 다만 그를 섬기라 하였느니라"(마 4:10) 하시며 간단하게 제압하셨습니다.

예수님께서 이처럼 사탄의 유혹을 제압하시는 것으로 당신의 공생애를 시작하신 것은, 인간을 구원하기 위한 메시아로 오신 예수님으로서는 당연한 수순이었습니다. 인간을 파멸시키는 사탄의 권세를 제압하시지 않고서는, 사탄의 지배 속에서 하루하루 죽어가는 인간을 구원해 내실 수는 없기 때문이었습니다.

세 번에 걸친 사탄의 유혹을 한마디로 표현하면, 너 자신을 위해 너 자신을 섬기며 살라는 것입니다. 하나님께서는 당신의 말씀으로 천지를 창조하셨습니다. 돌은 돌 그 자체로 존재하는 것이, 그 돌을 당신의 말씀으로 창조하신 하나님의 법칙입니다. 돌을 빵으로 만들 수 있다면, 돌로 황금인들 만들지 못하겠습니까? 그러므로 하나님의 법칙을 무시하면서까지 돌로 빵을 만들어 먹으라는 사탄의 첫 번째 유혹은, 수단과 방법을 가리지 말고 너 자신의 것을 극대화하라는 유혹이었습니다. 인간에게 자신을 지킬 수 있는 가장 강력한 무기는 눈에 보이지 않는 하나님이 아니라, 확실하게 소유할 수 있는 맘몬이라는 것입니다. 성전 꼭대기에서 뛰어내리라는 사탄의 두 번째 유혹은, 온 세상 사람들 앞에서 너 자신을 과시하며 살아가라는 유혹이었습니다. 천하만국의 권세와 영광을 누리라는 마지막 유혹은, 네 영혼을 팔아서라도 네가 속한 세상의 지배자가 되라는 것이었습니다.

사탄은 이렇듯 인간으로 하여금 언제나 세 과정을 통해, 자기 욕망의 우물 속에 갇혀 자기를 섬기며 살게 합니다. 그것이 물질이든 혹은 재능이든, 자기 것들의 확장을 위해 수단과 방법을 가리지 않게 하는 것이 첫 번째 과정입니다. 두 번째 과정은 자신의 것들로, 인기 혹은 명성을 얻기 위해 자신을 과시하며 살게 하는 것입니다. 마지막 과정은 영혼을 팔아서라도 자신이 속한 세계에서 '갑'으로 군림하게 하는 것입니다. 이 과정을 모두 통과한 사람이 세상에서는 출세한 것으로 존중받습니다. 하지만 그런 사람이야말로 사탄의 권세에서 헤어나지 못한 사람입니다. 자기 욕망의 우물에 갇혀 자기만을 위해 앞만 보고 달리느라, 정작 자기 자신은 볼 수 없기 때문입니다.

자기 욕망의 우물에 갇혀 자기만을 섬기며 사는 사람은 천하보다 더 귀중한 자신의 생명을, 물거품처럼 덧없는 자기 욕망과 계속 맞바꾸어 가는 사람입니다. 그 사람이 아무리 많은 것들을 소유하고 있어도, 그의 인기 혹은 명성이 태산처럼 높아도, 자신의 세계에서 모든 사람 위에 '갑'으로 군림한다 해도, 영혼마저 팔아버린 그의 결국은 한 줌의 흙으로 허망하게 끝나 버리고 말 것입니다. 그런데도 정작 당사자는 자기 인생이 그렇듯 허망하게 허물어져 내리고 있음을 알지도 못한 채 그 파멸의 길을 최선을 다해 치닫고 있으니, 사탄에게 인간을 파멸시키는 데 그보다 더 좋은 책략이 달리 있겠습니까?

그뿐만이 아닙니다. 자기 욕망의 우물에 갇혀 자기만을 섬기며 사는 사람은 자기 욕망으로 자기 인생만 파멸시키는 것이 아닙니다. 자기 욕망을 위해 수단과 방법을 가리지 않고 자신의 것들을 극대화시키려면, 많은 사람에게 피해를 입힐 수밖에 없습니다. 자신의 것들로 자신을 스스로 높이며 과시하려면, 주위 사람들에게 상처를 주지 않을 수 없습니다. 영혼을 팔면서까지 자신이 속한 세계에서 '갑'으로 군림하려면, 얼마나 많은 사람들이 '을'의 고통을 당해야 하겠습니까? 그래서 자기 욕망의 우물에 갇혀 자기만을 섬기며 사는 사람은 자신의 인생은 말할 것도 없고, 타인의 인생마저 해치기 마련입니다. 사탄은 예수님도 그와 똑같은 방법으로 유혹한 것이었습니다.

하지만 예수님께서는 세 번에 걸친 사탄의 유혹을 모두 하나님의 말씀으로 일축하셨습니다. 그 내용을 압축하면, 하나님 말씀 속에서 하나님만 섬기며 살라는 것이었습니다. 하나님의 말씀은 우리 자신의 실상을 비추어 주는 거울이라고 했습니다. 하나님의 말씀의 거울을 통해서만, 나 자신이 죄임임을 확인할 수 있습니다. 하나님의 말씀의 거울을 통해서만, 내가 어리석게도 온 힘을 다해 죽음의 길을 치닫고 있음을 깨달을 수 있습니다. 하나님의 말씀의 거울을 통해서만, 나의 과욕과 불성실과 무책임으로 인해 많은 사람들이 고통당하고 있음을 바르게 인식할 수 있습니다. 하나님의 말씀의 거울을 통해서만, 유한한 인생을 살아가는 나의 가장 강력한 힘은 세상의 것들이 아니라, 천지를 창조하신 하나님 한 분이심을 비로소 자각할 수 있습니다. 예수님께서 세 번에 걸친 사탄의 유혹을 모두 하나님의 말씀으로 일축하신 까닭이 거기에 있었습니다.

그 예수님께서 십자가의 제물로 죽으셨습니다. 사탄의 지배 속에서, 자기 욕망의 우물에 갇혀 자기만을 섬기느라 자신과 타인의 인생을 동시에 해쳐 온 인간의 죗값을 대신 치러 주시기 위함이었습니다. 그 예수님께서는 죽음의 권세를 깨뜨리고 삼 일 만에 다시 살아나셨습니다. 인간에게, 하나님의 말씀 속에서 하나님을 섬기며 살아가는 영원한 생명의 길을 열어 주시기 위함이었습니다. 그렇다면 예수님을 믿는 우리는 이제 십자가에서 무엇을 보아야 하겠습니까? 우리를 위해 못박혀 돌아가신 예수님이십니까? 결코 아닙니다. 죽음을 깨뜨리고 삼 일 만에 다시 살아나신 예수님께서는 더 이상 십자가에 매달려 계시지 않습니다. 우리가 십자가에서 보아야 할 것이 무엇인지, 사도 바울이 그 해답을 제시해 주고 있습니다.

> 그리스도 예수의 사람들은 육체와 함께 그 정욕과 탐심을 십자가에 못 박았느니라(갈 5:24).

예수님께서 우리의 죗값을 대신 치르시기 위해 십자가의 제물로 죽으셨다는 것은, 그 예수님과 함께 나의 옛사람이 죽었음을 의미합니다. 예수님께서 우리를 위한 속죄 제물로 십자가에 사지가 못박히실 때, 사탄의 지배 아래에서 자기 욕망의 우물에 갇혀 자기만을 섬기던 우리의 옛사람도 함께 못박힌 것입니다. 누구든지 예수님께서 자신의 죗값을 대신 치러 주신 것을 믿는다고 하면서도, 그 예수님과 함께 자신의 옛사람이 죽었음을 자각하지 못한다면, 그 사람은 아직까지 십자가의 예수님을 제대로 알지도 믿지도 못하는 사람입니다. 십자가의 예수님을 믿는다는 것은, 예수님께서 나를 위해 십자가의 제물로 죽으실 때 나의 옛사람도 그분과 함께 죽었음을 믿는 것입니다. 그러므로 그리스도인은 십자가에서 바울처럼, 예수님 안에서 못박혀 죽은 자신의 옛사람―다시 말해 이미 못박힌 자신의 '정욕과 탐심'을 보는 사람이어야 합니다. 그 사람만, 삼 일 만에 다시 살아나신 예수님 안에서 삼위일체 하나님만 섬기며 살 수 있습니다. 이 사실을 누구보다도 뼈저리게 깨달았던 바울은 다음과 같이 고백하였습니다.

> 나는 그리스도와 함께 십자가에 못박혔습니다. 이제 살고 있는 것은 내가 아닙니다. 그리스도께서 내 안에서 살고 계십니다. 내가 지금 육신 안에서 살고 있는 삶은, 나를 사랑하셔서 나를 위하여 자기 몸을 내어 주신 하나님의 아들을 믿는 믿음 안에서 살아가는 것입니다(갈 2:20, 새번역).

바울은 본래 유대교 최고지도자를 꿈꾸던 청년이었습니다. 그는 그 꿈을 이루기 위해 젊은 시절부터 예수님을 부정하며, 교회 짓밟기를 자신의 천직으로 삼았습니다. 바울은 그렇게 함으로써 유대교 내에서 자신의 지분을 진작부터 극대화하였고, 유대 사회에서 자기 존재를 널리 과시하였으며, 유대교인들 사이에서 '갑'의 입지를 점점 더 공고하게 다져 갔습니다. 누가 보아도 바울은 출세가도를 달리고 있음이 분명했습니다. 하지만 실제로는, 그는 매일 열심을 다하여 죽음을 향해 치닫는 미련한 젊은이에 지나지 않았습니다.

예수님께서 그 미련한 바울을 다메섹 도상에서 불러내시어 그의 눈에서 비늘을 벗겨 주시고, 예수님 당신께 대해 눈을 뜨게 해주셨습니다. 사탄의 권세에 갇혀 매일 열심을 다해 죽어가면서도 그 사실을 자각하지도 못하던 바울을, 당신의 은혜로 하나님께 돌아오게 해주신 것이었습니다. 예수님의 그 은혜 속에서 바울의 옛사람은 죽었습니다. 자신을 위해 십자가의 제물로 돌아가신 예수님과 함께 그의 옛사람도 십자가에 못박힌 것입니다. 그리고 바울은 삼 일 만에 다시 살아나신 예수님을 구주로 모시고, 그 예수님 안에서, 그 예수님 때문에, 그 예수님을 힘입어, 세상 사람들을 사탄의 권세에서 하나님께로 돌아오게 하는 예수님의 휘페레테스와 마르튀스의 삶으로 일관하였습니다. 바울에게 그렇듯 전혀 새로운 삶이 예수님 안에서 가능할 수 있었던 것은, 예수님의 은혜 속에서 그의 옛사람이 먼저 예수님과 함께 십자가에 못박혔기 때문임은 두말할 나위가 없습니다.

지난 설날 연휴 동안에 모처럼 틈을 내어, 1950년대부터 2천 년대에 이르기까지 세계 정상을 석권했던 세계적인 유명 가수들의 동영상을 시청하였습니다. 그들 가운데 인생이 망가져 버린 가수들의 동영상이 제 마음을 아프게 하였습니다. 그들은 하나님으로부터 최고의 재능을 부여받은 특별한 사람들이었습니다. 하지만 그들은 그 재능을 자신들의 소유를 극대화시키고, 자신들의 인기와 명성을 과시하고, 자기 세계에서 '갑'으로 군림하는 도구로만 사용하였습니다. 그 결과 남이 갖지 못한 그들의 재능 때문에, 도리어 그들의 인생 자체가 망가져 버리고 말았습니다. 그들의 데뷔 초기의 동영상, 최전성기의 동영상, 그리고 그들의 인생이 망가지기 시작했을 때의 동영상을 비교하여 보는 것은, 그 자체로 엄청난 메시지였습니다. 만약 그들이 하나님으로부터 부여받은 그 최고의 재능을 애당초 하나님과 사람을 섬기기 위한 목적으로 선용하였더라면, 그들의 인생은 분명히 다르게 전개되었을 것입니다.

늘 신실한 그리스도인으로 살아가기 위해 애쓰는 교우님이 지난 1월 초, 자신의 경험담을 제게 보내왔습니다. 그분의 동의하에 그 내용을 읽어드리겠습니다.

약 40년에 걸친 직장 생활을 2016년 8월에 마친 저는, 그동안 일상생활의 습관이 되어 온 집중을 위한 새로운 대상을 찾았습니다. 그러던 중에 지난 9월 말부터 취미생활로 색소폰 연습에 집중하기 시작하였습니다. 초보자들이 사용하는 색소폰을 구입한 저는 열심히 연습에 임했습니다. 색소폰 연습 동료들과 교류하면서, 색소폰은 프랑스 제품이 최고라는 것을 알게 되었습니다. 그 가격이 제가 현재 사용하고 있는 악기보다 4~5배라는 것도 알고, 제 연주 실력이 향상된 2~3년 후에 그 색소폰을 구입하기로 마음을 먹었습니다.

지난 12월 15일, 결혼한 제 딸이 살고 있는 런던으로 은퇴 후 여행차 아내와 함께 갔습니다. 런던 체류 중, 딸과 함께 프랑스 파리도 여행하게 되었습니다. 제가 색소폰 연습에 열중하고 있는 것을 안 딸이, 세계 최고의 색소폰을 제작하는 프랑스 회사의 파리 전시장으로 저를 안내하였습니다. 그러고는 제가 2~3년 후에 구입하기로 계획한 색소폰을, 제 나이를 감안하여 당장 구입하라고 권하였습니다. 전시장에서 악기를 둘러보고 나온 제게 딸이, 아빠 뭘 그리 골똘하게 생각하느냐고 물었습니다. 그 순간 저는, 만약 저 악기를 구입한다면 입국시 어떻게 통관세금을 피할 수 있을까 골몰하던 제 속마음이 딸에게 들킨 것 같아 무척 부끄러웠습니다. 그와 동시에 담임목사님께서 예배 시간에 설교하신 말씀 중 '단체로 성지순례를 마치고 귀국하는 목사와 장로를 포함한 교인들이 입국장에서 통관세금을 탈세하기 위해 취한 부당한 행위'에 대해 말씀하신 것이 기억났습니다. 또한 '올해 구역장인 제가 저 자신을 속이고 말씀에 어긋난 탈세를 하면서 어떻게 구역원들을 인도할 수 있겠느냐는 생각'도 들어, 저의 어리석었던 생각을 딸아이와 아내에게 고백하고 용서를 구하였습니다.

그리고 어제 입국하면서 휴대품통관신고서에 색소폰의 실제 가격을 기록하고 자진신고하였습니다. 이번 여행 내내 목사님의 설교 말씀을 기억나게 해주신 주님께 감사하였습니다. 아울러 저도 말씀을 실천하였다는 자긍심과 함께 감사함이 더욱 컸습니다.

저는 이런 교우님과 함께 신앙생활하고 있음이 한없이 자랑스럽습니다. 해외여행을 하면서 자진하여 고가의 제품을 구입할 수 있는 경제력을 지닌 사람이라면, 입국시에 그 제품에 부과되는 세금을 납부할 여력도 당연히 있지 않겠습니까? 하지만 돈은 있는데도 세금만은 모면하려 해외에서 구입한 고가품을 자기 자신을 속이면서까지 몰래 반입하려 한다면, 그 사람이 누구든 간에 진정한 그리스도인일 수 있겠습니까? 제가 방금 언급한 그 교우님도 하마터면 그럴 뻔했습니다. 하지만 바로 그 순간, 그분은 그렇게 하려는 자신의 옛사람을 십자가에 못박았습니다. 자신이 그리스도인이라는 자신의 정체성을 상기했기 때문입니다. 그리고 삼 일 만에 다시 살아나신 예수님 안에서 거듭난 그리스도인답게 자신이 스스로 구입한 고가품을 정직하게 자진신고하였고, 그리스도인답게 처신할 수 있었음에 대해 감사하였습니다. 그리스도인의 감사는 무엇을 더 얻거나 소유하는 데 있지 않습니다. 그리스도인의 감사는 이미 지니고 있는 것들을 하나님과 사람을 위해 바르게 사용하는 데 있습니다. 오늘날 우리나라가 직면하고 있는 이 거대한 혼란의 원인은 지극히 간단합니다. 그동안 우리 국민 모두가, 심지어 우리 그리스도인들마저도, 영혼을 팔면서까지 저마다 자기 욕망의 우물에 갇혀 자기만을 섬기고 살아온 당연한 결과입니다.

사탄은 결코 멀리 있지 않습니다. 나의 겉모습이 아무리 경건해 보여도 내가 내 욕망의 우물에 갇혀 나 자신만을 섬기며 살아간다면, 나는 나 자신과 타인의 인생을 동시에 망치는 사탄의 종이 틀림없습니다. 비록 내가 가진 것

없고 이룬 것 없다 할지라도, 내게 있는 것이 무엇이든 하나님의 말씀 속에서 하나님과 사람을 섬기기 위한 도구로 사용하고 있다면, 누가 뭐라고 해도 나는 하나님의 자녀임이 분명합니다.

우리의 죗값을 대신 치러 주시기 위해 십자가의 제물로 죽으셨던 예수님께서는, 죽음을 깨뜨리고 삼 일 만에 다시 살아나셨습니다. 우리가 그 예수님을 우리의 구주로 모신 그리스도인이라면, 우리의 옛사람도 예수님과 함께 십자가에 못박혔음을 잊지 마십시다. 우리 모두 삼 일 만에 다시 살아나신 예수님을 힘입어, 사탄의 권세로부터 하나님께로 확실하게 돌아서십시다. 예수님께서 우리를 당신의 휘페레테스와 마르튀스로 사용하셔서, 혼란의 도가니로 전락한 우리 사회를 반드시 새롭게 회생시켜 주실 것입니다.

하와는 먹을 것도 마실 것도 없는 죽음의 광야에서, 생존을 위해 범죄한 것이 아니었습니다. 하와는 없는 것이라곤 아무것도 없는, 모든 것이 풍족하기만 한 에덴동산에서, '네가 하나님같이 될 수 있다'는 사탄의 유혹, 즉 '너 자신을 하나님처럼 섬기라'는 사탄의 유혹에 빠져 하나님을 등지고 금단의 열매를 먹었습니다. 그 결과 그녀 자신의 인생뿐 아니라, 그녀의 남편 아담의 인생까지 함께 망가지고 말았음을 잊지 말게 해주십시오. 예수님께서는 없는 것이라곤 아무것도 없는, 모든 것이 풍족하기만 한 에덴동산에서 사탄의 유혹을 물리치신 것이 아니었습니다. 먹을 것도 마실 것도 없는 죽음의 광야에서, 무려 40일 동안이나 금식하셨음에도, 세 차례에 걸친 사탄의 유혹을 모두 하나님의 말씀으로 일축하셨습니다. 그 예수님께서 오늘도 우리를 불러 주시고, 예수님의 은혜를 힘입어 사탄의 권세에서 하나님께로 돌아서게 해주심을 감사합니다.

세상은 우리더러, 우리 자신을 섬기며, 우리 마음대로 살아가라고 유혹합니다. 어떻게 해서든 우리의 권리를 극대화시키라고 부추깁니다. 온갖 수단을 동원하여 우리 자신을 과시하며, 영혼을 팔아서라도 우리의 지배력을 확장하라고 선동합니다. 그래서 우리 사회는 지금, 거대한 혼란의 소용돌이 속에 휘말려 있습니다. 우리 역시 그 원인 제공자들이었음을 회개하오니, 용서해 주시기를 간구합니다.

네 마음대로 살라는 세상의 유혹에 우리의 마음이 흔들릴 때마다, 예수님과 함께 나의 옛사람도 못박혀 죽은 십자가를 바라보게 해주십시오. 삼 일 만에 다시 살아나신 예수님 안에서, 하나님을 섬기는 그리스도인으로 거듭난 나의 정체성을 늘 기억하며 살아가게 해주십시오. 그리하여 우리 모두, 사탄의 권세에 억눌린 사람들을 하나님께로 돌아오게 하는, 예수님의 휘페레테스와 마르튀스로 살아가게 해주십시오. 아멘.

16. 거룩하게 된 무리 가운데서

사도행전 26장 16-18절

일어나 너의 발로 서라 내가 네게 나타난 것은 곧 네가 나를 본 일과 장차 내가 네게 나타날 일에 너로 종과 증인을 삼으려 함이니 이스라엘과 이방인들에게서 내가 너를 구원하여 그들에게 보내어 그 눈을 뜨게 하여 어둠에서 빛으로, 사탄의 권세에서 하나님께로 돌아오게 하고 죄사함과 나를 믿어 **거룩하게 된 무리 가운데서** 기업을 얻게 하리라 하더이다

바울은 지금, 아그립바 왕의 요청으로 베스도 총독이 개최한 청문회장에서 자기 변증을 하고 있습니다. 바울에게 자기 변증은 예수님을 증언하는 것이었습니다. 예수님께서 다메섹 도상의 바울을, 핀셋으로 집어내듯 불러내셨습니다. 바울 홀로 잘 먹고, 잘 살라 하심이 아니었습니다. 예수님께서 바울을 당신의 휘페레테스와 마르튀스로 삼아, 세상 사람들로 하여금 당신에 대해 눈을 뜨게 해주시기 위함이었습니다. 예수님 당신에 대해 눈을 뜨게 해주신다는 것은 '어둠에서 빛으로, 사탄의 권세에서 하나님께로 돌아오

게' 하시는 것이었습니다. 이 말씀의 의미에 대해서는 지난 두 주에 걸쳐 상세하게 살펴보았습니다.

이 시간에 우리가 주목하고자 하는 것은, 예수님께서 세상 사람들의 '눈을 뜨게' 해주시는 궁극적인 목적이 무엇이냐는 것입니다. 본문 18절을 다시 보시겠습니다.

> 그 눈을 뜨게 하여 어둠에서 빛으로, 사탄의 권세에서 하나님께로 돌아오게 하고, 죄사함과 나를 믿어 거룩하게 된 무리 가운데서 기업을 얻게 하리라 하더이다.

예수님께서 세상 사람들의 '눈을 뜨게' 해주시는 궁극적인 목적은 '죄사함과 예수님을 믿어 거룩하게 된 무리 가운데서 기업을 얻게' 하시는 데 있었습니다. 헬라어 원문상, 이 구절에서 '얻게 하리라'는 동사는 두 개의 목적어를 갖고 있습니다. 첫 번째는 '죄사함'이고, 두 번째는 '예수님을 믿어 거룩하게 된 무리 속의 기업'입니다.

예수님께서 세상 사람들의 '눈을 뜨게' 해주시는 첫 번째 목적은 '죄사함'을 얻게 해주시는 것입니다. 예수님께서는 의인을 부르러 오신 것이 아니라, 죄인을 구원하기 위해 이 땅에 오신 메시아이십니다. 인간은 메시아에 대해 눈을 뜨기 전까지 자신이 죄인임을 자각하지 못합니다. 하지만 예수님에 대해 눈을 뜨는 순간, 메시아이신 예수님의 거울에 비친 자신의 모습이 어둠의 종이요 사탄의 노예임을 확인하게 됩니다. 따라서 예수님에 대해 눈을 뜨는 것은 그분을 메시아로 모셔 들이는 것이요, 결과적으로 그분이 십자가에서 흘리신 보혈의 은혜로 '죄사함'을 얻게 됨을 의미합니다.

바울은 지금 전과자들이나 교도소의 죄수들을 상대로 이 증언을 하고 있는 것이 아닙니다. 바울은 아그립바 왕의 요청으로 베스도 총독이 개최한 청문회장에서 예수님을 증언하고 있습니다. 사도행전 25장 23절이 그 청문회장을 이렇게 묘사하였습니다.

> 이튿날 아그립바와 버니게가 크게 위엄을 갖추고 와서 천부장들과 시중의 높은 사람들과 함께 접견 장소에 들어오고, 베스도의 명으로 바울을 데려오니.

그 청문회장에는, 청문회를 요청한 아그립바 왕 부부와 그의 수행원들이 앉아 있습니다. 그리고 청문회를 개최한 베스도 총독과, 가이사랴에 주둔하고 있는 로마군 다섯 개 사단을 지휘하는 다섯 명의 천부장들, 그리고 "시중의 높은 사람들"로 표현된 가이사랴 시의회 의원들도 참석해 있습니다. 그들은 모두, 로마제국의 식민지인 이스라엘 땅에서 최고의 지배자들이었습니다. 그들의 말이 곧 법이었고, 다른 사람들의 죄를 다스리는 그들은 언제나 의인인 것처럼 행동했습니다.

바울은 그들을 향하여, 예수님께서 자신을 부르신 것은 세상 사람들의 눈을 뜨게 하여 어둠에서 빛으로, 사탄의 권세에서 하나님께로 돌아오게 함으로 죄사함을 얻게 하시기 위함이라고 증언하였습니다. 당신들 지체가 아무리 높아도, 당신들 말이 이 땅에서는 법이라 해도, 하나님 앞에서 당신들은 모두 죄인이라는 말이었습니다. 다시 말해 당신들이 메시아이신 예수님에 대해 눈을 뜨지 않으면, 어둠과 사탄의 노예 상태에서 하나님께로 돌아오지 않으면, '죄사함'을 받을 수 없는 당신들은 모두 영원히 망한다는 말이었습니다.

예수님께서 세상 사람들의 '눈을 뜨게' 해주시는 두 번째 목적은, '예수님을 믿어 거룩하게 된 무리 가운데서 기업을 얻게' 해주시는 것입니다. 성경에서 '기업'이란 단어는 생경하게 들립니다. '기업'은 한자어 '꾀할 기企'로 이루어진 '企業', 즉 경제적인 영리를 목적으로 하는 '회사'란 말이 아닙니다. 터전을 뜻하는 '터 기基'가 사용된 '基業', 쉽게 말하여 '유업', '몫', '분깃'이란 말입니다. 헬라어 원전에는 명사 '클레로스κλῆρος'로 기록되어 있는데, 영어 성경은 이 단어를 '상속', '유산'을 뜻하는 'inheritance'로, 그리고 프랑스어 성경은 '장소' 혹은 '자리'를 의미하는 'place'로 번역하였습니다. 헬라어 명사 '클레로스'의 이 모든 의미를 종합하여 정리하면, 예수님께서 세상 사람들의 '눈을 뜨게' 해주시는 두 번째 목적은, '예수님을 믿어 거룩하게 된 무리 가운데 속하게' 해주시는 것입니다.

'예수님을 믿어 거룩하게 된 무리'는 먼저는, 이미 이 세상을 떠나 하나님의 나라에 입성해 있는 하나님의 백성을 일컫습니다. 그리고 이 세상에서 '예수님을 믿어 거룩하게 된 무리'는, 바로 '교회'입니다. 교회는 건물이나 제도가 아닙니다. 교회는 '예수님을 믿어 거룩하게 된 무리'입니다. 아무리 웅장한 예배당이 있어도 그 속에 '예수님을 믿어 거룩하게 된 무리'가 없다면, 그것은 단순한 건물일 뿐 교회가 아닙니다. 변변한 예배당 하나 없는 빈들이라 해도 그곳에 '예수님을 믿어 거룩하게 된 무리'가 있다면, 그들이 곧 아름다운 교회입니다. 그러므로 예수님께서 세상 사람들로 하여금 당신을 믿어 거룩하게 된 무리 가운데 속하게 해주신다는 것은, 그들을 거룩한 교회의 일원이 되게 해주신다는 의미입니다.

지금 바울의 이 증언을 듣고 있는 사람들은 아그립바 왕 부부와 그의 수행원들, 베스도 총독과 다섯 명의 천부장들 및 가이사랴 시의회 의원들이라고 했습니다. 바울이 그들을 향해, 당신들도 메시아이신 예수님에 대해 눈을 떠 죄사함을 얻을 뿐 아니라, 예수님을 믿어 거룩하게 된 무리 속에 속해야 한다고 증언하였습니다. 그들 역시 예수님의 몸 된 교회의 일원이 되지 않으면 안 된다고 설파한 것입니다.

방금 언급한 사도행전 25장 23절에 의하면, 아그립바 왕 부부는 청문회장에 '크게 위엄을 갖추고' 나타났습니다. 해당 본문을 살펴볼 때 말씀드렸듯이, 우리말 '위엄'으로 번역된 헬라어 명사 '환타시아'는 '과시', '허식'이라는 의미입니다. 분봉왕 아그립바가 유대 지방 신임총독 베스도와의 첫 대면을 위해 가이사랴를 찾아온 만큼, 신임총독 앞에서 얼마나 자신을 의도적으로 과시하려 했겠습니까? 왕복 중에서도 가장 권위적인 자주색 왕복을 입고, 머리에는 머리띠 모양의 금왕관을 썼을 것입니다. 왕비 버니게도 아그립바 왕의 과시에 맞추어, 자신을 가장 돋보이게 하는 왕비복과 관으로 치장하였을 것입니다. 아그립바 왕을 수행한 그의 대신들 역시 화려한 관복을 착용하였을 것입니다.

그들을 맞이한 총독 베스도도 당연히, 대로마제국의 총독임을 과시하는 주홍색 제복을 입었을 것입니다. 베스도 총독을 수행한 다섯 명의 천부장들도 번쩍이는 천부장의 군복을, 그리고 가이사랴 시의회 의원들도 위엄을 갖춘 예복을 입었을 것입니다. 한마디로 말해 그날의 청문회장은, 저마다 화려한 예복과 제복으로 자신을 과시하는 사람들의 자기 과시 경연장이었습니다.

만약 그들이 예수님의 은혜로 예수님에 대해 눈을 뜨고 교회의 일원이 되었다면, 그들이 교회에서도 본문의 청문회장에서처럼 저마다 자신의 의복이나 직책이나 소유로 자신을 과시하려 하겠습니까? 만약 그렇게 한다면, 그것은 두 가지 경우에 국한될 것입니다. 먼저는, 그들이 속한 교회가 명칭은 교회지만 실제로는 사교클럽에 불과한 경우입니다. 다음으로는, 그들이 교회를 방문한 구경꾼일 뿐 예수님에 대해 눈뜬 그리스도인은 아닌 경우입니다.

바울은 오늘 본문 속에서 교회가 무엇인지, 그 누구도 오해할 수 없는 용어로 간단명료하게 정의하였습니다. 교회는 '예수님을 믿어' 거룩하게 된 무리입니다. 예수님보다 돈을 더 믿는 사람들, 예수님보다 권력을 더 믿는 사람들, 예수님보다 사람을 더 믿는 사람들, 눈에 보이지 않는 예수님보다 눈에 보이는 세상의 것들을 더 믿는 사람들은, 아무리 큰 무리를 이루고 있어도 교회가 아닙니다. 2천 년 전 이 땅에 오셨던 나사렛 예수, 인간의 죗값을 대신 치르기 위해 십자가의 제물로 죽으셨다가 삼 일 만에 죽음의 권세를 깨뜨리고 다시 살아나신 예수, 이 세상의 그 무엇도 아닌 그 예수님을 자신의 메시아로 믿는 사람들의 무리가 교회입니다.

매사를 경제 논리로 처리하는 사람들, 세상에서의 성공을 지상목표로 삼은 사람들, 세상에서 출세한 사람들을 하나님께서 더 사랑하실 것이라고 생각하는 사람들, 언제나 자신의 계획과 하나님의 뜻을 동일시하는 사람들, 부귀영화를 누리는 것이 하나님의 가장 큰 복이라고 여기는 사람들, 이 세상을 살아가는 내내 하나님은 언제나 자기 편이라고 믿는 사람들, 그런 사람들이 하늘의 별처럼 많은 무리를 이루고 있어도 그 무리 역시 교회일 수는 없습니다. 교회는 예수님을 믿어 '거룩하게 된 무리'이기 때문입니다.

잘 아시는 것처럼 성경에서 '거룩'은 '구별'입니다. 이스라엘 백성은 이집트에서 400년 동안이나 노예살이를 하였습니다. 노예는 가장 비천한 인간의 대명사입니다. 하지만 하나님께서 그 노예들을 구별하셔서, 당신의 백성으로 삼아 주셨습니다. 거룩하신 하나님께서 그 비천한 노예들을 당신의 거룩한 백성으로 구별해 주신 것입니다. 노예들은 여전히 비천했지만, 그들을 구별해 주신 하나님의 은혜 속에서 그들이 하나님의 거룩한 백성이 된 것입니다. 그리고 그들이 하나님의 거룩한 백성으로 구별된 삶을 살 수 있게끔, 하나님께서 그들에게 당신의 거룩한 말씀을 주셨습니다. 하나님께서 그들을 언약의 땅인 가나안으로 인도하신 것도, 당신의 말씀을 따라 거룩하게 구별된 삶을 살게 해주시기 위함이었습니다.

어둠과 사탄의 속박 속에서 죄의 노예로 살던 추악한 인간이, 예수님의 십자가 보혈로 죄사함을 얻고 하나님의 자녀가 되었습니다. 인간은 여전히 추악한 죄인이지만, 예수님께서 당신의 십자가를 통해 구별해 내심으로 죄인이 하나님의 거룩한 자녀가 된 것입니다. 그 사실을 의심 없이 믿는 사람이라면, 하나님의 거룩한 백성으로 구별된 이스라엘 노예들이 하나님의 거룩하신 말씀을 좇아 거룩하게 구별된 삶을 추구하듯, 하나님의 거룩한 자녀답게 세상과 구별된 삶을 살아야 합니다. 그런 사람들이 '예수님을 믿어 거룩하게 된 무리'요, 거룩한 교회입니다.

그러므로 본문의 아그립바 왕 부부와 수행원들, 베스도 총독과 다섯 명의 천부장들 및 가이사랴 시의회 의원들이 교회의 일원이 되었다면, 그들은 교회에서는 본문의 청문회장에서처럼 자신들을 절대로 과시할 수 없습니다. 그들이 교회의 일원이 되었다면, 그들은 교회에서 세상의 계급장을 떼어야 합니다. 구원은 세상의 계급장으로 얻는 것이 아니라, 오직 십자가의 예수 그리스도를 믿음으로 얻습니다. 그들에게 계속하여 계급장이 필요하다면 예전처럼 자신들을 과시하기 위함이 아니라, 그 계급장으로 더 많은 사람들을 섬기기 위함이어야 합니다. 그때 그들은 진정한 교회의 일원일 수 있습니다. 교회는 '예수님을 믿어 거룩하게 된 무리'이기 때문입니다.

국제구호기구 옥스팜Oxfam이 매년 초 스위스 다보스에서 열리는 세계경

제포럼 연차총회를 앞두고, 지난 1월 16일 '99퍼센트를 위한 경제'라는 제목의 보고서를 발간하였습니다. 그 보고서에 따르면 소위 '슈퍼리치'로 불리는 세계적인 억만장자 8명의 재산이, 전 세계 재산보유 하위 50퍼센트에 해당하는 인구의 재산 총합과 같다고 합니다. 더 놀라운 사실은 전 세계 하위 50퍼센트의 재산을 가진 슈퍼리치의 숫자가 2010년에만 해도 388명이었는데 2012년에 159명, 2014년 80명, 2015년에는 62명이었다가, 급기야 작년에 8명으로 줄어들었다는 것입니다. 세계 인구 하위 50퍼센트의 재산과 동일한 재산이 그 8명에게 집중되는 과정 속에, 얼마나 많은 사람들의 탄식과 눈물이 배어 있겠습니까? 돈이 돈을 잡아먹고 돈이 사람을 잡아먹는 돈의 위세가 하늘을 찌르고 있습니다.

현재 전 세계 인구는 72억 명으로 추산되고 있습니다. 72억 명 가운데 50퍼센트라면 36억 명입니다. 슈퍼리치 단 8명의 재산이, 무려 36억 명의 재산과 동일한 것입니다. 슈퍼리치 한 사람이 평균 4억 5천만 명의 재산과 동일한 재산을 소유하고 있는 셈입니다. 물론 그중에는 자선사업과 공익활동에 열심인 사람들도 있습니다. 그렇다고 해서, 한 사람이 4억 5천만 명의 재산을 지닐 수 있는 자유시장경제체제의 병폐가 해소될 수는 없습니다.

세계의 대통령이라는 미국 제45대 대통령에, 상대적인 박탈감을 지닌 미국 중산층 이하 백인들의 지지로, 예상을 깨고 도널드 트럼프가 당선되어 취임하였습니다. 하지만 그가 구성한 내각 각료들의 재산을 모두 합치면, 물경 16조 원에 달하는 것으로 알려졌습니다. 자유시장경제체제에서 그토록 천문학적인 재산을 축적한 트럼프 대통령과 그의 내각이, 그들을 선택한 유권자들을 만족시킬 수 있을 만큼 자유시장경제체제의 문제점을 극복할 수 있을는지는 전혀 의문입니다. 이것은 외국의 이야기이기만 한 것은 아닙니다.

지난 1월 29일 재벌닷컴은, 이건희 삼성그룹 회장의 주식자산 가치가 지난 1월 26일 종가 기준 15조 2,207억 원으로 집계되었다고 발표하였습니다. 그 수치는 1년 전 10조 4,973억 원보다 4조 7,235억 원이나 급증한 금액입니다. 또 이틀 전에 발표된 금융감독원 공시자료에 따르면, 이건희 회장은 2016년 회계연도에 1,902억 원의 배당수익을 올려 국내 기업 총수 가운데 배당수익 1위를 기록했습니다. 8년 연속 1위 기록입니다. 이건희 회장은 삼성전자에서 1,374억 원, 삼성생명에서 498억 원, 삼성물산에서 30억 원의 배당수익을 올려 2016년에 총 1,902억 원의 수익을 기록하였는데, 그 전년도의 1,771억 원보다 131억 원이 늘어난 금액입니다.

자유시장경제체제에서 부자의 재산은 얼마든지 증식될 수 있습니다. 문제는, 이건희 회장은 2014년 5월 10일 이후 3년째 의식을 찾지 못한 채 병석에 누워 있다는 사실입니다. 그 어떤 경제활동도 할 수 없이 병석에 누워만 있는데도 1년 사이에 주식자산이 4조 7,235억 원 증가하고, 1년 동안의 배당수익금이 1,902억 원이나 되었습니다. 아무것도 하지 않아도, 이렇게 돈이 돈을 잡아먹고 있습니다. 대체 얼마나 많은 사람들의 자산과 수익금을 합쳐야, 아무것도 하지 않고 병석에 누워 있기만 한 그분이 벌어들이는 자산과 수익금에 도달할 수 있겠습니까?

박근혜 대통령에 대한 탄핵심판과 맞물려 예상되는 조기대선으로, 요즈음 여야를 막론하고 대통령 후보들이 난립하고 있습니다. 후보들은 자신만이 이 나라의 수많은 난제를 해결할 적임자라며, 저마다 장밋빛 공약들을 벌써부터 쏟아내고 있습니다. 하지만 그들 가운데 누가 대통령이 된다 한들, 아무것도 하지 않고 누워만 있어도 1년에 자산이 4조 7,235억 원 증가하고, 1년 수익금이 1,902억 원에 달하는, 돈이 돈을 잡아먹고 돈이 사람을 잡아먹는 자유시장경제체제의 병폐를 해결할 수 있겠습니까? 약간의 소득증대를 가능하게 해준다 한들, 그것은 피차 인간을 밥만 먹고 살아가는 고깃덩

어리로 간주하는 것 이상의 의미가 있을 수 있겠습니까?

이것은 금세기에만 국한된 이야기인 것도 아닙니다. 인류의 역사를 되돌아보십시오. 인간이 지배한 세상치고 언제 공평했던 적이 있었습니까? 왕이든, 귀족이든, 영주든, 항상 소수가 부를 독점하지 않았습니까? 역사 속에서 이미 몰락해 버린, 평등을 앞세웠던 공산주의사회마저 예외가 아니었지 않습니까? 여전히 평등의 공산주의를 외치면서도 3대째 권력을 세습한 북한을 보십시오. 조선민주주의인민공화국이 통째로 김정은 왕조의 사유재산이지 않습니까?

그래서 이 세상에는 참된 평안도, 참된 감사도, 참된 생명의 삶도 불가능합니다. 소수가 부를 독점하고, 돈이 돈을 잡아먹고, 돈이 사람을 잡아먹는 비인격적인 세상에서는 상대적인 박탈감, 불안, 불평, 근심, 시기, 그리고 보다 많은 돈을 좇기 위한 자기 소멸이 계속 반복될 뿐입니다. 예수님께서 우리를 불러 '예수님을 믿어 거룩하게 된 무리' 가운데 속하게 해주신 까닭이 여기에 있습니다. 돈이 돈을 잡아먹는 비인격적인 돈의 논리에서 자신을 거룩하게 구별한 사람만, 삼 일 만에 다시 살아나신 예수님 안에서 옛 삶을 버리고 참된 생명의 삶을, 참된 존재적 가치를 구현하며 살 수 있습니다. 그런 사람의 삶 속에만 세상의 돈이 결코 줄 수 없는, 오직 위로부터 주어지는 절대적인 평강과 감사와 자족이 꽃 피게 됩니다.

교회가 세상의 신뢰를 상실한 것은 어제 오늘의 일이 아닙니다. 이제는, '교회는 여전히 유효한가?'라는 화두까지 대두되고 있습니다. 어떻습니까? 교회는 여전히 유효합니까? 세상 사람들처럼 돈이 돈을 잡아먹고 돈이 사람을 잡아먹는 비인격적인 돈의 논리를 좇는 사람들, 그래서 하나님을 이용하여 보다 많은 돈을 얻으려 하고 출세 자체를 인생의 목표로 삼은 사람들로 이루어진 교회라면, 그런 교회는 이미 유효하지 않습니다. 그런 교회는 애당초 교회가 아니기 때문입니다. 그렇기에 교회는 여전히 유효합니다. 교회는 '예수님을 믿어 거룩하게 된 무리'인 까닭입니다. 설명을 덧붙이자면 교회는, 예수님의 은혜 속에서 돈이 돈을 잡아먹고 돈이 사람을 잡아먹는 비인격적인 돈의 논리에서 자신을 영원한 생명으로 거룩하게 구별한 무리이기 때문입니다.

우리는 〈사명자반〉과 주일예배를 통해 마태복음 20장에 기인한, 하나님 나라의 정신을 구현하는 그리스도인의 정체성에 대해 배웠습니다. 그리스도인은 자신의 수고에 대한 기득권을 주장하는 보수주의자가 아닙니다. 그리스도인은 다른 사람의 것으로 함께 나누자는 진보주의자도 아닙니다. 그리스도인은 누구보다 최선을 다해 일하고, 주위 사람들을 위해 자신의 권리를 자발적으로 기꺼이 포기하는 사람입니다. 그리스도인은 세상 사람과 거룩하게 구별된 삶을 실천하는 사람인 까닭입니다. 그런 사람이 모인 교회가 예수님께서 '내 교회를 세우리라'(마 16:16)고 천명하신 예수님의 교회요, 그런 교회는 이 땅에 교회를 세우신 예수님께서 다시 오시기까지 유효합니다. 그런 교회를 통해, 돈이 돈을 잡아먹고 돈이 사람을 잡아먹는 비인격적인 이 세상이 비로소 하나님의 나라로 일구어질 수 있음은 두말할 나위가 없습니다.

사랑하는 교우 여러분, 우리는 예수님의 은혜로 메시아이신 예수님에 대해 눈을 뜬 그리스도인이 맞습니까? 우리는 우리 자신이 어둠과 사탄의 노예살이에서 '예수님을 믿어 거룩하게 된 무리' 가운데 속한 교회의 일원이 되었음을 정녕 믿고 있습니까? 그렇다면 지금부터 거룩한 교회의 일원으로 부름 받은 그리스도인답게 거룩하게 구별된 삶을 살아가십시다. 돈이 돈을 잡아먹고 돈이 사람을 잡아먹는 비인격적인 돈의 논리에서 우리 자신을 구별하여 하나님의 말씀을 좇는, 거룩한 교회를 함께 일구어 가십시다. 주어진 일에 누구보다 최선을 다하면서도, 주위 사람들을 위해 우리의 권리를 자발적으로 기꺼이 포기하는 하나님 나라의 선봉장들이 되십시다. 교회는 세상에 동화되는 순간부터 세상의 무게에 짓눌려 본질을 상실해 버리고 맙니다. 세상에서 자신을 스스로 구별한 교회만, 세상을 변화시키는 예수님의 교회가 될 수 있습니다. 교회가 끊임없이 세상과 소통하는 것은 세상에 동화되기 위함이 아니라, 하나님의 거룩하심으로 세상을 새롭게 하기 위함입니다.

세상과 구별된 거룩한 무리로 이루어진 교회는, 반드시 이 세상을 새롭게 할 수 있습니다. 왜지 아십니까? 죽음을 깨뜨리고 삼 일 만에 다시 살아나신 예수님께서, 바로 그런 무리 속에 계시기 때문입니다.

어둠과 사탄의 노예였던 나를 불러 주시고, 예수님께 눈뜨게 해주셔 감사합니다. 예수님의 거울을 통해 내가 죽을 수밖에 없는 죄인임을 깨닫게 하시고, 예수님을 나의 구주로 모시게 해주신 것도 감사합니다. 무엇보다 예수님을 믿어, 거룩한 교회의 일원으로 부름 받는 은혜를 베풀어 주신 것을 감사합니다.

돈이 돈을 잡아먹고, 돈이 사람을 잡아먹는 이 비인격적인 세상에서, 비인격적인 돈을 인생의 목적으로 좇느라, 더 이상 우리의 소중한 생명을 소멸시키는 어리석음을 범치 않게 해주십시오. 거룩한 교회의 일원으로 부름 받은 그리스도인답게, 예수님을 좇아 우리 자신을 거룩하게 구별하여 살게 해주십시오. 누구보다 최선을 다해 일하게 하시고, 주위 사람들을 위해 우리의 권리를 자발적으로 기꺼이 포기하는 하나님 나라의 선봉장이 되게 해주십시오. 참된 평강도, 참된 감사도, 참된 생명의 삶도, 참된 존재적 가치의 구현도, 지족과 자족의 삶도, 모두 구별된 삶 속에서만 꽃 핌을 잊지 말게 해주십시오.

더불어 거룩한 교회를 일구어가는 우리로 인해 이 시대와 다가올 미래가,

날로 새로워지게 해주십시오. 아멘.

17. 하나님의 도우심을 받아

사도행전 26장 19-23절

아그립바 왕이여 그러므로 하늘에서 보이신 것을 내가 거스르지 아니하고 먼저 다메섹과 예루살렘에 있는 사람과 유대 온 땅과 이방인에게까지 회개하고 하나님께로 돌아와서 회개에 합당한 일을 하라 전하므로 유대인들이 성전에서 나를 잡아 죽이고자 하였으나 **하나님의 도우심을 받아** 내가 오늘까지 서서 높고 낮은 사람 앞에서 증언하는 것은 선지자들과 모세가 반드시 되리라고 말한 것밖에 없으니 곧 그리스도가 고난을 받으실 것과 죽은 자 가운데서 먼저 다시 살아나사 이스라엘과 이방인들에게 빛을 전하시리라 함이니이다 하니라

바울은 지금, 아그립바 왕의 요청으로 베스도 총독이 개최한 청문회장에서 자기 변증을 하고 있습니다. 바울에게 자기 변증은 예수님을 증언하는 것이었습니다. 예수님께서 당신을 부정하면서 교회를 짓밟던 바울을 다메섹 도상에서 핀셋으로 집어내듯 불러내신 것은, 세상 사람들의 눈을 뜨게 해주는 당신의 휘페레테스와 마르튀스로 삼으시기 위함이었습니다. 바울을

통로로 삼아 세상 사람들로 하여금 죄사함을 얻게 하실 뿐 아니라, 당신을 믿어 거룩한 교회의 일원이 되게 해주시기 위함이었던 것입니다.

바울의 자기 변증은 19절로 이어집니다.

> 아그립바 왕이여, 그러므로 하늘에서 보이신 것을 내가 거스르지 아니하고.

바울은 다메섹 도상에서 본 것이라곤 아무것도 없었습니다. 예수님께서 빛으로 임하심과 동시에 시력을 상실한 까닭입니다. 그는 단지 예수님의 말씀을 들었을 뿐입니다. 그런데도 그는 예수님의 말씀을 "하늘에서 보이신 것"이라고 표현하였습니다. 그가 들은 말씀이 환청이거나 헛소리가 아니라, 마치 눈으로 보는 것처럼 명료한 하나님의 말씀이었다는 의미입니다. 그래서 헬라어 원문에 '내가 거스르지 않았다'는 바울의 말이, 부정을 강조하는 이중부정으로 기록되어 있습니다. 그 원문의 뉘앙스를 그대로 옮기면, 바울은 이렇게 말했습니다. '내가 어떻게 하나님의 말씀을 감히 거스를 수 있었겠습니까?'

바울은 하나님의 말씀을 거스르지 않는 것은 말할 것도 없고, 하나님의 말씀에 자신의 생명을 걸었습니다. 하나님의 말씀은 인간의 공허한 말과는 달리 인간을 영원히 살리시는 생명의 말씀이요, 자신은 그 말씀을 위한 휘페레테스와 마르튀스로 부름 받았음을 정확하게 알고 있었기 때문입니다. 성경 역시 여느 책과 마찬가지로, 종이에 활자가 인쇄된 책입니다. 그런데도 우리는 왜 그 속에 인쇄되어 있는 내용을 거스를 수 없습니까? 왜 그 말씀에 우리의 생명을 걸어야 합니까? 그 내용이 모두 '하늘에서 보이신' 하나님의 생명의 말씀이요, 우리는 그 말씀의 휘페레테스와 마르튀스로 부름 받았기 때문입니다.

> 먼저 다메섹과 예루살렘에 있는 사람과 유대 온 땅과 이방인에게까지, 회
> 개하고 하나님께로 돌아와서 회개에 합당한 일을 하라 전하므로(20절).

다메섹 도상에서 예수님의 부르심을 받은 바울은, '먼저 다메섹'에서부터 복음을 전하였습니다. 애당초 바울은, 예루살렘에서 213킬로미터나 떨어진 다메섹의 그리스도인들마저 색출하여 예루살렘으로 끌어오기 위해 다메섹으로 향하였습니다. 바울의 계획대로였다면, 바울 한 사람 때문에 다메섹은 공포의 도가니가 되었을 것입니다. 교회 짓밟기를 천직으로 알던 바울이, 다메섹의 그리스도인들을 발본색원하기 위해 얼마나 잔인하게 굴었겠습니까? 바울 일행에게 붙잡혀 오랏줄에 묶인 채, 213킬로미터 거리의 예루살렘까지 끌려오는 그리스도인들의 모습을 상상해 보십시오. 바울 단 한 사람 때문에, 아무 죄 없는 수많은 그리스도인들이 죽음의 고통을 겪어야만 했을 것입니다.

그 바울이 예수님의 부르심을 받고, 가장 먼저 다메섹에서부터 복음을 전하였습니다. 바울 때문에 공포의 도가니가 될 뻔했던 다메섹에, 오히려 바울로 인해 복음의 생명이 꽃피게 되었습니다. 한 사람의 역할과 비중은 이렇게 막중합니다. 우리가 하나님의 말씀을 거스르느냐 아니면 그 말씀에 생명을 거느냐에 따라, 우리 주위 사람들의 삶이 어둠의 나락으로 전락할 수도 있고, 생명의 터전으로 소생될 수도 있습니다.

바울은 다메섹에 이어 이스라엘 땅의 유대인들뿐 아니라, 이스라엘 경계를 넘어 이방인들에게까지 복음을 전하였습니다. 그 핵심 내용은 '회개하고 하나님께로 돌아와서 회개에 합당한 일을 하라'는 것이었습니다. 바울의

변증 내용으로 설명하자면, 어둠에서 빛으로 사탄의 권세에서 하나님께로 돌아와 죄사함을 얻고, 예수님을 믿어 거룩한 교회의 일원으로 살아가라는 말이었습니다.

그 결과는 다음과 같았습니다.

유대인들이 성전에서 나를 잡아 죽이고자 하였으나(21절).

한글 성경에는 아쉽게도 헬라어 원문에 기록되어 있는 '헤네카 투톤ἕνεκα τούτων'의 번역이 빠져 있습니다. '헤네카 투톤'은 '이런 이유 때문에'라는 의미로, 바울은 본문에서 정확하게 이렇게 말했습니다. '바로 이런 이유 때문에 유대인들이 나를 잡아 죽이고자 하였습니다.'

다음 시간에 상세하게 살펴보겠습니다만, 유대인들이 바울을 집요하게 죽이려 한 첫 번째 이유는, 바울이 유대인과 이방인을 동등한 존재로 간주한 데 있었습니다. 유대인들은, 하나님의 선민인 유대인에게만 보장된 구원을 짐승 같은 이방인도 받을 수 있다는 바울의 주장을 도저히 용납할 수 없었습니다. 하지만 그들이 바울을 죽이려 할 때에는 항상 사람들을 선동하기 위해, 바울이 율법과 성전을 모독하였다는 식의 거짓 모함을 동원하였습니다. 총독에게 바울을 고발한 대제사장 무리는 황당하게도 정치적 모함까지 덧붙였습니다. 이를테면 바울은 전염병처럼 불순분자여서, 가는 곳마다 유대인들로 하여금 소요를 일으키게 한다는 것이었습니다.

그래서 바울은 본문을 통해 자신에 대한 유대인들의 모함과 고발 내용은 모두 거짓이며, 그들이 자신을 죽이려고 고발한 진짜 이유는, 자신이 이방인들에게도 구원의 복음을 전했기 때문이라고 사실을 사실대로 해명한 것이었습니다.

> 하나님의 도우심을 받아 내가 오늘까지 서서 높고 낮은 사람 앞에서 증언하는 것은, 선지자들과 모세가 반드시 되리라고 말한 것밖에 없으니, 곧 그리스도가 고난을 받으실 것과 죽은 자 가운데서 먼저 다시 살아나사 이스라엘과 이방인들에게 빛을 전하시리라 함이니이다 하니라(22-23절).

바울이 자신을 죽이려는 유대인들의 온갖 박해와 살해 위협 속에서도 빈부귀천을 막론하고 만나는 사람들에게 증언한 것은, "선지자들과 모세가 반드시 되리라고 말한 것"이었습니다. 본문의 시점은 신약성경이 등장하기 전이었습니다. 신약이라는 말이 없었으므로 구약이란 말도 있을 수 없었습니다. 당시의 사람들은 오늘날 우리가 구약성경이라 일컫는 하나님의 말씀을, 예수님처럼 '율법과 선지자'(마 22:40)라고 부르거나, 본문의 바울처럼 율법을 대표하는 모세의 이름을 사용하여 '선지자와 모세'라고 불렀습니다. 율법서와 선지서로 이루어진 하나님의 말씀이라는 의미였습니다. 바울이 온갖 박해와 살해 위협 속에서도 일관되게 증언한 내용은, 그 구약성경이 예언하고 있는 내용이었습니다. 인간을 구원하기 위해 이 땅에 오실 메시아가 고난을 받고 죽으셨다가 다시 살아나시어, 유대인들은 말할 것도 없고 이방인들에게도 생명의 빛을 전해 주실 것이라는 예언의 말씀이었습니다. 이 내용의 구체적인 의미에 대해서도 다음 시간에 상세하게 살펴보기로 하겠습니다.

이 시간에 우리가 주목하고자 하는 것은, 바울이 온갖 박해와 살해 위협 속에서도 어떻게 하나님의 말씀을 일관되게 증언할 수 있었느냐는 것입니다. 22절 상반절을 다시 보시겠습니다.

하나님의 도우심을 받아 내가 오늘까지 서서 높고 낮은 사람 앞에서 증
언하는 것은.

바울은 "하나님의 도우심"으로, 세상 모든 사람들 앞에서 복음의 증인된
삶을 일관할 수 있었습니다. '하나님의 도우심'이 없었던들, 바울은 결코 우
리가 알고 있는 위대한 사도 바울이 될 수 없었다는 말입니다. 우리는 하
나님께서 바울을 구체적으로 어떻게 도우셨는지, 이미 잘 알고 있습니다.

하나님께서, 교회를 짓밟는 폭도였던 바울을 당신의 일방적인 은혜로 구
원해 주셨습니다. 하나님께서, 아라비아 광야와 바울의 고향 다소에서 오
랜 기간에 걸쳐 그의 삶을 새롭게 빚어 주셨습니다. 하나님께서, 바나바를
통해 바울을 안디옥교회의 공동목회자로 불러내셨습니다. 하나님께서, 1년
간의 목회 훈련을 거친 바울을 다시 전도자로 불러내셨습니다. 하나님께서,
바울로 하여금 세 차례나 지중해 세계를 누비고 다니며 복음을 전하게 하
셨습니다.

비행기나 기차 혹은 자동차가 없던 2천 년 전, 그것은 평탄한 유람길이 아
니었습니다. 세 차례에 걸친 그 전도 여행길은 때로는 죽음과 직면하고, 때
로는 투옥당하고, 때로는 매를 맞고, 각종 위험과 추위 그리고 배고픔과 싸
워야 하는 형극의 길이었습니다. 바울은 강철 같은 체력을 지닌 초인이 아
니었습니다. 바울은 평생 지병에 시달리던 병약한 인간이었습니다. 그 바울
이 노년에 접어들기까지 초지일관 그 길을 걸을 수 있었던 것은, 오직 '하나
님의 도우심' 덕분이었습니다.

세 번째 전도 여행을 끝낸 바울이 마지막으로 예루살렘을 방문한 이후에
도 마찬가지였습니다. 에베소에서 온 유대인들이 예루살렘성전에 있는 바울

을 보고, 거짓 모함으로 예루살렘의 유대인들을 선동하였습니다. 바울이 유대인과 율법과 성전을 비방하더니, 급기야 이방인을 성전으로 끌어들여 성전을 더럽히기까지 하였다는 거짓 모함이었습니다. 흥분한 예루살렘의 유대인들은 바울을 붙잡아 성전 밖으로 끌고 나갔습니다. 성전 모독죄로 바울을 쳐죽이기 위함이었습니다. 바로 그 순간, 소요 사태를 보고받은 천부장의 긴급출동으로 바울은 죽음을 모면하였습니다. 천부장은 바울을, 4천 명의 자객을 거느리고 소요를 일으켰던 이집트인으로 오인하고, 부하들로 하여금 바울을 두 쇠사슬로 결박하여 로마군 요새로 끌어가게 하였습니다. 분을 삭이지 못한 유대인들이 결박당해 끌려가는 바울에게 폭행을 가해, 로마 군인들이 쓰러진 바울을 들어 옮겨야만 했습니다. 아무 죄도 없는 바울은 엉뚱하게도 로마군 요새의 감옥에 투옥당하고 말았습니다. 하지만 흥분한 유대인들이 바울을 죽이려는 예루살렘에서 바울에게 가장 안전한 곳은, 로마 군인들이 철통같이 경비하는 로마군 요새의 감옥이었습니다.

이튿날 천부장은, 바울이 로마법으로 보호받아야 할 로마 시민임을 알게 되었습니다. 정당한 재판절차도 없이 쇠사슬로 결박당해 투옥된 로마 시민 바울이 문제로 삼을 경우, 오히려 천부장 자신이 문책당할 판이었습니다. 게다가 천부장은, 바울을 죽이기 전에는 먹지도 마시지도 않겠다고 서원한 사십여 명의 유대인들이 암살단을 조직하였다는 정보도 입수하였습니다. 암살단원들은 바울이 로마군 요새를 벗어나기만 하면 길에서 그를 암살할 계획이었습니다. 천부장은 로마 시민 바울을 보호하기 위하여 한밤중에 보병 200명, 기병 70명, 창병 200병을 동원하여, 바울을 예루살렘에서 104킬로미터 떨어진 가이사랴의 벨릭스 총독에게 이송하였습니다. 바울 한 명의 생명을 보호하기 위해, 무려 470명의 로마 군인들이 동원된 것이었습니다.

바울을 재판한 벨릭스 총독은 바울의 무죄를 확인했지만, 바울로부터 뇌물을 받을 요량으로 상당한 자유를 보장해 주는 조건으로 바울을 계속하여 구금상태에 두었습니다. 하지만 그의 기대와는 달리 바울이 전혀 뇌물을 바칠 기미를 보이지 않자, 벨릭스는 바울을 아예 투옥시켜 버렸습니다. 무고한 바울의 옥살이는 2년이나 지속되었습니다. 하지만 그 2년간의 옥살이로 인해 바울의 미래가 새로운 전기를 맞게 되었습니다. 바울이 또다시 신임 총독 베스도의 재판정에 서게 되자, 황제에게 상소한 것이었습니다. 바울이 주님을 위해 마지막 생을 던져야 할 곳이 제국의 심장 로마라는 총론은, 이미 오래전부터 확정되어 있었습니다. 그러나 그 로마에 어떻게 이를 것이냐는 각론은 여전히 미지수였습니다. 그 미지수의 각론이, 바울의 황제에 대한 상소로 확정된 것이었습니다.

바울이 로마 황제에게 상소하였다는 것은, 그가 로마제국 군인의 보호 속에서 로마에 갈 수 있게 되었음을 의미했습니다. 황제에게 상소한 로마 시민은 황제의 법정에 서기까지 로마제국이 보호해야 했기 때문입니다. 가이사랴에서 제국의 수도 로마까지의 거리는 무려 2,240킬로미터나 되었습니다. 암살단의 암살 위협에 시달리던 바울에게는, 그 먼 거리를 로마제국 군인의 보호 속에서 이동하는 것보다 더 안전한 길은 없었습니다. 그것은 우연히 주어진 행운이 아니었습니다. 그것은 신비롭게도 2년에 걸친 옥살이 끝에, 황제에 대한 상소를 통해 현실적으로 실현 가능한 일이 되었습니다. 그리고 신임총독과의 상견례를 위해 베스도를 찾아온 아그립바 왕이 바울의 진술을 듣기 위해 청문회를 요청함으로, 임금 앞에서도 당신의 증인으로 삼으시겠다는 주님의 말씀까지 바울의 삶 속에서 온전히 성취되었습니다.

이처럼 하나님께서는 바울이 당신의 휘페레테스와 마르튀스로 살아갈 수 있게끔, 그의 일생을 통해 한 치의 오차도 없이 바울을 완벽하게 도와주셨습니다. 바울이 잘한 것이 있다면, 하나님의 도우심에 자신의 삶을 전적으로 맡긴 것이었습니다.

창세기 17장 1절은 하나님께서 아브라함에게 하신 말씀이십니다.

> 아브람이 구십구 세 때에 여호와께서 아브람에게 나타나서 그에게 이르시
> 되, 나는 전능한 하나님이라 너는 내 앞에서 행하여 완전하라.

아브람은 아브라함의 옛 이름입니다. 하나님께서 구십구 세의 아브라함에
게 "완전하라"고 명령하셨습니다. 이 세상 어느 인간이 하나님 보시기에 완
전할 수 있겠습니까? 하나님께서 아브라함에게, 너 스스로 완전하라고 명령
하신 것이 아니었습니다. 하나님께서는 그에게, "너는 내 앞에서 행하여 완
전하라"고 명령하셨습니다. 아브라함이 '하나님 앞에서' 걸어간다면, 하나님
께서는 아브라함의 뒤게 계시는 셈이 됩니다. 하나님께서 아브라함에게, '내
가 너의 백그라운드가 되어 줄 것인즉 너는 완전하라'고 말씀하신 것이었습
니다. 하나님께서 어떤 분이시기에, 하나님을 백그라운드로 모시고 살면 아
브라함이 완전해질 수 있겠습니까? 하나님께서 아브라함에게, "나는 전능한
하나님이라, 너는 내 앞에서 행하여 완전하라"고 말씀하셨습니다. 하나님을
백그라운드로 모시고 살아가는 사람이 완전할 수 있는 것은, 사람은 불완
전해도 하나님께서는 '전능한 하나님'이시기 때문입니다.

우리말 '전능한 하나님'으로 번역된 히브리어 '엘 샷다이אֵל שַׁדַּי'는 '충분자
하나님'이란 의미기이도 합니다. '엘 샷다이', 즉 '전능자 하나님'께서는 '충분
자 하나님'이십니다. 하나님께서 전능하신 것은, 하나님께는 모든 것이 충분
하시기 때문입니다. 하나님께서는, 99세가 되기까지 아내 사라와의 사이에
자식도 없던 아브라함으로 하여금 100세에 아들 이삭을 얻게 하시고, 결점

투성이의 아브라함을 온전한 믿음의 조상으로 세우시기에 충분한 능력을 지니신 '엘 솨다이', '충분자 하나님'이셨습니다. 하나님께서는, 인간을 구원하기 위해 당신의 독생자를 십자가의 제물로 삼으셨다가, 삼 일 만에 죽음 한가운데에서 다시 살아나게 하실 정도로 충분한 능력을 지니신 '엘 솨다이', '충분자 하나님'이셨습니다. 하나님께서는, 교회를 짓밟는 폭도였던 바울을 구원하시고, 허물 많은 바울을 온전한 사도로 세우시기에 충분한 능력을 지니신 '엘 솨다이', '충분자 하나님'이셨습니다. 바울은 그 '엘 솨다이', 그 '충분자 하나님'을 자신의 백그라운드로 모시고 살아가는 사람이었습니다. 그래서 바울은 '충분자 하나님'의 도우심으로, 온갖 박해와 살해 위협 속에서도 하나님의 말씀을 증언하는 휘페레테스와 마르튀스로 초지일관할 수 있었습니다.

본문의 청문회장에는 아그립바 왕 부부와 그의 수행원들, 베스도 총독과 다섯 명의 천부장들 및 가이사랴 시의회 의원들이 참석해 있습니다. 화려한 관복과 제복으로 자신들을 과시하는 그들의 공통점은, 그들이 모두 로마 황제를 백그라운드로 삼고 있다는 사실입니다. 로마 황제가 삼권을 장악한 로마제국에서, 로마 황제를 백그라운드로 삼는 것보다 더 확실한 출세길은 없었습니다. 그것은 부귀영화가 보장된 길이었습니다. 그래서 불을 보고 날아드는 불나방처럼, 수많은 사람들이 그 길로 몰려들었습니다. 하지만 로마 황제 가운데 한줌의 흙으로 사라지지 않은 황제가 없었고, 당연한 결과로, 그 황제를 백그라운드 삼았던 사람들의 인생 역시, 모두 허무하게 증발해 버리고 말았습니다.

그 청문회장에서 가장 초라한 사람은, 피고인으로 호출당한 바울이었습니다. 화려한 관복과 제복으로 자신을 과시하던 아그립바 왕 일행과 베스도 총독 일행에 비한다면, 감옥 속에서 2년 동안 제대로 씻지도 가다듬을 수도 없었던 바울의 몰골은 걸인과 다름 없었을 것입니다. 하지만 그 초라한 바울 홀로, 하나님을 자신의 백그라운드로 모신 사람이었습니다. 바울의 백그라운드셨던 하나님께서는 바울을 통해 인류의 역사를 새롭게 하시고, 2천 년의 시간과 공간을 초월하여 바울이 영원히 살아 있도록 도우시기에 충분한 능력을 지니신 '엘 샷다이', '충분자 하나님'이셨습니다.

권력이든 금력이든, 세상의 것들이나 사람들을 백그라운드로 삼았던 사람들이 몰락하거나 공개적으로 수치를 당하는 우리 사회의 현 사태를 통해 하나님의 말씀이 들리고, 하나님의 말씀이 보이고, 하나님의 말씀이 확인되지 않습니까? 돈의 위세가 하늘을 찌르고 권력에는 한계가 없는 것 같아도, 그런 것들은 인간의 진정한 백그라운드가 되기에는 전혀 충분하지 않습니다. 그런 것들은 인간을 바로 세워 주기는커녕, 오히려 바로 서 있던 사람마저 몰락시키기 마련입니다. 더욱이 죽음이 우리를 덮치는 순간, 대체 세상의 그 무엇이 우리를 위해, 우리를 덮치는 죽음에 맞서주겠습니까? 우리를 덮치는 죽음 앞에서 우리가 지닌 것은 무엇이든 모두, 아무것도 아닌 'nothing'일 뿐입니다.

우리 인생의 참된 백그라운드 되실 분은 '엘 샷다이', '충분자 하나님' 한 분뿐이십니다. 천지를 창조하신 하나님만, 나 같은 죄인을 당신의 말씀으로 새롭게 빚으시기에 충분한 능력을 지니신 '엘 샷다이', '충분자 하나님'이십니다. 무소부재하신 하나님만, 어떤 상황 속에서든 항상 나와 동행하시기에 충분하신 '엘 샷다이', '충분자 하나님'이십니다. 생명의 근원이신 하나님만, 죽음이 나를 덮치는 순간, 삼 일 만에 다시 살아나신 예수님 안에서 나를 영원히 살리시기에 충분하신 '엘 샷다이', '충분자 하나님'이십니다. 그 '충분자 하나님'을 우리의 백그라운드로 모십시다. 세상의 부귀영화가 아니라 '충분자 하나님', 그분이 우리 인생의 목적이 되게 하십시다. '충분자 하나님'의

도우심 속에서 우리는 충분한 생명, 충분한 행복, 충분한 삶의 의미를, 날마다 충분하게 누리며 살게 될 것입니다.

폭도 바울을 부르시어 바울을 바울 되게 새롭게 빚으시고, 바울이 일평생 하나님의 휘페레테스와 마르튀스로 살아갈 수 있도록 바울을 온전히 도와주신 하나님께서, 나의 하나님이 되어 주심을 감사합니다. 허물 많은 아브라함의 백그라운드 되시어 그를 온전한 믿음의 조상으로 세워 주신 하나님께서, 나의 백그라운드 되어 주심도 감사합니다.

아브라함이 믿은 하나님, 바울이 믿은 하나님, 우리가 믿는 하나님 아버지는 '엘 샷다이', '충분자 하나님'이심을 잊지 말게 해주십시오. 나의 육체가 병약해도, 나의 주머니가 비었어도, 나의 외관이 볼품 없어도, 내 하나님 아버지께서는 나를 통해 이 세상을 새롭게 할 능력을 충분하게 지니신 '엘 샷다이', '충분자 하나님'이심을 늘 기억하며 살게 해주십시오. 이 세상에서 일어나고 있는 크고 작은 사건들 속에서 '엘 샷다이 하나님'의 말씀을 보고, '전능자 하나님'의 말씀을 듣고, '충분자 하나님'의 말씀이 시간과 공간을 초월하여 살아 있는 말씀이심을 확인하게 해주십시오. 오늘 본문의 청문회장에서, '충분자 하나님'을 백그라운드로 모시고 '충분자 하나님'의 도우심 속에서 살아온 바울의 몰골이 가장 초라하였습니다. '충분자 하나님'의 도우심 속에서 살아가는 우리의 목표가 세상의 부귀영화가 아니라, 하나님의 말씀을 거스르지 않고 하나님의 휘페레테스와 마르튀스로 살아가는 우리의 삶이 되게 해주십시오. 그리하여 로마 황제를 백그라운드 삼고 살아가는 사람들과 우리의 삶이 결코 동일하지 않음을, 세상 사람들이 확연하게 구별할 수 있게 해주십시오. 아멘.

18. 다시 살아나사 사순절 첫째 주일

사도행전 26장 19-23절

아그립바 왕이여 그러므로 하늘에서 보이신 것을 내가 거스르지 아니하고 먼저
다메섹과 예루살렘에 있는 사람과 유대 온 땅과 이방인에게까지 회개하고 하나
님께로 돌아와서 회개에 합당한 일을 하라 전하므로 유대인들이 성전에서 나를
잡아 죽이고자 하였으나 하나님의 도우심을 받아 내가 오늘까지 서서 높고 낮
은 사람 앞에서 증언하는 것은 선지자들과 모세가 반드시 되리라고 말한 것밖
에 없으니 곧 그리스도가 고난을 받으실 것과 죽은 자 가운데서 먼저 **다시 살아
나사** 이스라엘과 이방인들에게 빛을 전하시리라 함이니이다 하니라

바울은 지금, 아그립바 왕의 요청으로 베스도 총독이 개최한 청문회장에
서 자기 변증을 하고 있습니다. 바울에게 자기 변증은 주님을 증언하는 것
이었습니다. 예수님께서 당신을 부정하면서 교회를 짓밟던 바울을 다메섹
도상에서 핀셋으로 집어내듯 불러내신 것은, 세상 사람들의 눈을 뜨게 해주
는 당신의 휘페레테스와 마르튀스로 삼으시기 위함이었습니다. 바울을 통

로로 삼아 세상 사람들로 하여금 죄사함을 얻게 하실 뿐 아니라, 당신을 믿어 거룩한 교회의 일원이 되게 해주시기 위함이었던 것입니다. 예수님의 부르심에 응답한 바울은 유대인들은 물론이고, 이방인들에게까지 복음을 전하였습니다. 20절의 증언처럼 "회개하고 하나님께로 돌아와서 회개에 합당한 일을 하라"는 것이었습니다.

우리말 '회개하라'는 의미의 헬라어 동사 '메타노에오μετανοέω'는, 머릿속 생각이나 심적 상태를 뜻하지 않습니다. 그것은 반드시 행동을 수반하는 단어로, 삶의 길과 방향을 바꾸라는 말입니다. 그래서 바울은 '회개하고 하나님께로 돌아와서 회개에 합당한 일을 하라'고 외쳤습니다. 바울의 변증 내용을 빌어 설명하자면 어둠에서 빛으로 사탄의 권세에서 하나님께로 돌아와, 죄사함을 얻고, 예수님을 믿어 거룩한 교회의 일원으로 살아가라는 말이었습니다.

하지만 바울이 복음을 전하는 곳마다 유대인들이 바울을 죽이려 하였습니다. 지난 시간에 말씀드린 것처럼, 바울이 유대인과 이방인을 동등한 존재로 간주했기 때문입니다. 유대인들은, 하나님의 선민인 자신들에게만 보장된 구원을 짐승 같은 이방인도 받을 수 있다는 바울의 주장을 용납할 수 없었습니다. 더욱이 스스로 의롭고 거룩한 하나님의 선민을 자처하는 유대인들에게 바울이 '회개하고 돌아서라'고 외친 것은, 너희들의 믿음과 삶이 틀렸다는 말이었으니, 그 또한 유대인들로서는 도저히 용납할 수 없는 일이었습니다.

그러나 바울이 전한 복음은 어느 날 하늘에서 뚝 떨어졌거나, 바울이 처음으로 언급한 내용이 아니었습니다. 그동안 바울이 증언해 온 내용은 지난 시간에 확인했듯이, '선지자들과 모세가 반드시 되리라고 말한 것'이었습니다. 오늘날 우리가 구약성경이라고 부르는 하나님의 말씀이 2천 년 전에는, '선지자들과 모세'라고 불리기도 했다고 하였습니다. 율법서와 선지서로 이루어진 하나님의 말씀이라는 의미였습니다. 바울이 온갖 박해와 살해 위협 속에서도 일관되게 증언한 내용은, 그 구약성경이 예언하고 있는 내용이었습니다. 바울은 그 내용을 오늘의 본문 23절에서 다시 언급하였습니다.

> 곧 그리스도가 고난을 받으실 것과, 죽은 자 가운데서 먼저 다시 살아나사, 이스라엘과 이방인들에게 빛을 전하시리라 함이니이다 하니라.

인간을 구원하기 위해 이 땅에 오실 메시아가 인간의 죗값을 대신 치르시고 죽으셨다가, 다시 살아나셔서 유대인들과 이방인들 모두에게 생명의 빛을 전해 주실 것이란 내용이었습니다. 하지만 바울의 이 증언을, 유대인들은 더더욱 수용할 수 없었습니다.

통일왕국이었던 이스라엘은 솔로몬 왕의 사후에, 남왕국과 북왕국으로 분열되었습니다. 분열은 약화와 쇠퇴를 의미하기 마련입니다. 북왕국은 주전 722년 앗시리아제국에 의해, 그리고 남왕국은 주전 586년 바빌로니아제국에 의해 멸망하고 말았습니다. 그 이후 이스라엘은 페르시아제국과 헬라제국의 지배를 받았고, 본문 당시에는 로마제국의 식민지였습니다. 나라를 잃고 수백 년 동안이나 이민족의 지배를 연이어 받던 유대인들은, 세월의 흐름과 정비례하여 그들을 구원해 줄 메시아를 더욱 강렬하게 열망하였습니다. 그들이 열망한 메시아는 두말할 것도 없이, 로마제국의 압제에서 그들을 해방시켜 줄 정치적인 메시아였습니다. 이를테면 400년에 걸친 이집트의 노예살이에서 이스라엘 백성을 해방시킨, 모세 같은 메시아를 열망한 것이었습니다. 그런 관점에서 볼 때 나사렛 예수는, 어떤 경우에도 메시아

일 수 없었습니다.

 '나사렛 예수'란 '나사렛 출신 예수'를 의미합니다. 당시 나사렛은 달동네 빈민촌의 대명사였습니다. 달동네 출신 예수의 근거지는, 성인이 되기까지 가난한 사람들이 모여 사는 변방 갈릴리였습니다. 그는 단 한 번의 정규교육도 받은 적이 없었습니다. 자신이 메시아라면서도, 그의 수하에는 단 한 명의 군인도 없었습니다. 그 자신이, 적군을 물리칠 무기를 지니고 있지도 않았습니다. 오히려 그는 로마 군병들에게 능욕과 채찍질을 당하고, 흉악범처럼 십자가에 못박혀 죽었습니다. 그 과정에서, 단 한 번의 저항도 하지 못했습니다. 로마제국의 압제에서 이스라엘을 구원해야 할 메시아가 도리어 로마제국 군병들에 의해 십자가에 못박혀 죽는다는 것은, 유대인들의 상식으로는 도저히 받아들일 수 없는 일이었습니다. 단 한 번의 저항도 하지 못한 채 무력하게 십자가에 못박혀 죽은 나사렛 예수, 그 예수는 결단코 메시아일 수 없었습니다.

 이처럼 유대인들의 상식으로 메시아는 죽을 수 없었으므로, 그들에게는 메시아의 부활 역시 황당무계한 소리일 수밖에 없었습니다. 당시에 바리새인들처럼 부활을 믿는 유대인들도 있긴 있었습니다. 하지만 그들에게조차도 메시아의 부활만은 받아들여질 수 없었습니다. 그들에게, 하나님께서 보내신 메시아는 죽지 않는 불사조여야만 했습니다. 죽지 않는데, 죽지도 않은 메시아에게 어떻게 부활이 있을 수 있겠습니까? 그러므로 유대인들에게, 무력하게 십자가에 못박혀 죽은 나사렛 예수가 삼 일 만에 다시 살아난 메시아라고 증언하고 다니는 바울은, 반드시 제거해야 할 공공의 적이었습니다. 메시아에 대한 거짓 사설로 메시아를 모독하면서, 백성을 미혹하는 사기꾼에 지나지 않았기 때문입니다.

 하지만 유대인들의 99.9퍼센트가 그렇게 생각한다고 해도, 그것이 압도적인 여론일 수는 있지만, 절대적인 진리일 수는 없었습니다. 하나님께서는 구약시대의 이사야 선지자를 통해 당신이 보내실 메시아에 대해, 이미 다음과 같이 밝히셨습니다.

> 그는 주 앞에서 자라나기를 연한 순 같고, 마른 땅에서 나온 뿌리 같아서, 고운 모양도 없고 풍채도 없은즉, 우리가 보기에 흠모할 만한 아름다운 것이 없도다. 그는 멸시를 받아 사람들에게 버림받았으며, 간고를 많이 겪었으며, 질고를 아는 자라. 마치 사람들이 그에게서 얼굴을 가리는 것같이 멸시를 당하였고, 우리도 그를 귀히 여기지 아니하였도다. 그는 실로 우리의 질고를 지고 우리의 슬픔을 당하였거늘, 우리는 생각하기를, 그는 징벌을 받아 하나님께 맞으며 고난을 당한다 하였노라. 그가 찔림은 우리의 허물 때문이요, 그가 상함은 우리의 죄악 때문이라. 그가 징계를 받으므로 우리는 평화를 누리고, 그가 채찍에 맞으므로 우리는 나음을 받았도다. 우리는 다 양 같아서 그릇 행하여 각기 제 길로 갔거늘, 여호와께서는 우리 모두의 죄악을 그에게 담당시키셨도다. 그가 곤욕을 당하여 괴로울 때에도 그의 입을 열지 아니하였음이여, 마치 도수장으로 끌려가는 어린 양과 털 깎는 자 앞에 잠잠한 양 같이, 그의 입을 열지 아니하였도다. 그는 곤욕과 심문을 당하고 끌려갔으나, 그 세대 중에 누가 생각하기를, 그가 살아 있는 자들의 땅에서 끊어짐은, 마땅히 형벌받을 내 백성의 허물 때문이라 하였으리요? 그는 강포를 행하지 아니하였고 그의 입에 거짓이 없었으나, 그의 무덤이 악인들과 함께 있었으며, 그가 죽은 후에 부자와 함께 있었도다(사 53:2-9).

이사야 선지자는 예수님께서 이 땅에 오시기 700년 전에, 로마 군병들에게 붙잡혀 능욕당하시며, 강도와 함께 십자가에 못박혀 죽으시고, 부자 아리마대 요셉의 무덤에 장사될 예수님의 최후를, 마치 눈으로 보는 듯이 생생하게 기술하였습니다.

　왜 예수님께서는 고난당하는 메시아로 이 땅에 오셔야만 하셨습니까? 예수님의 개인적인 입장에서 보더라도, 정치적인 메시아로 오시는 편이 훨씬 더 낫지 않겠습니까? 하나님의 능력을 지니신 예수님께서 정치적인 메시아로 오신다면, 로마제국을 몰아내는 것은 식은 죽 먹기처럼 쉬운 일 아니겠습니까? 로마제국의 압제에서 동족을 해방시키고 경제적인 번영까지 안겨준다면, 그 얼마나 영웅적이고도 전설적인 메시아가 되겠습니까? 그런데도 왜 예수님께서는 그 화려한 길을 스스로 포기하시고, 비참한 고난과 죽음의 길을 선택하신 것입니까?

　정치적인 메시아가 혹 인간의 육체적 안녕과 경제적인 번영을 보장해 줄 수는 있어도, 그보다 더 중요한 본질적 문제, 다시 말해 죄와 죽음의 문제를 해결해 줄 수는 없기 때문입니다. 1945년 8월 15일, 우리 민족은 36년에 걸친 일제의 식민통치에서 해방되었습니다. 그러나 그 정치적인 해방이 죄와 죽음으로부터의 해방까지 포함한 것은 아니었습니다. 이미 말씀드렸듯이, 인간은 육체적 안녕과 번영만 누리면 족한 고깃덩어리가 아닙니다. 하나님께서 창조하신 인간은 영적 존재입니다. 영적 존재에게 필수적인 것은 죄와 죽음으로부터의 해방입니다. 바로 그 해방을 인간에게 주시기 위해, 예수님께서는 죽음의 고난을 당하는 메시아로 이 땅에 오셔야만 했습니다. 당신이 십자가의 제물 되시어, 인간이 받아야 할 죽음의 형벌을 대신 받으시기 위함이었습니다.

　하지만 예수님의 죽음의 고난만으로는 인간의 죄의 문제만 해소될 뿐, 인간의 죽음의 문제는 여전히 미해결 상태로 남아 있을 수밖에 없었습니다. 하나님께서는 인간의 죗값을 대신 치르시기 위해 십자가의 제물로 죽으신 예수님을, 그냥 죽음 속에 내팽개쳐 두시지 않았습니다. 하나님께서는 죽음 한 가운데서 예수님을 삼 일 만에 다시 살아나게 하심으로, 인간에게 영원한 생명의 길까지 열어 주셨습니다. 누구든지 회개하고 메시아이신 예수님을 향해 돌아서기만 하면, 죄와 죽음의 속박으로부터 온전히 해방되게 해주신 것이었습니다. 이 사실을 알았던 호세야 선지자 역시, 예수님께서 이 땅에 오시기 700년 전에 이렇게 예언하였습니다.

> 오라, 우리가 여호와께로 돌아가자. 여호와께서 우리를 찢으셨으나 도로 낫게 하실 것이요, 우리를 치셨으나 싸매어 주실 것임이라. 여호와께서 이틀 후에 우리를 살리시며 셋째 날에 우리를 일으키시리니, 우리가 그의 앞에서 살리라(호 6:1-2).

인간을 찢으셨다가 낫게 하시고, 치셨다가 싸매어 주시며, 이틀 후 다시 말해 삼 일째 되는 날에 다시 살리시고 일으켜 세우신다니, 대체 여호와 하나님께서는 미약한 인간을 상대로 장난치는 분이시란 말입니까? 결코 그런 말이 아닙니다. 호세아의 이 예언은 일차적으로는, 인간의 죗값을 대신 치르기 위해 십자가의 제물로 찢어졌다가 삼 일 만에 다시 살아나신 예수님에 대한 예시입니다. 그다음으로는, 우리 자신을 향한 하나님의 초청의 말씀입니다. 하나님께서 메시아로 보내신 예수님을 향해 누구든지 회개하고 돌아서기만 하면, 하나님께서 죄로 상한 그의 환부를 도려내신 다음 친히 싸매어 주셔서, 삼 일 만에 다시 살아나신 예수 그리스도 안에서 새로운 피조물로 새롭게 일으켜 세워 주신다는 초청입니다. 한마디로 말해 누구든지 메시아이신 예수님을 향해 돌아서기만 하면, 그의 옛사람은 죽고, 삼 일 만에 다시 살아나신 예수님 안에서 새로운 삶이 시작된다는 말입니다.

바울 역시 예수님의 부르심에 예수님을 향해 회개하여 돌아섬으로, 예수님을 부정하면서 교회를 짓밟던 그의 옛사람 사울은 죽고, 삼 일 만에 다시 살아나신 예수님 안에서 사도 바울로 거듭났습니다. 그리고 일평생 구약성경이 예언하고 있는 메시아, 인간의 죗값을 대신 치르기 위해 십자가의 제물로 죽으셨다가 삼 일 만에 다시 살아나신 예수님의 휘페레테스와 마르튀스로 살았습니다. 바로 그 이유 때문에, 정치적인 메시아를 열망하던 유대인들은 집요하게 바울을 배척하며 죽이려고 하였습니다. 그러나 유대인들은 바울만 배척한 것이 아니었습니다. 그들은 바울을 배척함으로써 바울이 전하는 예수 그리스도를 배척하였을 뿐 아니라, 그 예수님을 이 땅에 메시아로 보내신 하나님마저 배척하고 말았습니다. 그들 자신이 예수님을 향해 회개하고 돌아섬으로, 죄와 죽음의 덫에서 해방될 수 있는 생명과 구원의 기회를 스스로 박차버린 셈이었습니다. 하나님의 선민을 자처하면서도 정작 하나님보다, 메시아는 반드시 정치적 메시아이어야 한다는 자신들의 판단과 여론을 더 신뢰한 결과였습니다. 그보다 더 미련한 인간은 있을 수 없었습니다.

하지만 우리 역시 메시아를 우리 육체의 안녕과 경제적 번영을 보장해 줄 정치적 메시아로 오해하고 있다면, 그래서 메시아이신 예수님과는 사실상 등지고 살고 있다면, 결과적으로 예수님 안에서 죄와 죽음의 덫으로부터 해방될 생명의 기회를 스스로 박차고 있다면, 그리스도인을 자처하는 우리 자신이 곧 본문 속의 미련한 유대인들임을 잊어서는 안 됩니다. 바로 이것이, 예수님의 고난을 기리는 사순절 첫째 주일을 맞은 우리에게 오늘의 본문이 주는 교훈입니다.

대통령 탄핵심판에 대한 헌법재판소의 선고가 초읽기에 들어가면서, 탄핵을 찬성하는 측과 반대하는 측의 대립이 날로 격화되고 있습니다. 듣는 것만으로도 끔찍하기 짝이 없는 폭언과, 혁명이나 민란을 부추기는 무책임한 선동적인 언어들이, 연일 매스컴을 통해 여과 없이 방송되고 있습니다. 이 국가 누란의 위기 속에서도 정치인들은 국민 통합을 꾀하기보다, 여전히 자신들의 정치적 입지를 고수하기 위한 이합집산을 계속하고 있습니다. 그리고 대통령 출마를 선언한 후보들은 저마다 자신만이, 실타래처럼 뒤엉켜 있는 이 나라의 난제를 모두 해결할 수 있는 메시아인 것처럼 주장하고 있습니다. 이렇게 해서는 탄핵심판이 인용되든 반대로 기각되든, 우리는 탄핵을 통해 모든 것을 송두리째 잃을 뿐 얻는 것이라곤 아무것도 없을 것입니다.

민주주의의 특징은 다수결의 원리에 있습니다. 하지만 다수의 횡포로부터 소수를 보호하기 위한 제도적 장치가 법치주의입니다. 법치주의가 확립되지 않으면 우리 사회는 다수, 혹은 힘이 세고 목소리 큰 사람들이 전횡을 일삼는 무법천지가 되고 맙니다. 이런 의미에서 민주시민은, 특히 정치지도자들은, 반드시 사법부의 판결을 존중해야 합니다. 지금 탄핵을 찬성하는 측과 반대하는 측 모두, 촛불집회와 태극기집회에 얼마나 많은 인원을 동원하느냐에 따라 헌법재판소의 판결이 달라질 것처럼, 세 과시에 몰두하고 있습니다. 그것은 법치주의가 근간을 이루는 삼권분립의 균형과 조화를 깨뜨리고, 5천만 국민이 한데 어우러져 살고 있는 우리 사회를 무법천지로 만들자는 것과 같습니다. 헌법재판소의 선고를 불과 며칠 앞둔 지금은 양측 모두 세를 과시할 때가 아니라, 이 나라의 미래를 위해, 어떤 선고가 내려지든 겸허하게 받아들일 마음의 준비를 할 때입니다.

미국의 대통령 선거는, 선거인단에 의한 간접선출 방식을 택하고 있습니다. 미국의 각 주에서 가장 많이 득표한 후보가 그 주의 선거인단 표를 독식하는 방식입니다. 그러다 보니 이번 45대 대통령 선거에서 공화당의 트럼프 후보가 민주당 힐러리 후보보다 유권자 득표수는 뒤지면서도, 더 많은 선거인단 득표로 대통령에 당선된 것과 같은 사례가, 미국 역사상 다섯 번이나 있었습니다. 그중에서도 2000년에 민주당의 알 고어와 공화당의 조지 부시 간에 치러졌던 43대 대통령 선거는, 미국 연방대법원 판결에 의해 미국 대통령이 결정되었던 선거로 유명합니다. 당시 다툼이 일어났던 플로리다 주를 제외한 투표 결과는 유권자 득표에서도 알 고어 후보가 앞섰고, 선거인단 득표에서도 260표를 얻은 고어가 246표를 얻은 부시를 앞서고 있었습니다. 하지만 두 후보 모두 대통령 당선에 필요한 선거인단 270표를 확보하지 못한 상태였기에, 선거인단 25표가 걸린 플로리다 주의 개표 결과에 따라 대통령이 판가름 나게 되어 있었습니다. 그러나 플로리다 주의 독특한 선거법과 그 법의 적용과 관련하여 알 고어 측과 조지 부시 측 간에 다툼이 일어나, 마침내 연방대법원까지 개입하게 되었습니다. 그 결과, 전국 유권자 득표에서 뒤지고서도 플로리다 선거인단 표를 독식한 조지 부시가 대통령에 당선되었습니다. 당시 플로리다 주 지사는 조지 부시 후보의 친동생 젭 부시였고, 공화당원이었던 플로리다 주 정부장관 해리스는 개표와 관련된 다툼 내내 일방적으로 조지 부시 후보의 편을 들었습니다. 알 고어 개인의 입장에서 보자면 대법원의 판결에 승복하기 어려운 상황이었습니다. 하지만 그는 민주사회의 정치지도자답게 결과에 깨끗하게 승복하였습니다. 그의 승복 연설 중 일부를 읽어 드리겠습니다.

어느 유명한 로스쿨의 도서관에는 다음과 같은 좌우명이 새겨져 있습니다. "사람의 지배가 아니라, 하나님과 법의 지배 아래에". 이것은 미국이 추구하는 자유의 지배원리인 동시에, 우리의 민주주의적 자유의 원천이

기도 합니다. 저는 이것을, 이번 선거를 둘러싼 다툼의 지침으로 삼으려고 애를 썼습니다. 그것이 지난 5주간, 이 모든 복잡한 문제들에 대한 심리 과정을 거치는 데 있어, 우리나라의 지침이 되었듯이 말입니다. 이제 연방대법원의 판결이 내려졌습니다. 저 개인적으로는 그 판결에 강하게 반대하지만, 그러나 재론의 여지 없이, 저는 그 판결을 수용합니다. 저는 다음 주 월요일에 선거인단이 비준할 최종 결과 역시 수용할 것입니다. 그리고 우리 민주주의의 신장과 국민의 단결을 위해, 오늘 밤 저는 그 모든 결과에 대한 승복을 선언합니다. (중략)

이번 선거는 참으로 특이하였습니다. 하지만 뒤늦게 봉합된 갈등이 예기치 못한 하나님의 섭리 아래, 우리 모두를 위한 새로운 공통기반을 조성하게 해줄 것입니다. 우리가 같은 역사와 같은 운명을 함께 짊어진 한 국민임을 다시금 상기시켜 줄 것이기 때문입니다. 역사적으로 대중의 의지에 도전하여, 뜨겁게 논박하고 치열하게 싸웠던 수많은 다툼의 예가 있어 왔습니다. 결론에 이르기까지의 몇 주 동안에는 논쟁이 지속되었지만, 일단 결론이 내려지면 승자든 패자든, 화해의 정신으로 그 결과에 깨끗하게 승복하여 왔습니다. 우리 역시 모두 그렇게 합니다. (중략)

나의 친구 여러분들이여, 누군가에게도 말한 적이 있었듯이, 이제는 제가 물러가야 할 시간입니다.

알 고어 자신은 동의할 수 없었지만, 그는 연방대법원의 판결을 하나님의 섭리로 받아들이고, 민주주의의 신장과 국민의 단결을 위해 깨끗하게 승복하였습니다. 미국이 현재 당면하고 있는 온갖 문제에도 불구하고 여전히 위대하다면, 미국에는 아직까지 이런 위대한 정치지도자들이 있기 때문입니다. 법치가 부정되는 곳에서는 민주사회도, 정의로운 사회도 불가능합니다.

헌법재판소가 탄핵심판에 대한 선고를 어떻게 내리든, 자신의 정치적 입지를 위해 불복을 선동하는 정치인이 있다면 여야를 막론하고, 우리 모두 힘을 합쳐 투표를 통해 그런 비민주적이고도 무책임한 정치인을 영영 퇴출시켜야 할 것입니다.

우리 교회에도 탄핵을 찬성하여 촛불집회에 열심인 분들도 있고, 탄핵을 반대하면서 태극기집회에 앞장서는 분들도 있습니다. 그러나 그분들이 교회에서, 서로 상대방을 향해 얼굴 붉히는 일이 단 한 번도 없었다는 사실이 얼마나 감사한지 모르겠습니다. 생각과 입장은 달라도, 다 함께 나라를 사랑하고 있다는 상대의 진심을 서로 믿어 주기 때문일 것입니다.

이제 우리 모두 헌법재판소 너머에서, 지금 이 순간에도 이 나라의 역사를 치밀하게 주관하고 계시는 하나님을 바라보십시다. 그리고 우리 각자가 동의할 수 없는 결과가 나오더라도, 알 고어처럼 하나님의 섭리로 받아들이고 겸허하게 승복하면서, 오히려 이 나라를 이 지경으로 만드는 데 공범이었던 우리 자신을 회개하십시다. 십자가에 우리의 옛사람을 못박으며, 하나님의 말씀으로 우리 자신을 탄핵하십시다. 예수님 안에서 죄와 죽음의 속박으로부터 해방된 진정한 그리스도인이 되십시다. 그때 하나님께서 우리를 통해 이 나라의 환부를 도려내시고 친히 싸매어 주시며, 삼 일 만에 다시 살아나신 예수님 안에서 이 나라를, 새로운 대한민국으로 소생시켜 주실 것입니다.

예수님께서 우리 육체의 안녕과 경제적 번영을 위한 정치적 메시아로 오셨다면, 우리는 좀더 잘 입고 좀더 잘 먹는 고깃덩어리로 살다가, 영원히 멸망하고 말았을 것입니다. 그러나 예수님께서 우리를 영원히 살려 주시기 위해, 고난받는 메시아로 와주셨음을 감사합니다. 몸소 십자가의 제물이 되시어, 우리가 받아야 할 죽음의 형벌을 대신 받아 주신 것을 감사합니다. 모든 것을 삼키는 죽음의 권세를 깨뜨리시고, 삼 일 만에 다시 살아나신 것을 감사합니다. 우리 한 사람 한 사람의 이름을 일일이 기억하시며, 우리 각자를 불러 주신 것도 감사합니다.

우리 모두 사순절 첫째 주일을 맞아 사도 바울처럼 예수님의 부르심에 응답하여, 예수님을 향해 회개하며 확실하게 돌아서게 해주십시오. 예수님 안에서 죄와 죽음의 속박으로부터 해방된 그리스도인으로 살아가게 해주십시오. 우리가 예수님의 십자가로 우리의 옛사람을 탄핵하지 않으면, 삼 일 만에 다시 살아나신 예수님 안에서 새로운 삶도 불가능함을 잊지 말게 해주십시오.

대통령 탄핵심판 선고가 초읽기에 들어갔습니다. 여덟 명의 헌법재판관을 이 시점의 재판관으로 세우신 분이 하나님이시오매, 그들을 통해 하나님의 뜻이 이루어지게 해주십시오. 그동안 탄핵에 찬성해 왔든 혹은 반대해 왔든, 우리 국민 모두 헌법재판소의 선고에 겸허하게 승복하게 해주십시오. 그리하여 현재 우리 사회의 혼란이, 삼 일 만에 다시 살아나신 예수님 안에서, 새로운 대한민국을 해산하기 위한 생명의 진통으로 승화되게 해주십시오. 아멘.

19. 바울아 네가 미쳤도다 _{사순절 둘째 주일}

사도행전 26장 24-29절

바울이 이같이 변명하매 베스도가 크게 소리 내어 이르되 **바울아 네가 미쳤도다** 네 많은 학문이 너를 미치게 한다 하니 바울이 이르되 베스도 각하여 내가 미친 것이 아니요 참되고 온전한 말을 하나이다 왕께서는 이 일을 아시기로 내가 왕께 담대히 말하노니 이 일에 하나라도 아시지 못함이 없는 줄 믿나이다 이 일은 한쪽 구석에서 행한 것이 아니니이다 아그립바 왕이여 선지자를 믿으시나이까 믿으시는 줄 아나이다 아그립바가 바울에게 이르되 네가 적은 말로 나를 권하여 그리스도인이 되게 하려 하는도다 바울이 이르되 말이 적으나 많으나 당신뿐만 아니라 오늘 내 말을 듣는 모든 사람도 다 이렇게 결박된 것 외에는 나와 같이 되기를 하나님께 원하나이다 하니라

우리는 지난 12주에 걸쳐, 아그립바 왕의 요청으로 베스도 총독이 개최한 청문회장에서 바울이 행한 자기 변증에 대해 살펴보았습니다. 바울에게 자기 변증은 예수님을 증언하는 것이었습니다. 바울은, 예수님께서 고난당해 죽으셨다가 다시 살아나신 메시아이심을 증언하였습니다. 하나님께서 보내

신 메시아는, 유대인들이 기대한 것처럼 정치적인 독립과 경제적인 번영을 보장해 주는 정치적인 메시아가 아니었습니다. 하나님께서 보내신 메시아는, 인간을 죄와 죽음의 속박에서 해방시켜 주는 영원한 생명의 구원자였습니다. 그래서 메시아이신 예수님께서는 인간이 받아야 할 죽음의 죗값을 대신 치르시기 위해 십자가의 제물로 죽으셨고, 인간에게 영원한 생명의 길을 열어 주시기 위해 죽음의 권세를 깨뜨리고 삼 일 만에 다시 살아나셨습니다.

삼 일 만에 다시 살아나신 예수님께서는 유대인들만의 메시아가 아니라, 이방인들을 위한 구원자이시기도 했습니다. 그 예수님께서, 당신을 부정하면서 교회를 짓밟던 바울을 다메섹 도상에서 마치 핀셋으로 집어내듯 불러내셨습니다. 세상 사람들의 눈을 뜨게 해주는 당신의 휘페레테스와 마르튀스로 삼으시기 위함이었습니다. 바울을 통로로 삼아 세상 사람들로 하여금 죄사함을 얻고, 메시아이신 당신을 믿어 거룩한 교회의 일원으로 살아가게 해주시기 위함이었습니다. 예수님의 그 부르심에 응답한 바울은 유대인들은 물론이고 이방인들에게까지, 삼 일 만에 다시 살아나신 예수 그리스도의 복음을 전하였습니다.

하지만 바로 그 이유 때문에, 바울은 가는 곳마다 유대인들의 온갖 박해와 집요한 살해 위협에 시달려야 했습니다. 바울이 전하는 메시아는 유대인들이 열망하던 정치적인 메시아가 아니었고, 또 자신들의 전유물인 구원을 짐승 같은 이방인도 받을 수 있다고 바울이 주장한 까닭이었습니다. 유대인들이 바울을 얼마나 증오했던지 예루살렘에서는, 바울을 죽이기 전에는 먹지도 마시지도 않을 것을 서원한 40여 명의 유대인들이 암살단을 조직하기도 했습니다. 유대인들의 그 집요한 살해 위협 속에서도 바울이 본문의 청문회장에서 로마 총독 베스도와 아그립바 왕에게까지 복음을 증언할 수 있었던 것은, 오로지 삼 일 만에 다시 살아나신 예수님의 도우심 덕분이었습니다.

이상과 같은 바울의 증언은 허구가 아니었습니다. 바울은, 십자가의 제물로 죽으셨다가 삼 일 만에 다시 살아나신 예수님을 직접 만난 사람이었습니다. 바울은 메시아이신 예수님과 대화도 나누었습니다. 바울은 본문의 청문회장에서, 메시아이신 그 예수님께서 자신을 어떻게 부르시고 사용해 오셨는지, 자신의 체험을 간증한 것이었습니다. 메시아의 죽임 당하심과 다시 사심에 대한 바울의 증언도, 바울이 처음으로 언급한 내용이었던 것은 아니었습니다. 그것은 지난 시간에 살펴본 것처럼, 이미 구약의 선지자들이 예언한 내용이었습니다. 그래서 바울은 그 사실을 강조하는 것으로 자신의 증언을 끝맺었습니다.

> 하나님의 도우심을 받아 내가 오늘까지 서서 높고 낮은 사람 앞에서 증언하는 것은, 선지자들과 모세가 반드시 되리라고 말한 것밖에 없으니, 곧 그리스도가 고난을 받으실 것과 죽은 자 가운데서 먼저 다시 살아나사, 이스라엘과 이방인들에게 빛을 전하시리라 함이니이다 하니라(22-23절).

이상과 같은 바울의 증언이 끝나기가 무섭게 베스도 총독이 큰 소리로 외쳤습니다.

> 바울이 이같이 변명하매 베스도가 크게 소리 내어 이르되, 바울아 네가 미쳤도다. 네 많은 학문이 너를 미치게 한다 하니(24절).

베스도 총독은 바울이 '미쳤다'고 단정하였습니다. 그가 보기에, 죽었던 예수가 다시 살아났다는 것만으로도 모자라 다시 살아난 예수를 만나 대화를 나누고, 그의 명령에 따라, 세상 사람들을 구원하기 위한 그의 휘페레테 스와 마르튀스로 살고 있다고 주장하는 바울은 미친 사람임에 틀림없었습니다. 바울을 재판했던 베스도 총독은 바울의 신원에 대해 알고 있었습니다. 유대인 최고의 율법학자 가말리엘에게서 수학한 바울이 구약성경에 능통한, 높은 학문의 소유자란 사실을 잘 알고 있었던 것입니다. 또 방금 바울은, 자신이 증언한 것은 모두 구약성경이 예언한 내용이라고 밝혔습니다. 그래서 베스도 총독은 바울에게 '바울아 네가 미쳤도다. 네 많은 학문이 너를 미치게 한다'라고 말했습니다. 베스도 총독은, 바울이 구약성경에 대한 과도한 학문적 열심 탓에 그만 미쳐 버렸다고 판단한 것이었습니다.

'네가 미쳤다'는 베스도 총독의 판단에 대한 바울의 응대는 다음과 같았습니다.

> 바울이 이르되 베스도 각하여, 내가 미친 것이 아니요. 참되고 온전한 말을 하나이다(25절).

베스도 총독이 바울더러 '네가 미쳤다'는 것은, '네가 정신 나간 소리를 한다'는 의미였습니다. 이에 대해 바울은 자신의 말은 "참되고 온전"하다고 대답했습니다. 자신이 미치거나 정신나간 소리를 하는 것이 아니라는 말이었습니다. 우리말 "하나이다"로 번역된 헬라어 동사 '아폽흐뎅고마이 ἀποφθέγγομαι'는 '선언하다'는 의미입니다. 자신이 미치거나 정신 나간 소리를 횡설수설하고 있는 것이 아니라, '참되고 온전한 말을 명확하게 하고' 있다는 의미였습니다.

바울의 대답은 본문 26절로 이어집니다.

왕께서는 이 일을 아시기로 내가 왕께 담대히 말하노니, 이 일에 하나라도 아시지 못함이 없는 줄 믿나이다. 이 일은 한쪽 구석에서 행한 것이 아니니이다.

한글 성경으로는 바울의 이 말이 언뜻, 바울이 아그립바 왕에게 한 말처럼 보입니다. 그러나 헬라어 원문에 의하면, 바울은 이 말을 베스도 총독에게 하였습니다. 원문의 의미를 우리말로 보다 상세하게 옮기면, 바울은 베스도 총독에게 이렇게 말했습니다.

(아그립바) 왕께서도 이 일에 대해 알고 계시기에, 내가 그에게 거리낌 없이 말씀드린 것입니다. 나는 그가 이 일 가운데 무엇 하나 모르는 것이 없음을 확신하고 있습니다. 왜냐하면 이 일은 어느 구석에서 은밀하게 일어난 일이 아니기 때문입니다.

본문의 청문회는, 신임총독 베스도를 방문한 아그립바 왕이 바울의 진술을 들어 보기 위해 베스도 총독에게 요청하여 개최되지 않았습니까? 그래서 청문회가 시작될 때 아그립바 왕은 이 장의 1절을 통해 '너를 위하여 말하기를 네게 허락하노라'고 선포하였고, 바울은 아그립바 왕의 이름을 부르며, 23절의 내용에 이르기까지 계속 그를 쳐다보면서 그에게 예수님을 증언하였습니다. 바울은 베스도 총독에게 그 사실을 강조하면서, 자신이 아그립바 왕에게 그렇듯 거리낌 없이 예수님의 죽임 당하심과 다시 사심에 대해 증언한 것은, 그가 그 모든 사실에 대해 이미 알고 있기 때문이라고 말한 것이었습니다.

바울은 예수님의 죽임 당하심과 다시 사심에 대해 아그립바 왕이 모르는 것이 없다고 확신하고 있었습니다. 그것은 아무도 모르는 곳에서 은밀하게 일어난 일이 아니라, 하나님의 거룩한 성전의 소재지이자 모든 유대인들의 신앙과 삶의 중심지인 예루살렘에서 공개적으로 일어난 사건이었습니다. 예수님의 삶 자체가 공개적이었고, 예수님의 십자가 죽음과 다시 사심도 공개적으로 이루어졌습니다. 그러므로 대제사장의 임명권자인 동시에 예루살렘 성전의 공식적인 보호자였던 아그립바 왕이, 그 예수님에 대한 보고를 받지 못했을 리가 없었습니다. 바울은 그 사실을 지적하면서, 아그립바 왕도 이미 알고 있는 사실을 밝힌 자신의 증언은 미친 소리가 아니라, '참되고 온전한 말'임을 강조한 것이었습니다.

그리고 바울은 이번에는, 아그립바 왕에게 다시 말하였습니다.

아그립바 왕이여, 선지자를 믿으시나이까? 믿으시는 줄 아나이다(27절).

본문의 아그립바 왕은, 정확하게 말하자면 헤롯 대왕의 손자인 아그립바 2세입니다. 헤롯 대왕은 본래 이방인인 이두매인이었는데도, 로마제국의 비호로 유대인의 왕좌에 올라 헤롯 왕조를 창시하였습니다. 그의 손자인 본문의 아그립바 2세는 갈릴리와 베레아 지방의 분봉왕이었지만, 대제사장의 임명권을 갖고 있었을 뿐 아니라 예루살렘성전의 공식적인 보호자이기도 하였습니다. 이와 같은 그의 직책상, 그는 이두매인의 후손이면서도 구약성경의 내용을 잘 알고 있었습니다. 그 아그립바 왕에게 바울이 "선지자를 믿으시나이까?" 하고 물었습니다.

아그립바 왕은 그의 직책상 '선지자를 믿는다'고 대답해야 했습니다. 하지만 그는 선뜻 그렇게 대답하지 못했습니다. 만약 선지자를 믿는다고 대답한다면 그것은, 선지자들이 예언한 메시아가 곧 예수라는 바울의 증언을 공개적으로 시인하는 꼴이 되기 때문이었습니다. 그것은 예수님을 부정하는 유대인들과 맞서야 하는 것을 의미했습니다. 그렇다고 아그립바 왕이 '선지자를 믿지 않는다'고 부정할 수도 없었습니다. 구약성경의 선지자를 믿지 않는다고 부정하는 것 역시, 선지자를 믿는 유대인들과 척을 져야 하는 일이었습니다. '선지자를 믿느냐'는 바울의 질문은 아그립바 왕을 그렇게 진퇴양난의 궁지로 몰아넣을 수 있었습니다.

하지만 아그립바 왕이 궁지에 빠지지 않게 해준 사람도 바울이었습니다. 바울이 '선지자를 믿으시나이까?'라는 질문에 '믿으시는 줄 아나이다'라는 말을 덧붙여, 아그립바 왕이 자신의 질문에 직접 대답하지 않아도 좋도록 길을 터주었기 때문입니다. 바울이 아그립바 왕에게 그렇게 말한 것은, 당신이 알고 있는 구약성경의 선지자들이 예언한 메시아 곧 예수를 믿어야 한다는 당부였습니다. 바울의 그 의도를 간파한 아그립바 왕이 즉각 반응을 보였습니다.

> 아그립바가 바울에게 이르되, 네가 적은 말로 나를 권하여 그리스도인이
> 되게 하려 하는도다(28절).

우리말 "적은 말"로 번역된 헬라어 '엔 올리고ἐν ὀλίγῳ'는 '짧은 시간 안에'로도 번역될 수 있습니다. '네가 적은 말로, 혹은 짧은 시간 안에 나를 권하여 그리스도인이 되게 하려 한다'는 아그립바 왕의 말은 바울의 당부에 대한 공감의 표시인지, 아니면 냉소적인 부정인지, 분간하기가 어렵습니다. 아그립바 왕은 유대인이 아닌 이방인 이두매인으로서, 예수 그리스도를 시인하는 측이든 반대로 부정하는 측이든, 어느 측에게도 책 잡히지 않으려는 노회한 정치인다운 수사법이었습니다. 하지만 구원은 노회한 수사법으로 얻는

것이 아니라, 믿음의 고백과 그 실천으로 얻는 것입니다. 그래서 바울은 다음과 같이 결론을 내렸습니다. 그 청문회장에서 마지막 결론을 내린 사람은 베스도 총독도, 아그립바 왕도 아닌, 바울이었던 것입니다.

> 바울이 이르되, 말이 적으나 많으나 당신뿐만 아니라 오늘 내 말을 듣는 모든 사람도 다 이렇게 결박된 것 외에는 나와 같이 되기를 하나님께 원하나이다 하니라(29절).

바울은 아그립바 왕을 포함하여 그 청문회장에 앉아 있는 모든 사람들이, "이렇게 결박된 것 외에는 나와 같이 되기를 하나님께 원하나이다"라고 결론을 맺었습니다. 우리말 '원하나이다'로 번역된 헬라어 동사 '유코마이εὔχομαι'는 '기도하다'는 의미이기도 합니다. 바울은 그 청문회장의 사람들이 모두, 자신이 결박당한 것 외에는, 정말 자신처럼 되기를 하나님께 간절히 기도하는 마음으로 그렇게 결론을 내린 것이었습니다.

미쳤다는 것은 정신이 이상하다는 뜻입니다. 다시 말해 비정상적이라는 의미입니다. 베스도 총독이 바울에게 '네가 미쳤다'고 소리친 것은, 그에게 바울이 비정상적으로 보였던 것입니다. 거기에는 대전제가 깔려 있었습니다. 베스도 총독 자신은 정상적이라는 대전제입니다. 바울은, 자신은 미치지 않았고 '참되고 온전한 말'을 한다고 해명했습니다. 자신이 정상적이라는 해명이었습니다. 그리고 청문회장에 모인 사람들에게, 모두 자신처럼 되기를 하나님께 간절한 마음으로 기도한다고 말했습니다. 자신을 미쳤다고 단언한 베스도 총독을 포함하여 청문회장에 앉아 있는 사람들에게, 오히려 당신들이 비정상적이라고 일깨워 준 것이었습니다. 도대체 어느 쪽의 말이 맞습니까? 바울이 비정상적이라는 베스도 총독의 말이 맞습니까? 아니면 청문 회장에 앉아 있는 사람들이 모두 비정상적이라는 바울의 말이 맞습니까?

화려한 관복과 제복을 입고 청문회장에 앉아 있는 아그립바 왕과 베스도 총독 일행은, 로마제국의 식민지인 이스라엘에서 최고의 지배자들이었습니다. 그들에게는 권력과 금력, 그리고 인력과 인맥이 있었습니다. 부귀영화를 누렸고, 마음먹은 것은 무엇이든 할 수 있었습니다. 그들에게 세월은, 더 높은 지위와 더 많은 소유를 향한 과정이었습니다. 그들에게는 행복의 기준도, 기쁨의 원천도, 오직 부귀영화였습니다. 그들 앞에 호출당한, 2년 동안이나 투옥당해 있던 바울의 몰골은 거지와 같았습니다. 그와 같은 외관만 보더라도, 바울은 상종할 가치조차 없는 인간이었습니다. 하지만 희한하게도 바울은 자신들 앞에서 조금도 기가 죽거나 주눅 들어 하지 않았습니다. 오히려 인간의 죗값을 대신 치르기 위해 죽었다가 삼 일 만에 다시 살아난 예수가 자신을 구원해 주었다며, 그 예수를 믿어 죄사함을 얻고 거룩한 교회의 일원이 되어야 한다고 자신들에게 큰소리를 쳤습니다. 누구보다도 현실적인 그들의 눈에 비친 바울은, 전혀 비현실적이고도 비정상적인 인간이었습니다. 누구든 정신 나간 사람이 아니고는 그런 언행을 보일 수가 없었습니다. 베스도 총독이 바울에게 '네가 미쳤다'고 단언한 것은, 그들 모두의 생각을 대변한 말이었습니다.

반면에 바울은 예수님의 은혜로 어둠에서 빛으로, 사탄의 권세에서 하나님께로 돌아선 사람이었습니다. 진리의 빛으로, 하나님의 생명의 빛으로 확실하게 돌아선 뒤에야 그는, 출세와 성공을 위해 그토록 열심히 살아온 자신이 실은 어둠과 사탄의 노예에 지나지 않았음을 비로소 깨달았습니다. 어둠과 사탄의 속박 속에 살 때에는 그것을 당연하게 여겼을 뿐, 자신이 어둠과 사탄의 노예로 자신의 생명을 매일 허망하게 갉아먹고 있다는 사실을 자각조차 할 수 없었습니다. 그 바울이 보기에, 지금 청문회장에 앉아 있는 사람들은 예전의 자신과 똑같았습니다. 그들이 화려한 관복과 제복을 입고 저마다 자신을 과시하고 있지만, 그들은 모두 어둠과 사탄의 속박에 매인 가련한 노예들이었습니다. 그렇지만 그들은 예전의 자신처럼, 그 사실을 전혀 자각하지 못하고 있었습니다. 그들이 아무리 권력과 금력과 인력을 장악하고 있어도, 오히려 그것들을 섬기느라 매일 죽음을 향해 최선을 다하여 치닫고 있는 불쌍한 영적 맹인들이었습니다. 그래서 바울은 그들이 모두 비정상적인 상태에 있음을 일깨워 주면서, 삼 일 만에 다시 살아나신 예수님을 주인으로 모신 자기처럼 살기를 기도한다고 결론을 내렸습니다.

여기에서 우리가 반드시 주목해야 할 중요한 사실이 있습니다. 바울은 '미쳤다'는 소리를 들을 만큼, 진짜 그리스도인이었다는 사실입니다. 바울에게 '네가 미쳤다'고 소리친 베스도 총독에게 바울은 사고방식과 삶의 태도와 가치관 등 모든 면에 걸쳐, 그가 이해할 수 있는 범위를 훨씬 넘어서 있었습니다. 오죽하면 바울이 미쳤다고 단정했겠습니까? 그러나 그것은 당연한 일이었습니다. 어둠의 노예로 살면서도 자신이 어둠에 매어 있음을 자각하지도 못한 베스도 총독이, 어떻게 빛의 세계에서 살아가는 바울의 사고방식과 삶의 태도와 가치관을 제대로 이해할 수 있겠습니까? 바울의 사고방식과 삶의 태도와 가치관은, 세상 사람들과는 그렇듯 확연하게 구별되어 있었습니다. 삼 일 만에 다시 살아나신 예수님으로 인한 바울의 그 구별된 사고방식과 삶의 태도와 가치관이, 이 세상의 비정상성을 깨뜨리는 바울의 힘이었습니다.

본문의 청문회장은, 우리가 살고 있는 이 세상의 축소판입니다. 그렇다면 우리 각자는 대체 어느 쪽에 속해 있습니까? 베스도 총독을 포함하여 바울을 '미쳤다'고 단정한, 저마다 화려한 관복과 제복을 입고 자신을 과시하며 청문회장에 앉아 있는 사람들 쪽입니까? 아니면 비록 거지 같은 몰골로 서 있지만, 베스도 총독과 아그립바 왕과 그 일행을 향해 그들의 비정상성을 일깨워 주면서, 그들이 자기처럼 살기를 간절히 바라는 바울 쪽입니까? 과연 세상 사람들이 보기에 우리가 비정상적으로 보일 정도로 우리의 사고방식, 삶의 태도, 가치관은 그들과 확연하게 구별되어 있습니까?

'미치다'는 단어는 '무언가에 몰두하다'는 의미도 지니고 있습니다. '저 사람은 영화에 미쳤어', '저 젊은이는 축구에 미쳤어' 하는 식입니다. 이런 관점에서 '바울아, 네가 미쳤도다'는 베스도 총독의 표현은 한편으로는 틀렸고, 한편으로는 맞습니다. 베스도 총독은 바울이 정신 나간, 비정상적인 사람이라는 의미로 '네가 미쳤다'고 말했습니다. 그것은 틀린 말이었습니다. 비정상적인 사람은 바울이 아니라, 베스도 총독 자신이었습니다. 그러나 자신이 비정상적임을 전혀 자각하지 못했기에, 도리어 정상적인 바울이 비정상적인 그의 눈에 비정상적으로 보였습니다. 하지만 '무언가에 몰두하다'는 의미에서 바울은 미친 사람이 맞았습니다. 그는 예수님께 미친 사람이었습니다. 자신의 죗값을 대신 치르기 위해 십자가의 제물로 죽으셨다가 삼 일 만에 다시 살아나심으로 영원한 생명을 주신 예수님, 그 예수님의 휘페레테스와 마르튀스로 살아가는 것보다 바울에게 더 귀한 일은 있을 수 없었습니다. 그래서 바울은 일평생 예수님께 미쳐 살았습니다. 먹어도 예수님을 위해, 마셔도 예수님을 위해, 잠을 자도 예수님을 위해, 숨을 쉬어도 예수님을 위해, 모진 박해를 당해도 예수님을 위해, 영광을 받아도 예수님을 위해, 날이면 날마다 예수님께 미쳐 살던 바울은 이렇게 고백하였습니다.

내가 간절히 기대하며 바라는 것은, 내가 어떤 일에나 부끄러워하지 않고, 전과 같이 지금도 온전히 담대하여, 살든지 죽든지, 나의 몸으로 말미암아 그리스도께서 존귀하게 되시는 것입니다(빌 1:20, 새번역).

우리는 지금 무엇에 미쳐 살고 있습니까? 우리가 예수님의 죽임 당하심과 다시 사심을 통해 죄와 죽음의 속박으로부터 해방되었음을 정녕 믿는다면, 예수님의 십자가를 통해 우리에게 영원한 생명과 구원이 주어졌음을 우리가 진정으로 믿는다면, 그 영원한 생명을 지닌 우리가 어찌 길이요 진리요 생명이신 예수님께 미치지 않을 도리가 있겠습니까? 어떻게 세상 사람들과 확연하게 구별된 사고방식, 삶의 태도, 가치관을 지니고 살지 않을 수 있겠습니까? 우리를 위한 예수님의 죽임 당하심과 다시 사심을 기리는 사순절 둘째 주일을 맞이하여 지금부터 우리 모두 바울처럼, 예수님께 미친 진짜 그리스도인으로 살아가십니다. 먹든지 굶든지, 일을 하든지 잠을 자든지, 성공하든지 실패하든지, 건강하든지 병 들든지, 살든지 죽든지, 우리의 삶을 통해 언제나 예수님만 존귀하게 드러나게 하십시다. 길이요 진리요 생명이신 예수님께 미친 우리의 삶을 통해, 이 어지러운 세상의 비정상성이 비로소 깨어지기 시작할 것입니다.

바다를 보고 바다에 미친 사람들에 의해, 해양 운송수단이 발전하고 결과적으로 전 세계가 연결되었습니다. 하늘을 보며 하늘에 미친 사람들 덕분에, 우리는 비행기를 타고 한나절 만에 지구 반대편에 이를 수도 있습니다. 예술에 미친 사람들이 있기에, 우리의 정신세계는 풍요를 누립니다. 그러나 예수 그리스도의 죽임 당하심과 다시 사심을 통해 새 생명을 얻은 우리는, 여전히 세상의 것들에 미쳐 있습니다. 세상 사람들과 동일한 사고방식, 삶의 태도, 가치관으로 살고 있기에, 그들과 우리 사이에 구별될 것이라곤 아무것도 없습니다. 그래서 내가 그리스도인이 되었지만 세상은커녕, 내 삶의 현장조차 전혀 새로워지지 못하고 있습니다.

우리를 구원하시기 위한 예수님의 죽임 당하심과 다시 사심을 묵상하고 기리는 사순절 둘째 주일을 맞이하여, 우리 모두 바울처럼 예수님께 미쳐 사는 진짜 그리스도인들이 되게 해주십시오. 살든지 죽든지, 우리의 삶으로 예수님을 존귀하게 하는 삶을 살게 해주십시오. 세상 사람들과 확연하게 구별된 사고방식, 삶의 태도, 가치관을 지니고 살아가게 해주십시오. 그리하여 우리의 삶 자체가 생명의 결정체로 영글게 해주시고, 예수님께 미친 우리의 삶으로 인해 이 세상의 비정상성이 깨어져 가게 해주십시오.

대통령 탄핵심판에 대한 헌법재판소의 선고가 내려졌습니다. 이 선고가 모든 면에 걸쳐, 대한민국이 정상성을 회복해 가는 첫걸음이 되게 해주십시오. 그리고 이 분열의 난국 속에서, 예수님께 미친 우리 자신이 국민 화합을 위한 화목제물이 되게 해주십시오. 아멘.

20. 나와 같이 되기를 사순절 셋째 주일

사도행전 26장 24-29절

바울이 이같이 변명하매 베스도가 크게 소리 내어 이르되 바울아 네가 미쳤도
다 네 많은 학문이 너를 미치게 한다 하니 바울이 이르되 베스도 각하여 내가
미친 것이 아니요 참되고 온전한 말을 하나이다 왕께서는 이 일을 아시기로 내
가 왕께 담대히 말하노니 이 일에 하나라도 아시지 못함이 없는 줄 믿나이다 이
일은 한쪽 구석에서 행한 것이 아니니이다 아그립바 왕이여 선지자를 믿으시나
이까 믿으시는 줄 아나이다 아그립바가 바울에게 이르되 네가 적은 말로 나를
권하여 그리스도인이 되게 하려 하는도다 바울이 이르되 말이 적으나 많으나 당
신뿐만 아니라 오늘 내 말을 듣는 모든 사람도 다 이렇게 결박된 것 외에는 **나
와 같이 되기를** 하나님께 원하나이다 하니라

아그립바 왕의 요청으로 베스도 총독이 개최한 청문회장에서 바울은, 예
수님의 죽임 당하심과 다시 사심을 강조하는 것으로 자신의 변증을 끝맺
었습니다. 그와 동시에 베스도 총독이 바울에게 '네가 미쳤다'고 소리쳤습
니다. 베스도 총독이 보기에, 죽은 사람이 다시 살아나 인간을 구원한다

고 주장하는 바울은 미친 사람임에 틀림없었습니다. 하지만 바울은 베스도 총독에게, '내가 미친 것이 아니요 참되고 온전한 말을 하나이다'라고 대답했습니다.

지난 시간에 말씀드린 것처럼 베스도 총독은 바울의 정신이 이상하다는 의미에서, 다시 말해 비정상적이라는 의미에서 '네가 미쳤다'고 단정하였습니다. 그러나 그것은 틀린 판단이었습니다. 비정상적인 사람은, 어둠과 사탄의 속박 속에서 하루하루 죽어가면서도 그 사실을 자각조차 하지 못하는 베스도 총독 자신이었습니다. 자기 자신이 비정상적이었기에, 어둠과 사탄의 속박에서 벗어나 진리와 생명의 빛을 좇는 정상적인 바울이, 비정상적인 베스도 총독의 눈에 도리어 비정상적인 사람으로 투영된 것이었습니다.

그러나 '무엇엔가 몰두하다'는 의미에서, 바울은 정말 예수님께 미친 사람이었습니다. 십자가의 제물로 죽으심으로 자신의 죗값을 대신 치러 주신 예수님, 죽음의 권세를 깨뜨리고 다시 살아나시어 자기 앞에 영원한 생명의 길을 열어 주신 예수님, 진리와 생명의 빛으로 자신의 발걸음을 밤낮으로 인도해 주시는 예수님, 그 예수님의 휘페레테스와 마르튀스로 살아가는 것보다 바울에게 더 귀한 일은 있을 수 없었습니다. 그래서 바울은 일평생, 예수님께 미쳐 살았습니다. 먹어도 예수님을 위해, 길을 걸어도 예수님을 위해, 잠을 자도 예수님을 위해, 숨을 쉬어도 예수님을 위해, 모진 박해를 당해도 예수님을 위해, 영광을 받아도 예수님을 위해, 심지어 죽어도 예수님을 위해, 오로지 예수님께 미쳐 살았습니다. 그것이, 삼 일 만에 다시 살아나신 예수님 안에서 자신의 인생을 가장 존귀하게 가꾸는, 유일한 길임을 알았기 때문입니다. 그래서 바울은 본문의 청문회장에서 다음과 같이 최후의 결론을 내렸습니다.

바울이 이르되, 말이 적으나 많으나 당신뿐만 아니라 오늘 내 말을 듣는 모든 사람도 다 이렇게 결박된 것 외에는, 나와 같이 되기를 하나님께 원하나이다 하니라(29절).

바울은 청문회장에 앉아 있는 사람들을 향해, 자신이 결박된 것 외에는, 모두 자신과 같이 되기를 하나님께 기도한다고 선언했습니다. 여기에서 우리말 '결박'이라는 표현 때문에, 마치 바울이 쇠사슬에 결박당한 몸으로 청문회장에 호출당해 있는 것처럼 오해하기 쉽습니다.

2년 전, 예루살렘에서 유대인들이 바울을 쳐죽이려 할 때였습니다. 대소동이 일어났다는 보고를 받고 급히 현장에 출동한 예루살렘의 천부장은, 유대인들이 쳐죽이려던 바울을, 자객 4천 명을 거느리고 소요를 일으켰던 이집트인으로 오인하였습니다. 천부장은 부하들로 하여금 바울을 두 쇠사슬로 결박하여 로마군 요새로 끌어가게 하였습니다(21:33-34). 그리고 부하들에게 채찍질로 바울을 심문하게 한 천부장은, 뜻밖에도 바울이 로마 시민이라는 사실을 알게 되었습니다. 깜짝 놀란 천부장은 바울을 결박하고 있던 두 쇠사슬을 곧장 풀어 주었습니다. 그러고서도 사도행전 22장 29절에 의하면, 천부장은 바울을 쇠사슬로 결박했던 것 때문에 두려워하였습니다. 정식 재판을 거쳐 범죄 사실이 확정되기 전까지 로마 시민을 결박하거나 매질하는 것은 엄격하게 금지되어 있었기 때문입니다. 다행히 바울이 그것을 문제로 삼지 않았기에 천부장은 무사할 수 있었습니다.

지난 2년 동안 전임총독 벨릭스와 신임총독 베스도가 모두 바울을 재판했지만, 유대인들의 고발 내용과는 달리 오히려 바울의 무죄가 입증되었습니다. 더욱이 바울은 로마 시민의 자격으로 황제에게 상소한 상태였습니다. 그러므로 '결박'이라는 한글 성경의 표현이, 우리가 언뜻 연상하는 것처럼 바울이 쇠사슬에 묶여있는 상태를 가리키는 것이 아님을 알 수 있습니다. 우리말 '결박'이라고 번역된 헬라어 명사 '데스모스δεσμὸς'는 '포승줄'과 같은 '끈'이나 '사슬'을 의미하지만, 복수형이 되면 '구금', '구속'을 뜻합니다. 헬라어 원문에는 '데스모스'가 '구금', '구속'을 뜻하는 복수형 '데스몬δεσμῶν'으로 기록되어 있습니다. 그래서 영어 성경 역시 이 단어를 '사슬'을 의미하는 단수 'chain'이 아니라, '구금'을 뜻하는 복수형 'chains'로 번역하고 있습니다. 바울은 청문회장에 앉아 있는 사람들을 향해, 내가 이렇게 구금당해 있는 것 이외에는, 모두 나와 같이 되기를 하나님께 기도한다고 선언한 것이었습니다.

바울이 '나와 같이 되기를 원한다'는 것은, '나를 본받기를 원한다'는 말이었습니다. 바울이 이런 말을 본문에서 처음 한 것은 아니었습니다. 바울은 3차 전도 여행 중 에베소에서 기록한 고린도전서를 통해 이미 다음과 같이 말한 적이 있었습니다.

> 유대인에게나 헬라인에게나 하나님의 교회에나 거치는 자가 되지 말고, 나와 같이 모든 일에 모든 사람을 기쁘게 하여, 자신의 유익을 구하지 아니하고 많은 사람의 유익을 구하여 그들로 구원을 받게 하라. 내가 그리스도를 본받는 자가 된 것같이 너희는 나를 본받는 자가 되라
> (고전 10:32-11:1).

당시 고린도 교회에는 편 가르기를 하여 누군가를 실족시키거나, 복음을 이용하여 자신의 유익을 추구하느라 믿지 않는 사람들에게 걸림돌이 되는 사람들이 있었습니다. 그래서 바울은 고린도의 그리스도인들에게, 아무에

게도 거치는 자가 되지 말고, 자신과 같이 많은 사람의 유익을 구하여 그들로 구원을 받게 하라면서, "내가 그리스도를 본받는 자가 된 것같이 너희는 나를 본받는 자가 되라"고 권면하였습니다. 바울이 2차 전도 여행 중에 고린도를 직접 찾아가 그곳 사람들에게 복음을 전하고 고린도 교회를 세웠기에, 바울은 그들에게 '나를 본받는 자가 되라'고 직설적으로 권면할 수 있었습니다.

그러나 본문의 청문회장은 사정이 달랐습니다. 지금 청문회장에 앉아 있는 사람 중에 그리스도인은 단 한 명도 없습니다. 그들은 바울과는 신분이 다릅니다. 아그립바 왕 부부와 그의 일행, 베스도 총독과 다섯 명의 천부장 및 가이사랴 시의회 의원들은 모두, 로마제국의 식민지인 이스라엘 땅에서 최고의 지배자들입니다. 이스라엘 땅에서 그들보다 더 부귀영화를 누리는 사람은 없습니다. 그들은 화려한 관복과 예복을 입고, 저마다 자신을 과시하며 청문회장에 앉아 있습니다. 그들 앞에 서 있는 바울은, 2년 동안의 옥살이로 마치 걸인 같은 몰골입니다. 주머니에 동전 한 닢 들어 있을 리 없는 바울에게, 세상적으로 내세울 것이라곤 아무것도 없습니다. 외형적으로만 보자면 오히려 바울이 지금 자기 앞에 앉아 있는 사람들을 부러워하면서, 그들과 같이 되게 해달라고 하나님께 기도해야 할 것 같습니다.

그러나 사실은 그 반대였습니다. 걸인 같은 몰골의 바울이 그 땅의 지배자들에게, 내가 이렇게 구금당해 있는 것 이외에는, 모두 나와 같이 되기를 하나님께 기도한다고 선언하였습니다. 그에게는, 세상의 금과 은은 없어도, 메시아이신 예수님께서 함께하고 계셨습니다. 그에게는, 인간의 죗값을 대신 치르시기 위해 십자가의 제물로 죽으셨다가 삼 일 만에 다시 살아나신 예수님 안에서 누리는 영원한 생명이 있었습니다. 그에게는, 영원한 진리의 빛이신 예수님의 말씀이 있었습니다. 그래서 그는 청문회장의 고관대

작들을 향하여, 모두 나와 같이 되기를 하나님께 기도한다고 선언하였습니다. 예수 없는 사람의 인생은 아무리 화려해 보여도 죽음을 향한 행진일 뿐이고, 자신은 그런 사람을 예수님께로 인도하는 예수님의 휘페레테스와 마르튀스였기 때문입니다.

바울은 그 마지막 선언을 남기고 청문회장에서 퇴장하였습니다. 다음 시간에 살펴보겠습니다만, 로마 황제에게 상소한 바울은 본문 직후에 로마를 향해 출발하였습니다. 그러므로 청문회장 참석자들은, 바울이 청문회장에서 퇴장한 이후에는 다시는 그를 보지 못했습니다. 바울의 퇴장으로, 바울과 청문회장 참석자들의 만남이 종결된 셈입니다. 과연 그렇습니까? 그들이 바울을 다시는 보지 못했다고 해서 바울의 퇴장이 그들에게, 바울이 흔적도 없이 증발해 버린 것을 의미했겠습니까? 결코 아닙니다. 바울의 퇴장은, 그들에게 바울의 새로운 등장으로 다가왔을 것입니다. 바울의 몸은 퇴장했지만, 내가 이렇게 구금당해 있는 것 이외에는 모두 나와 같이 되기를 하나님께 기도한다고 당당하게 선언하던 바울의 모습과 음성은, 시간이 지나갈수록 그들의 마음속에서 더욱 뚜렷하게 되살아났을 것입니다.

살아 있는 인간은 반드시 퇴장하기 마련입니다. 코끝의 호흡이 멎으면 인생 무대에서 퇴장해야 합니다. 살아 있는 동안에도 때가 되면, 자신의 직책이나 자리에서 퇴장해야 합니다. 그러나 어떤 퇴장이든, 인간의 퇴장은 퇴장만을 의미하지 않습니다. 인간의 퇴장은 언제나 새로운 차원의 등장으로 이어집니다.

은 삼십 냥에 예수님을 배신했던 가룟 유다는 스스로 목매어 죽었습니다. 인생 무대에서 퇴장한 것입니다. 그와 동시에 그는 다시 등장했습니다. 그리고 진리를 짓밟는 인생이 얼마나 비참한 결과를 초래하는지, 지금도 뭇사람들을 향해 웅변하고 있습니다. 본문의 청문회장에서 '모두 나와 같이 되기를 하나님께 기도한다'고 선언했던 바울은 로마에서 참수형을 당해 죽었습니다. 역사의 무대에서 퇴장한 것입니다. 그와 동시에 바울 역시 다시 등장하였습니다. 그리고 삼 일 만에 다시 살아나신 예수님 안에만 후회 없는 영원한 생명의 삶이 있음을, 이 순간에도 우리 모두에게 역설하고 있습니다.

그렇다면 우리를 살리기 위한 예수님의 죽임 당하심과 다시 사심을 묵상하고 기리는 사순절 셋째 주일을 맞아, 우리는 모두 우리 자신을 되돌아보아야 하겠습니다. 우리가 세상적으로는 비록 가진 것 없고 보잘것없다 해도, 세상 사람들을 향해 바울처럼, 여러분들 모두 나와 같이 되기를 하나님께 기도하노라고 당당하게 선언하는, 진짜 그리스도인으로 살아가고 있습니까? 만약 오늘이 어떤 의미에서든 우리 각자가 퇴장해야 하는 날이라면, 우리의 퇴장이 남아 있는 사람들의 삶 속에 어떤 의미의 등장으로 이어지겠습니까? 바울처럼 모든 사람이 닮고 싶어 하는 진면교사로서의 등장이겠습니까, 반대로 가룟 유다처럼 닮아서는 안 될 표징인 반면교사로서의 등장이겠습니까?

저 자신과 관련된 이야기를 드리는 것을 오해 없이 들어 주시기 바랍니다. 최근에 부산에서 살고 있는 분으로부터 편지를 받았습니다. 올해 48세의 남성인 그분의 직업은 한의사라고 했습니다. 어린 시절부터 고등학교를 졸업하기까지 열심으로 교회생활을 했던 그분은, 대학 진학 이후에는 거침없이 마음 내키는 대로 살았다고 했습니다. 그러던 중 몇 해 전 우연히 우리 교회 설교 동영상을 접하게 되면서, 우리 교회의 주일예배와 수요성경공부 동영상을 처음부터 모두 시청하였습니다. 그 과정에서 자신의 생각과 행동, 말과 몸가짐이 바뀌는 것을 보고 그분 자신이 놀랐습니다. 그리고 제가 쓴 책들을 읽으면서, 40여 년 동안 굳어져 있던 그분의 인식과 사고방식도 변했습니다. '모든 것은 랜덤이고, 양심껏 살면 된다'던 그분의 사고방식이, '모든 것은 하나님의 섭리이며, 하나님의 말씀대로 살지 않으면 안 된다'로 바뀐 것입니다. 인생의 출발점이 달라진 것입니다. 그리고 그분은 편지에서 자신의 결심을 밝혔는데, 해당 부분을 당사자의 허락하에 읽어드리겠습니다.

오늘 오전, 한 통의 전화를 받았습니다. 제게 치료를 받아오시던 환자분인데, 보험과 관련된 직업을 가진 중년 여성분이죠. 전부터 여러 환자들에게서 그 여성분과 같은 요구를 꽤 많이 받아왔는데, 얼마 전까지는 제 마음에 전혀 갈등이 없던 일이었습니다. 그분이 요구하신 요지는 간단합니다.

'다치거나 아플 때를 대비해서 보험을 들어 둔 것이 있다. 그런데 이 보험의 혜택을 받으려면 상해로 인한 손상, 즉 넘어지거나 염좌 등으로 몸을 다쳐서 치료를 받을 때만 가능하다. 내가 지금 실제로 다치지는 않았지만, 차트 내용에 그런 내용을 적어 넣고 치료를 해달라. 한약도 치료를 목적으로 투약하는 것으로 처리해 달라. 물론 실제 진료받고 싶은 것은, 내가 현재 불편한 증상을 목표로 약도 지어 주고 침 치료도 해달라는 것이다. 지금까지 다른 병원과 한의원에서도 다 그렇게 처리해 주더라. 거기서도 당연히 그렇게 해주겠지?'

사실 이런 환자는 다루기가 쉽습니다. 진료비가 얼마나 나오든 어차피 그 돈은 보험사로부터 피드백을 받을 돈이라, 진료비에 연연해하지도 않으며, 시원시원하게 치료받고, 기분 좋게 가시며, 다른 환자들까지 소개하며 모시고 오는 경우도 흔하거든요. 의사 역시 기분 좋게 진료하게 되니, 환자는 그 의사 시원시원하고 말이 통한다는 느낌을 갖게 되는 것이죠. 저는 그분께 일단 내원하시라고 말씀드렸습니다. 만나서 이야기하자고요.

단칼에 거절하지 못한 것이 아닙니다. 대면이 아닌 전화통화였기에, 자칫 마음을 상하게 해드릴 수 있어서였습니다. 그게 위법이고 편법이며 거짓이라는 사실을, 그분은 누구보다 잘 압니다. 직업이 보험 관련업이니까요. 그분께, 그게 왜 안 되는지의 설명은 전혀 필요가 없는 셈이지요. 정말 필요한 일은, 제가 왜 그렇게 하지 않는지를 말씀드리고, 그래도 이해를 못하시면, 무료로 진료를 해드리고자 함이었습니다. 한의사로 살아오다 보니, 이런 경우는 가르치고 훈계해서 될 일이 아니라는 것을 알게 되더군요. 그분이 원하시는 것을 해드리되, 보험사가 안아야 할 손해를 기꺼이 제가 안는 것이 좋겠다고 생각한 것입니다. 다만 이번에는 그렇게 해드리되, 그 후로는 정직하게 진료하고 싶으니 도와달라고 정중하게 부탁드릴 예정입니다. 그게 싫으시면 아마 저를 떠나시겠지요. 한의원도 한의사도 지천으로 널린 세상이니까요.

그분은 아직 내원하지 않았습니다. 하지만 저는 이미 결심했죠. 그런데도 굳이 이 편지를 쓰는 이유는, 이런 유혹이 앞으로 계속 있을 것이고, 그때마다 제가 100퍼센트 승리할 것이라는 장담을 못하겠기 때문입니다. 어쩌면 이 편지는 제가 저 자신에게 쓰는 편지라고나 할까요….

그리고 하필 그 환자분의 전화를 받을 때가, 목사님의 책 《인간의 일생》 끝부분을 읽고 있을 때였습니다. 우연이 아니라는 확신이 들더군요. 왜 하필 그 타이밍에 그런 전화가 왔는지… 아마도 그 타이밍이 아닌 때에 그 전화를 받았다면, 이런 결심을 못했을 것 같습니다.

'그 돈 몇 십만 원… 있어도 살고, 없어도 사는데….'

'저도 앞으로는 마~ 그냥 이래 살다가 죽어뿌라꼬예….'

마지막 부산 사투리의 문장은, '저도 앞으로는 그냥 이렇게 살다가 죽겠습니다'라는 의미입니다. 보험금과 관련한 부정 진료비 문제가 사회 문제로 대두된 요즈음, 이렇게 정직한 의사로 살아가려 애쓰는 그리스도인을 만나는 것은 얼마나 감동적인 일입니까? 그분이 이렇게 진짜 그리스도인으로 살아가는 한, 그분의 퇴장은 반드시 보다 새로운 등장으로 이어질 것입니다. 그리고 그런 분을 통해 역사의 지평이 새로워질 것입니다.

그분이 편지에서 언급한 책 《인간의 일생》은, 제가 10여 년 전에 청년들을 위해 네 번째이자 마지막으로 집필한 청년서신으로, 그 책의 주제가 '퇴장과 등장'입니다. 그리고 10여 년 전, 제가 스위스에서 귀국한 이후에 어느 원로 목사님과 나눈 대화 내용으로 그 책을 끝맺었습니다. 모 교단의 총회장을 역임한 그 원로 목사님은 제가 주님의교회에서 10년 동안 어떻게 목회했는지, 제가 3년 동안 스위스 제네바한인교회를 섬길 때 왜 제 가족을 데리고 가지 않았는지, 잘 알고 있었습니다. 그분은, 목사로서 제 소신을 지키기 위한 제 삶의 방식을 다른 목사님들이 달가워하지 않는 것을 안타까워하면서, 일평생 목사로 살기 위해서는 먼저 목사 세계에서 환영받아야 삶이 고달프지 않다는 충고도 해주었습니다. 그분과 관련된 《인간의 일생》의 마지막 에필로그 내용은 다음과 같습니다.

한 분야의 원로와 함께, 그분의 자동차로 먼길을 다녀온 적이 있다. 연로의 그분 취미가 자동차 운전이기에, 그분은 왕복 5시간 이상 소요되는 거리를 오가는 내내 당신의 대형승용차를 직접 운전하셨다. 운전 중여러 가지 이야기를 해주셨는데, 그날의 드라이브가 끝날 즈음 이렇게 말씀하셨다.

"이 목사, 나는 젊어서부터 자동차 운전을 좋아했지. 그 덕분에 자동차를 편하게 타는 방법을 터득했어. 자동차가 거친 길을 달리느라 흔들리면, 나도 따라서 흔들리는 거야. 자동차는 흔들리는데 나는 흔들리지 않으려고 버티면, 도리어 피곤하기만 해. 근데 말이야, 인생도 똑같아. 세상이 흔들리는 대로 함께 흔들려야 인생살이가 편해져. 온 세상이 흔들리는데 혼자 꼿꼿하려면 피곤해지는 법이야."

그리고 잠시 침묵하던 그분이 그분의 방언으로 내게 물으셨다.

"내 말 알아들을랑가?"

왜 그분의 말씀을 알아듣지 못하겠는가?

"이 목사, 그렇게 꼿꼿하게만 살려고 애쓰지 말고, 이젠 좀 적당하게 살아. 자네도 나이 50이 넘었는데, 편하게 살아야지 뭘 그래."

물론 그분은 나를 사랑하고 위해서 하신 말씀이었다. 내가 그분께 대답드렸다.

"네. 물론 알아듣습니다."

그러나 그 답변의 의미가 무엇인지는 그분이 알아듣지 못하셨다. 나는 이런 의미로 답변드렸던 것이다.

"물론 알아듣습니다. 그래서 저는 지금처럼 살다가 죽겠습니다."

이유는 간단하다. 인간의 퇴장은 등장이요, 바른 퇴장과 등장만이 역사의 지평을 새롭게 함을 믿기 때문이다. 그래서 나는, 나의 일생이 다하도록 진짜 크리스천으로 살다가 죽고 싶다.

사랑하는 청년아!

그대 역시 이 길을 가지 않겠는가?

부산에서 살고 있는 한의사가 이 마지막 글을 읽던 중에 보험금으로 부당 진료를 요구하는 환자의 전화를 받았고, 앞으로 그런 요구에 응하지 않겠다고 결심하였습니다. 그리고 이 마지막 글 가운데 한 문장을 인용하여

'나도 앞으로는 이렇게 살다가 죽겠다'고, 설명을 덧붙이자면 '지금처럼 정직한 그리스도인으로 살다가 죽겠다'고, 자신의 편지를 끝맺은 것이었습니다.

우리의 죗값을 대신 치러 주시려 십자가의 제물로 죽으신 예수님 안에서 우리의 옛사람이 죽고, 삼 일 만에 죽음의 권세를 깨뜨리고 다시 살아나신 예수님 안에서 우리가 영원한 구원을 얻은 새로운 피조물로 거듭났음을 정녕 믿으십니까? 그렇다면 우리를 위한 예수님의 죽임 당하심과 다시 사심을 기리는 사순절 셋째 주일을 맞이하여, 구원받은 우리가 가야 할 이 믿음의 길을 우리 모두 함께 가시지 않겠습니까? 우리가 보잘것없고 지닌 것 없어도 바울처럼 세상 사람들을 향해, 여러분도 모두 우리와 같이 되기를 하나님께 기도하노라고 당당하게 선언하는 이 믿음의 길을 흔들림 없이 걸을 때, 언젠가 우리의 코끝에 호흡이 멎는 순간 우리의 퇴장은 반드시 새로운 등장으로 이어질 것입니다. 그리고 그 당연한 결과로, 다가오는 역사의 지평이 새로워질 것입니다.

바울에게는, 세상에서 내세울 만한 것이 아무것도 없었습니다. 가난했고, 병약했으며, 노쇠했습니다. 하지만 그는 이 세상 누구도 부러워하지 않았습니다. 오히려 이 세상의 지배자들을 향해, 모두 나와 같이 되기를 하나님께 기도하노라고 당당하게 선언하였습니다. 세상의 권력이나 금력으로는 결코 살 수 없는, 예수 그리스도의 영원한 생명을 지니고 있었기 때문입니다. 그 바울은 예수님의 휘페레테스와 마르튀스로 살다가 참수형을 당해 죽음으로, 역사의 무대에서 퇴장하였습니다. 그러나 그는 다시 등장하여 지금 우리가 걷고 있는 이 믿음의 길이 맞다고, 흔들림 없이 이 길을 계속하여 걸어가라고, 우리의 믿음을 북돋아 주고 있습니다.

우리를 위한 예수님의 죽임 당하심과 다시 사심을 기리는 사순절 셋째 주일을 맞아, 우리 자신의 믿음을 다시 한 번 추스를 수 있는 은혜를 베풀어 주셔서 감사합니다. 우리 모두 바울처럼 세상 사람들을 향해, 여러분도 모두 우리와 같이 되기를 하나님께 기도하노라고 선언하는 이 믿음의 길을, 우리의 생이 끝나기까지 흔들림 없이 걸어가게 해주십시오. 그리하여 우리의 코끝에서 호흡이 멎는 순간, 우리의 퇴장이 새로운 등장으로 이어지게 해주시고, 우리의 삶으로 인해 다가오는 역사의 지평이 새로워지게 해주십시오. 아멘.

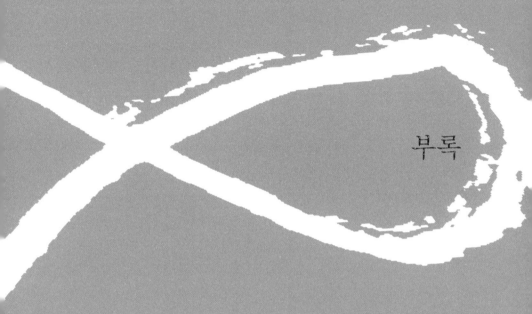

부록

신년 예배　삼 일 만에 살아나리라

2017년 1월 1일

삼 일 만에 살아나리라

마가복음 10장 32-34절

예루살렘으로 올라가는 길에 예수께서 그들 앞에 서서 가시는데 그들이 놀라
고 따르는 자들은 두려워하더라 이에 다시 열두 제자를 데리시고 자기가 당할
일을 말씀하여 이르시되 보라 우리가 예루살렘에 올라가노니 인자가 대제사장
들과 서기관들에게 넘겨지매 그들이 죽이기로 결의하고 이방인들에게 넘겨 주
겠고 그들은 능욕하며 침 뱉으며 채찍질하고 죽일 것이나 그는 **삼 일 만에 살
아나리라** 하시니라

예수님께서 우리 생명의 구원자시자 소망이 되심은, 모든 것을 소멸시키
는 죽음의 권세를 깨뜨리고 영원히 부활하셨기 때문입니다. 그러나 예수님
께서 십자가의 죽음을 먼저 받아들이시지 않았다면, 예수님의 부활은 아예
불가능했습니다. 예수 부활의 대전제는 예수님의 죽음이었습니다. 예수님의
죽음이 곧 부활의 시발점이었기에, 예수님 안에서는 우리의 죽음도 절망적
인 종결이 아니라 새로운 시작을 향한 소망이 됩니다. 죽음의 권세를 깨뜨

리신 예수님 안에서, 대체 이 세상 그 무엇이 우리를 절망시킬 수 있겠습니까? 하지만 2천 년 제자들은 예수님의 죽음을 받아들이려 하지 않았습니다. 예수님의 죽음을 받아들이지 못했으니, 예수님의 부활은 안중에도 없었습니다. 명색이 예수님의 제자들이긴 했지만, 그들은 마지막 순간까지 예수님을 제대로 알지 못하고 있었습니다. 그들의 몸은 예수님 곁에 있었지만, 마음과 생각은 세상 사람들과 조금도 다르지 않았습니다.

3년에 걸친 예수님의 공생애가 막바지에 이르렀을 때였습니다. 마가복음 8장 29절에 의하면 예수님께서 제자들에게 "너희는 나를 누구라 하느냐"고 물으셨고, 베드로가 "주는 그리스도"시라고 대답하였습니다. 예수님이 하나님께서 오래전부터 약속하신 메시아, 즉 구원자라는 의미였습니다. 예수님과 베드로의 그 문답은 아무것도 없는 허허벌판이나 심산계곡에서 이루어진 것이 아니었습니다. 마가복음 8장 27절은 그 문답이 "빌립보 가이사랴"에서 이루어졌음을 밝혀 주고 있습니다.

헤롯 대왕의 아들 헤롯 빌립은 아름다운 헬몬산 기슭에 도시를 건설하고, 자신의 이름 '빌립'과 로마 황제의 칭호 '카이사르'를 합쳐 '빌립보 가이사랴'로 명명하였습니다. 당시 로마제국 내에는 황제의 이름이나 칭호를 붙인 도시들이 여럿 있었지만, 아무 도시나 그렇게 할 수는 없었습니다. 그것이 가능하기 위해서는 반드시 두 가지 조건을 충족해야 했습니다. 첫째는 로마 황제의 위용에 걸맞은 규모의 도시여야 했고, 둘째는 그 도시의 중심부나 가장 높은 곳에 황제의 신전이 자리 잡고 있어야만 했습니다. 당시 로마 황제는 인간의 경배를 받는 지상의 신이었습니다. 분봉왕 헤롯 빌립이 건설한 도시에 로마 황제의 칭호가 붙었다는 것은, 그 도시가 방금 언급한 두 가지 조건을 갖추고 있었음을 의미합니다. 한마디로 빌립보 가이사랴는 황제의 신전이 인간을 압도하는 황제의 도시였습니다.

그 황제의 도시에 예수님께서 제자들과 함께 나타나셨습니다. 갈릴리 빈민 출신인 예수님의 행색은, 황제의 신전 문지기보다도 초라했을 것입니다. 그러나 예수님께서는 그 화려한 황제의 도시에서 제자들에게 '너희는 나를 누구라 하느냐?'고 물으셨고, 베드로는 '주는 그리스도'시라고 대답했습니다. 그것은 위대한 신앙고백이었습니다. 지중해 세계를 제패한 절대 권력자, 저 황제의 신전에서 인간의 경배를 받는 로마제국의 황제가 구원자가 아니라는 것입니다. 비록 금과 은은 없어도, 황제의 신전 문지기보다 초라한 몰골이긴 해도, 나사렛 예수―당신만이 참된 구원자시란 고백이었습니다. 다시 말해 이 세상을 압도하고 있는 황제의 논리―맘몬의 논리를 좇지 않고, 오직 길이요 진리요 생명이신 예수 그리스도의 복음을 좇아 살겠다는 결단의 고백이었습니다. 베드로의 고백은 이 땅에 오신 예수님이, 하나님께서 약속하신 메시아이심을 분명하게 인식한 인간 최초의 고백이었습니다.

베드로의 고백을 받으신 예수님의 반응을 마가복음 8장 31절이 전해 주고 있습니다.

> 인자가 많은 고난을 받고 장로들과 대제사장들과 서기관들에게 버린 바 되어 죽임을 당하고 사흘 만에 살아나야 할 것을 비로소 그들에게 가르치시되.

'사람의 아들'이란 의미의 '인자'는 구약성경 에스겔에서 메시아의 상징으로 사용된 용어로, 예수님께서 메시아이신 당신 자신을 가리켜 그 용어를 사용하셨습니다. 베드로가 예수님의 메시아 되심을 분명하게 고백하였으므로, 예수님께서는 제자들에게 메시아의 입장에서 당신의 죽음과 부활에 대해 "비로소 가르치"셨습니다. 헬라어 원문에는 '비로소 가르치기 시작했다'는 말이 문장 맨 앞에 기록되어 있습니다. 예수님께서 그 가르침의 시기를 기다리고 계셨다는 말입니다. 그리고 베드로에 의해 당신의 메시아 되심이 밝혀지자 예수님께서는 지체 없이, 메시아이신 당신이 고난을 당해 죽을 것이지만 사흘 만에 다시 살아나실 것임을 제자들에게 가르쳐 주셨습니다. 당신이 메시아이심을 알게 된 제자들에게, 예수님께서 메시아의 입장에서 당신의 죽음과 부활을 통해 이루실 구원에 대해 설명해 주신 것은 자연스러운 수순이었습니다.

> 드러내 놓고 이 말씀을 하시니, 베드로가 예수를 붙들고 항변하매
> (막 8:32).

예수님의 가르침이 끝나기가 무섭게, 베드로가 손으로 예수님을 "붙들고 항변하"였습니다. 우리말 '항변하다'로 번역된 헬라어 동사 '에피티마오 ἐπιτιμάω'는 '꾸짖다', '질책하다'는 의미입니다. 베드로가 무례하게도 예수님의 옷자락을 붙잡아 당기며, 메시아가 고난을 당하고 죽는다니 무슨 말도 되지 않는 소릴 하느냐는 식으로 예수님을 꾸짖은 것입니다. 방금 자신의 입으로 예수님을 메시아시라고 고백한 베드로에게 예수님의 가르침은 곧 메시아의 가르침이요, 나아가 그 메시아를 이 땅에 보내신 하나님의 가르침이어야 마땅했습니다. 혹 다른 제자라면 몰라도, 베드로만은 예수님께서 무슨 말씀을 하시든 메시아이신 그분의 말씀에 순종해야 했다는 말입니다. 하지만 베드로는 예수님의 옷자락을 붙잡아 당기며, 무슨 소릴 하느냐는 식으로 도리어 예수님을 꾸짖었습니다. 그 순간 베드로는 예수님의 제자가 아니었습니다. 베드로 자신이 예수님의 스승이었고, 메시아였고, 하나님이었습니다.

베드로는 황제의 신전이 인간을 압도하는 황제의 도시에서 로마 황제가 구원자가 아니라, 비록 초라한 몰골일망정 나사렛 예수 당신이 메시아라고 고백한 인류 최초의 인간이었습니다. 그 베드로가 어떻게 메시아의 옷자락을 붙잡아 당기며 메시아를 꾸짖을 수 있었겠습니까? 예수님이 메시아라는 그의 고백은 진심이었지만, 그가 메시아에 대한 그릇된 허상을 지니고 있었기 때문입니다. 당시의 유대인들처럼 베드로 역시 메시아는 로마제국을 몰아내고, 정치적 자유와 경제적 번영을 가져다주리라 믿고 있었습니다. 그런데 메시아이신 예수님께서 하찮은 인간들에게 고난을 당해 죽으신다니, 그런 일은 있을 수도 없고, 있어서도 안 될 일이었습니다. 불같은 성미의 베드로는 그만 본능적으로 예수님의 옷자락을 붙잡아 당기며 예수님을 꾸짖고 말았습니다. 그 순간의 베드로는 자신이 만든 메시아의 허상을 지키기 위해, 자기 앞에 서 계신 메시아의 실상을 부정해 버린, 미련한 우상숭배자에 지나지 않았습니다.

> 예수께서 돌이키사 제자들을 보시며 베드로를 꾸짖어 이르시되, 사탄아 내 뒤로 물러가라. 네가 하나님의 일을 생각하지 아니하고 도리어 사람의 일을 생각하는도다 하시고(막 8:33).

예수님께서 당신을 꾸짖는 베드로를 도리어 "사탄아, 내 뒤로 물러가라"고 꾸짖으셨습니다. 사탄은 시커먼 망토를 두르고, 머리에 뿔이 돋은 도깨비가 아닙니다. 지적이고 세련되어 보일망정, 하나님의 허상을 하나님의 실상이라고 우긴다면, 바로 그 사람이 사탄입니다. 그가 하나님의 이름으로 하나님을 부정하는 하나님의 대적이기 때문입니다. 베드로 이외의 제자들도 모두, 당신의 죽음과 부활을 예고하신 예수님의 가르침을 흘려듣기는 매

한가지였습니다.

> 그곳을 떠나 갈릴리 가운데로 지날새 예수께서 아무에게도 알리고자 아
> 니하시니, 이는 제자들을 가르치시며, 또 인자가 사람들의 손에 넘겨져
> 죽임을 당하고, 죽은 지 삼 일 만에 살아나리라는 것을 말씀하셨기 때문
> 이더라. 그러나 제자들은 이 말씀을 깨닫지 못하고 묻기도 두려워하더라
> (막 9:30-32).

예수님께서 빌립보 가이사랴와 변화산을 거쳐 갈릴리를 통과하시며, 제
자들에게 당신의 죽음과 부활을 두 번째로 예고하셨습니다. 하지만 그때에
도 제자들은 예수님의 말씀을 제대로 깨닫지 못했습니다. 제자들은 메시
아가 인간에 의해 죽임을 당한다는 것을 그들의 상식으로는 도무지 받아
들일 수 없었습니다. 그렇다고 누구 한 명 선뜻 나서 예수님께 질문하려 하
지도 않았습니다. 제자들이 예수님의 말씀을 또다시 흘려 버리고 만 것이
었습니다.

오늘의 본문은 예수님께서 제자들에게 당신의 죽음과 부활을 세 번째이
자 마지막으로 예고하신 내용입니다.

> 예루살렘으로 올라가는 길에 예수께서 그들 앞에 서서 가시는데, 그들
> 이 놀라고 따르는 자들은 두려워하더라. 이에 다시 열두 제자를 데리시
> 고 자기가 당할 일을 말씀하여 이르시되, 보라 우리가 예루살렘으로 올
> 라가노니, 인자가 대제사장들과 서기관들에게 넘겨지매 그들이 죽이기로
> 결의하고 이방인들에게 넘겨 주겠고, 그들은 능욕하며 침 뱉으며 채찍

질하고 죽일 것이나, 그는 삼 일 만에 살아나리라 하시니라(막 10:32-34).

　예수님께서 마침내 십자가의 죽음을 감수하려 예루살렘으로 향하고 계십니다. 제자들과 많은 사람들이 예수님의 뒤를 좇았습니다. 십자가의 죽음을 향해 다가가시는 예수님의 비장한 모습에, 제자들과 사람들은 뭔지 모를 두려움을 느꼈습니다. 예수님께서는 열두 제자들을 따로 불러, 당신의 죽음과 부활에 대해 다시 예고해 주셨습니다. 예루살렘에서 유대교 지도자들과 로마 군병들에 의해 당신이 죽임을 당하실 것이지만, 삼 일 만에 다시 살아나실 것임을 마지막으로 한 번 더 설명해 주신 것이었습니다. 제자들이 예수님의 그 마지막 말씀이라도 귀담아 들었던들, 예수님께서 십자가에 못박혀 죽으시는 가장 결정적인 순간에 예수님을 버리고 뿔뿔이 흩어져 도망치는, 수치스러운 배신자의 오점을 남기지는 않았을 것입니다.

　예수님께서 죽임을 당하셔야 했던 것은, 인간을 구원하기 위한 십자가의 제물로 인간의 죗값을 대신 치르시기 위함이었습니다. 그 예수님께서 사흘째 되는 날 죽음을 깨뜨리고 부활하신 것은, 인간에게 영원한 생명의 길을 열어 주시기 위함이었습니다. 이것은 그리스도인이라면 누구나 다 알고 있는 사실입니다. 여기에서 두 가지 질문이 제기됩니다.

　첫째 질문은, 왜 예수님께서 제자들에게 당신의 죽음과 부활에 대한 예고를 세 번씩이나 되풀이하셨느냐는 것입니다. 세 번에 걸친 예수님의 예고는 예외 없이 당신의 '죽음'이 아니라, '부활'에 방점이 찍혀 있습니다. 예수님께서 유대교 지도자들과 로마 군병들에 의해 능욕당하고, 채찍질당하며, 십자가에서 처참하게 못박혀 죽을지라도, 삼 일 만에 반드시 다시 살아나실 것이므로 결코 두려워하거나 절망하지 말라는 말씀이었습니다. 예수님께서 임박한 당신의 죽음을 앞두고 제자들을 격려하기 위해 하신 말씀이었던 것입니다. 하지만 제자들은 예수님으로부터 동일한 예고의 말씀을 세 번씩이나 들으면서도, 그들의 상식으로 받아들일 수 없는, 메시아이신 예수님의 죽음을 받아들이려 하지 않았습니다. 예수님의 죽음을 받아들이려 하지 않았으니, 예수님의 부활은 아예 귀에 들리지도 않았습니다. 예수님을 메시아라고 고백했던 베드로가 예수님의 옷자락을 붙잡아 당기며 예수님을 꾸짖었던 것도, 예수님의 죽음을 받아들이지 않음으로 예수님의 부활을 놓쳐버린 까닭이었습니다. 마가복음 16장 9-11절에 의하면, 십자가의 예수님을 버리고 비겁하게 도망쳤던 제자들은 예수님의 부활을 증언하는 막달라 마리아의 말도 믿지 않았습니다. 예수님의 죽음을 받아들이려 하지 않았던 그들 앞에서 정말 예수님께서 죽임을 당하시자, 충격에 빠진 그들에게 예수님의 부활은 생각도 할 수 없는 일이었습니다.

두 번째 질문은, 제자들조차 받아들이려 하지 않았던 십자가의 죽음을 정작 당사자인 예수님께서는 어떻게 받아들이실 수 있었느냐는 것입니다. 예수 부활의 대전제는 십자가의 죽음이라고 했습니다. 하지만 생사람을 십자가에 못박아 죽이는 것은, 인간이 고안한 가장 잔인한 처형 방법이었습니다. 그 잔인하고도 참혹한 십자가의 죽음을, 우리와 똑같은 육체를 지닌 예수님께서 어떻게 받아들이실 수 있었겠습니까? 세 번에 걸친 예수님의 죽음과 부활에 대한 예고에는 한 가지 공통점이 있습니다. 예수님께서 세 번 모두 당신을 '인자'라 부르시며, 당신을 3인칭으로 표현하신 것입니다. 예수님께서 하나님의 시선으로 당신을 객관화시켜 말씀하셨다는 뜻입니다.

본문 34절을 다시 보시겠습니다.

그들은 능욕하며 침 뱉으며 채찍질하고 죽일 것이나, 그는 삼 일 만에 살아나리라 하시니라.

예수님께서 '나는 삼 일 만에 살아나리라'고 말씀하시지 않았습니다. 예수님께서는 3인칭 주어를 사용하시어, "그는 삼 일 만에 살아나리라"고 말씀하셨습니다. 지금 예수님께서 하나님의 시선으로 메시아이신 당신을 객관화시켜 보고 계시는 것입니다. 메시아가 인간을 구원하기 위해 인간의 역사 속으로 침투해 들어왔습니다. 메시아가 동정녀 마리아의 몸을 통해 성령으로 태어난 것입니다. 메시아는 세상 사람들에게 천국 복음을 전하며, 보이지 않는 하나님 아버지를 당신의 삶으로 보여 주었습니다. 그 모든 일은 하나님 아버지의 섭리 속에서 가능했습니다. 이제 메시아가 예루살렘에 입성하면, 인간의 죗값을 대신 치르기 위해 십자가에서 죽임을 당하게 될 것입니다. 메시아를 성령으로 동정녀의 몸에서 태어나게 하시어 세상 사람들에게 천국 복음을 전하게 하신 하나님 아버지께서, 이제 메시아로 하여금 인간을 위한 십자가의 제물로 죽임을 당하게 하신다면, 하나님 아버지께서 그 메시아를 죽음 한가운데에서 반드시 삼 일 만에 다시 살리실 것도 불을 보듯 빤히 보였습니다.

그래서 예수님께서는 자신 있게 '그는 삼 일 만에 살아나리라'고 선포하셨습니다. '내가 삼 일 만에 반드시 다시 살아날 것이다'는 말씀이었습니다. 하나님의 시선으로 당신을 객관화시켜 당신이 죽어도 하나님 아버지에 의해 삼 일 만에 다시 살아나게 될 것을, 죽으면 반드시 삼 일 만에 새롭게 다시 살아날 것을 확인하신 것이었습니다. 그래서 예수님께서는 인간을 위해 그 참혹한 십자가의 죽음을 기꺼이 감수하셨고, 그 십자가의 죽음을 통해 당신이 말씀하신 대로 정말 '삼 일 만에' 인류를 위한 영원한 구원자로 다시 살아나셨습니다. 예수님의 이 말씀을 토대로 하여, 오늘부터 시작된 2017년 우리 교회의 표어를 '삼 일 만에 살아나리라'로 정했습니다. 십자가의 죽음을 당하신 예수님께서는 정확하게 삼 일째 되는 날에 부활하셨지만, 올

한 해 동안 성경의 표현을 따라 '삼 일 만에'라는 표현을 계속 사용하도록
하겠습니다.

　새해를 맞았지만, 우리는 그 어느 해보다도 불확실성의 미래와 직면하고
있습니다. 헌법재판소가 대통령 탄핵심판에 대해 언제 어떤 결정을 내리든
장기적인 국정 공백과 정국의 혼란이 불가피한 만큼, 정치·경제·사회적으
로 많은 어려움이 도처에 도사리고 있습니다. 국제적으로도 미국의 트럼프,
러시아의 푸틴, 중국의 시진핑, 일본의 아베처럼 자국의 이익을 최우선시하
는 강성 지도자들의 합종연횡 속에서, 국가 리더십마저 붕괴된 우리나라는
적잖은 어려움과 시행착오를 겪게 될 것입니다. 그 와중에 우리 국민 개개인
이 져야 할 부담도 만만찮을 것입니다. 그러나 모든 것이 불확실한 때일수
록, 우리는 우리 자신의 근심이나 불안에 스스로 매몰당하는 어리석음을 범
해서는 안 됩니다. 한 치 앞도 내다보지 못하는 우리 속에는 본래 답이 없습
니다. 그러므로 우리는 예수님처럼 하나님의 시선으로 우리나라를, 이 시대
를, 우리 자신을, 객관화시켜 볼 수 있어야 합니다.
　보십시오. 일제강점기와 해방 이후의 혼란, 한국 전쟁, 4·19혁명, 5·16정
변, 10·26과 12·12사태, 6·29선언, IMF와 금융위기 등, 그동안 우리나라
에는 숱한 위기의 순간들이 있었습니다. 하지만 하나님께서는 우리로 하여
금 그 위기의 순간들을 거쳐오게 하시면서, 지금처럼 산업화와 민주화가 병
립하는 나라를 이루게 해주시지 않았습니까? 그렇다면 하나님께서 현재의
혼란과 불확실한 미래를 통해서도 우리나라를 '삼 일 만에', 보다 새롭게 다
시 살려 주실 것이 빤히 보이지 않습니까?
　우리 각자의 삶 역시 마찬가지입니다. 올 한 해 동안 우리는 실패의 쓴잔
을 마실 수도 있고, 경제적으로 더 어려워질 수도 있으며, 육체적으로 원치

않는 질병에 시달릴 수도 있습니다. 그러나 하나님의 시선으로 우리의 지난 삶을 객관화시켜 보십시다. 그때 마셨던 그 실패의 쓴잔 덕분에 하나님 앞에서, 오히려 우리의 인생이 바르게 정립되지 않았습니까? 그때 겪었던 경제적 어려움이 도리어 하나님 안에서, 우리에게 전화위복이 되지 않았습니까? 그때 그 육체의 질병이 하나님에 의해, 우리의 영혼을 정금처럼 정화시켜 주지 않았습니까? 지난 세월의 온갖 실패와 시련이 하나님 안에서, 모두 합력하여 우리가 상상치도 못한 신비로운 하나님의 섭리로 귀결되지 않았습니까? 그렇다면 올해 우리의 인생이 혹 원치 않는 폭풍과 맞닥뜨린다 할지라도, 그 폭풍은 '삼 일 만에' 우리의 인생을 새롭게 다시 살려 주시려는 하나님의 은혜임이 빤히 보이지 않습니까?

우리 각자에게 '삼 일'이라는 기간은 다 동일하지 않을 것입니다. 어떤 사람에게 '삼 일'은 문자 그대로 '삼 일'일 수 있고, 어떤 사람에게는 '석 달'일 수 있고, 어떤 사람에게는 '삼 년'일 수도 있습니다. 그러나 하나님께서 우리 각자를 위해 예정하신 '삼 일 만에', 반드시 우리를 다시 살리실 것이라는 사실에는 변함이 없습니다. 예수님을 믿는 우리는 죽어도, '삼 일 만에' 반드시 다시 살아납니다. 아니 죽으면, '삼 일 만에' 정말 새로운 존재로 다시 살아납니다. 죽어도 다시 살리시는 예수님 안에 있는 우리를, 이 세상 그 어떤 폭풍도 쓰러뜨릴 수는 없습니다. 그 예수님께서 새해를 맞은 우리에게 말씀하십니다.

그들은 능욕하며 침 뱉으며 채찍질하고 죽일 것이나, 그는 삼 일 만에 살아나리라.

그 예수님이 우리와 함께 계시기에, 그 예수님 안에서, 2017년이 아무리 혼란스러워도, 우리는 날마다 새날 새해를 엮어 갈 수 있습니다.

주님! 보잘것없는 우리를 믿어 주시고, 또 한 해의 귀한 시간을 맡겨 주셔서 감사합니다. 새해 새날은 단순 인쇄물인 달력 속에 있는 것이 아니라, 우리를 새롭게 하시는 하나님으로부터 주어지는 것임을 잊지 말게 해주십시오.

베드로는 예수님을 메시아로 고백한 인류 최초의 인간이었지만, 자신이 만든 메시아의 허상을 지키려 메시아의 실상을 부정하는 어리석음을 범했습니다. 새해가 시작되는 오늘, 우리가 품고 있던 예수님의 허상을 버리게 해주셔서, 1년 내내 예수님의 실상과 동행하게 해주십시오.

제자들은 십자가의 죽음과 부활에 대한 예수님의 예고를 세 번씩이나 듣고서도, 예수님의 죽음을 받아들이지 못해 예수님의 부활을 놓쳐 버렸습니다. 그 결과 십자가의 예수님을 버리고 도망치는 배신자가 되었을 뿐 아니라, 예수님의 부활을 증언하는 막달라 마리아의 말도 믿지 못했습니다. 올 한 해 동안 주님의 말씀을 듣되, 우리의 이성과 지성과 영성을 다해 주님의 말씀을 한 말씀도 놓치지 않고 끝까지 듣게 해주십시오. 그래서 소망을 노래해야 할 때 절망하거나, 용기를 지녀야 할 때 주눅드는 잘못을, 올해는 더 이상 되풀이하지 않게 해주십시오.

무엇보다 예수님처럼 하나님의 시선으로 우리 자신을 객관화시켜 보게 해주십시오. 삼 일 만에 다시 살아나신 예수님 안에서는 죽어도 삼 일 만에 다시 살아날 것이요, 죽으면 정말 새로운 존재로 삼 일 만에 새롭게 살게 됨을 불을 보듯 빤히 보게 해주십시오. 그리하여 예수님과 동행하는 우리의 삶이, 어떤 폭풍 속에서도 날마다 새해 새날로 엮어지게 해주십시오.
오늘 우리가 겪고 있는 이 나라의 혼란이, 주님 안에서 삼 일 만에 새로
운 대한민국으로 새롭게 태어나기 위한 소중한 과정이 되게 해주십시오.
아멘.